ཕོ་བྲང་པོ་ཏ་ལ།
拉薩布達拉宮

ཡུལ་དབུ་རྩ་ཁང་གི་གསེར་གྱི་རྒྱ་ཕིབས།

拉薩大昭寺金頂

མངའ་རིས་གུ་གེའི་རྒྱལ་རབས་དུས་ཀྱི་དགོན་སྡེ།

阿里古格王朝寺廟群

甘肅藏敦煌藏文文獻

⑧

敦煌市博物館卷

Db.t.1180 — 1239

主　編

馬　德　勘措吉

編　纂

甘肅省文物局

敦煌研究院

上海古籍出版社

上海 2019

主　編

馬　德　勘措吉

副主編

盛岩海　萬瑪項傑　張海博　完麼才讓

編　輯

勘措吉　萬瑪項傑　葉旦才讓　扎西拉傑　隆英忠　完麼才讓　索南達傑

昂卻本　南拉才讓　斗本加　吳榮國　張海博　石明秀　馬　德

攝　影

盛岩海　蕭　巍　周生霞　瞿繼娟　黃立霞　陳文斌　朱　憲

責任編輯

府憲展　曾曉紅

༄༅།།གནའ་སྔའི་ས་ཁུལ་དུ་ཐར་བའི་ཆུན་ཆོང་བོད་ཡིག་ཡིག་རྙིང་།

⑧

ཆུན་ཆོང་སྒྲོང་ཁྲིར་ཅེན་རྫས་བཀྲམས་མཛོད་ཁང་གི་སྦྱིགས་བམ།

Db.t.1180 — 1239

གཙོ་སྒྲིག་པ།
སྨ་ཊེ། ཁམས་འཚོ་སྒྲིད།

སྦྱིག་སྒྱུར་པ་ཁག
གན་སུའུ་ཞིང་ཆེན་རིག་དངོས་ཅུའུ།
ཆུན་ཆོང་ཞིབ་འཇུག་སྦྱིང་།

ཧྲང་ཧེ་དཔེ་རྙིང་དཔེ་སྐྲུན་ཁང་།
2019 ལོར་ཧྲང་ཧེ་ནས།

གཙོ་སྒྲིག་པ།

ལུ་ཏེ། ཁམས་འཚོ་སྐྱིད།

གཙོ་སྒྲིག་གཞོན་པ།

ཉིན་ཡན་ཏེ། གཡུ་རྫོག་པདྨ་དབང་རྒྱལ། ཀྱང་ཏེ་པའོ། པདྨ་ཚེ་རིང་།

རྩོམ་སྒྲིག་ཁོངས་མི།

ཁམས་འཚོ་སྐྱིད། གཡུ་རྫོག་པདྨ་དབང་རྒྱལ། ཨཀར་རྗེ་ཡི་དལ་ཚེ་རིང་། བཀྲ་ཤིས་ལྷ་རྒྱལ།

ལུང་གཡུང་དུང་། པདྨ་ཚེ་རིང་། གཡུ་སྒྲོས་བསོད་ནམས་དར་རྒྱལ། དབང་མཆོག་འབུམ། སྒྲོང་ང་གནས་ལྷ་ཚེ་རིང་།

ཁ་སྒང་སྒྲག་འབུམ་རྒྱལ། པོའུ་རོང་གོའོ། ཀྱང་ཏེ་པའོ། རི་མེན་ཕྱུག་ལུ་ཏེ།

པར་ལེན་པ།

ཉིན་ཡན་ཏེ། ཞོའོ་བེའུ། ཀྱིག་ཉིན་ལ། ཆུའུ་ཙའེ་ཚུག། ཚོང་ལའེ་ལ། ཁྱུན་ཕུན་ཕེག། གྱོའུ་ཞན།

རྩོམ་སྒྲིག་འགན་ཁྱུར་པ།

ཆུའུ་ཞན་ཀྲན། བཙུན་ལོ་ཏོང་།

TIBETAN DOCUMENTS FROM DUNHUANG
IN GANSU

Collected in Dunhuang Museum
Db.t.1180 — 1239

CHIEF EDITORS

Ma De   Khamsvtshoskyid

PARTICIPATING INSTITUTION

Cultural Heritage Bureau of Gansu Province

Dunhuang Academy

SHANGHAI CHINESE CLASSICS PUBLISHING HOUSE

Shanghai 2019

目　録

Db.t.1180 — 1239

དཀར་ཆག

Db.t.1180 — 1239

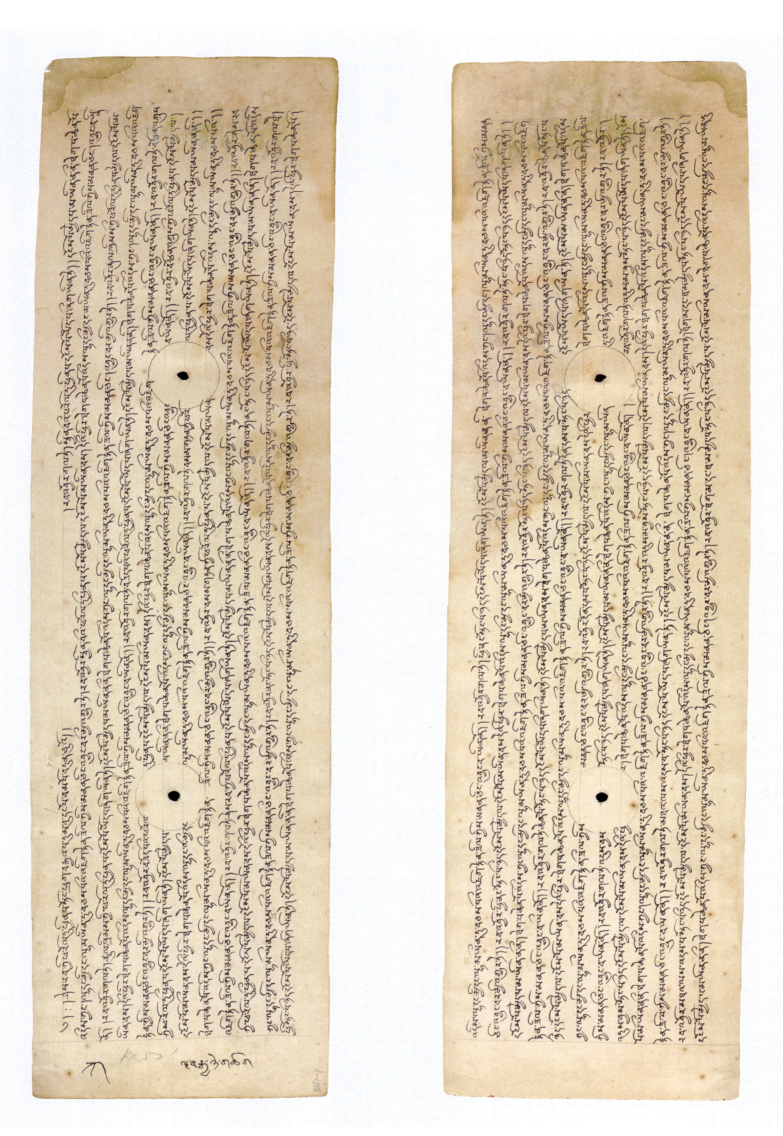

敦博 Db.t.1180 (R-V) ཤེས་རབ་ཀྱི་ཕ་རོལ་དུ་ཕྱིན་པ་སྟོང་ཕྲག་བརྒྱའི་པ་དུམ་བུ་དང་པོ་བམ་པོ་བདུན་ཅུ་འོ།།

十萬頌般若波羅蜜多經第一卷第七十品 (8—1)

1

敦博 Db.t.1180 (R-V) ཤེས་རབ་ཀྱི་ཕ་རོལ་དུ་ཕྱིན་པ་སྟོང་ཕྲག་བརྒྱད་པ་ཏུམ་བུ་དང་པོ་བམ་པོ་བདུན་ཅུ་པའོ།།

十萬頌般若波羅蜜多經第一卷第七十品　　(8—2)

敦博 Db.t.1180 (R-V)　ཤེས་རབ་ཀྱི་ཕ་རོལ་དུ་ཕྱིན་པ་སྟོང་ཕྲག་བརྒྱ་པ་དུམ་བུ་དང་པོ་བམ་པོ་བདུན་ཅུ་པའོ།།
十萬頌般若波羅蜜多經第一卷第七十品　　(8—3)

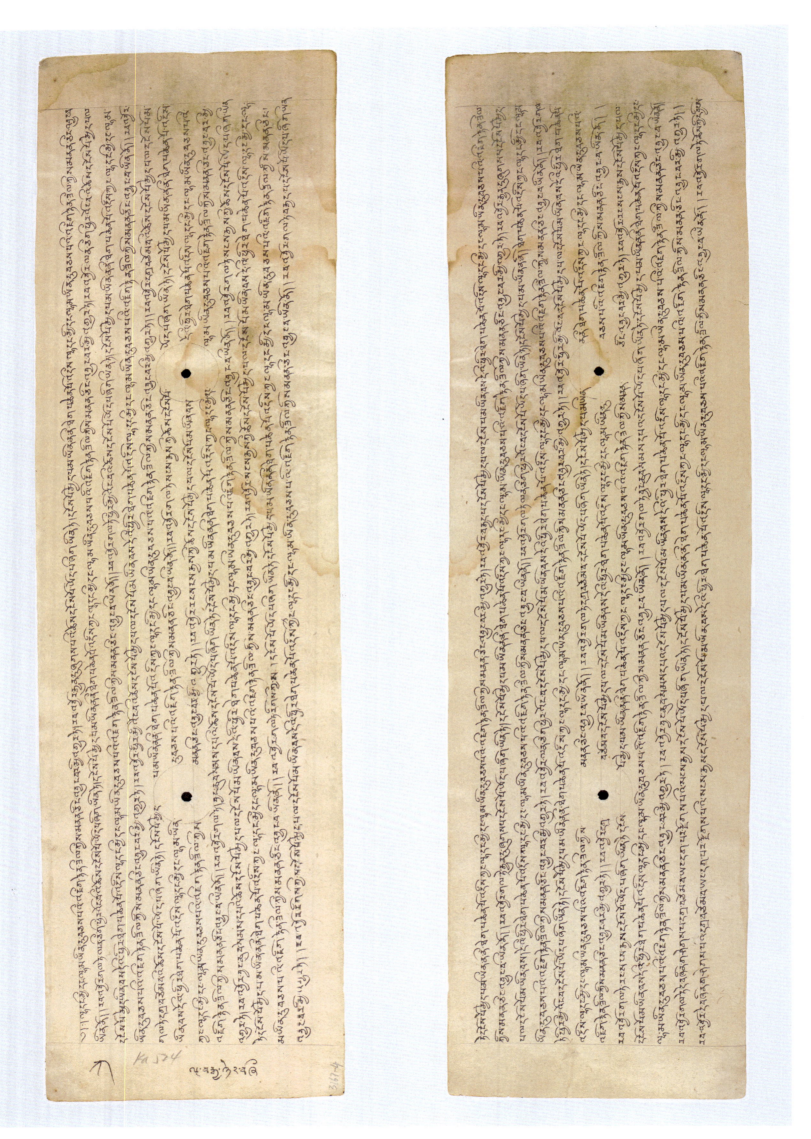

敦博 Db.t.1180 (R-V) ཤེས་རབ་ཀྱི་ཕ་རོལ་དུ་ཕྱིན་པ་སྟོང་ཕྲག་བརྒྱ་པ་དུམ་བུ་དང་པོ་བམ་པོ་བདུན་ཅུ་པོ།།
十萬頌般若波羅蜜多經第一卷第七十品　　(8—4)

4

敦博 Db.t.1180 (R-V)　ཤེས་རབ་ཀྱི་ཕ་རོལ་ཏུ་ཕྱིན་པ་སྟོང་ཕྲག་བརྒྱ་པ་དུམ་བུ་དང་པོ་བམ་པོ་བདུན་ཅུ་པའོ།།

十萬頌般若波羅蜜多經第一卷第七十品　　(8—5)

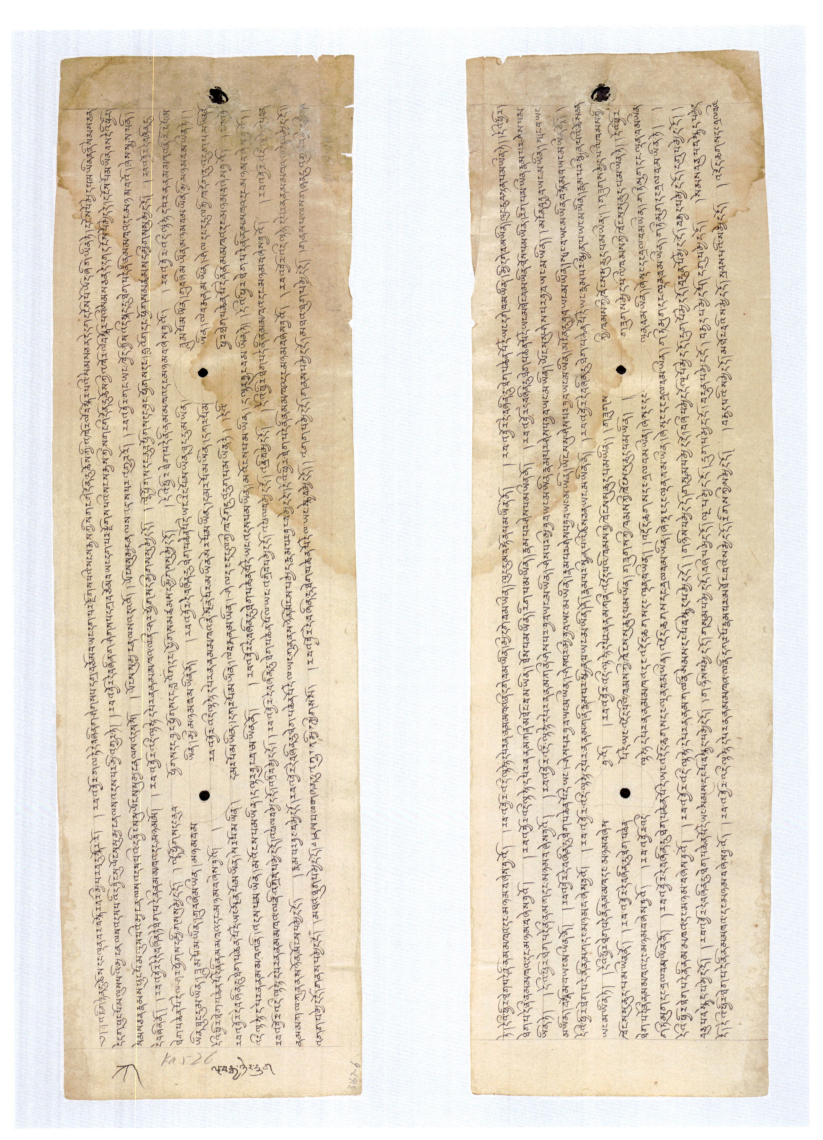

敦博 Db.t.1180 (R-V)　ཤེས་རབ་ཀྱི་ཕ་རོལ་དུ་ཕྱིན་པ་སྟོང་ཕྲག་བརྒྱ་པ་དུམ་བུ་དང་པོ་བམ་པོ་བདུན་ཅུ་པོ།།

十萬頌般若波羅蜜多經第一卷第七十品　　(8—6)

6

敦博 Db.t.1180 (R-V)　ཤེས་རབ་ཀྱི་ཕ་རོལ་དུ་ཕྱིན་པ་སྟོང་ཕྲག་བརྒྱ་པ་དུམ་བུ་དང་པོ་བམ་པོ་བདུན་ཅུ་པོ།།
十萬頌般若波羅蜜多經第一卷第七十品　　(8—7)

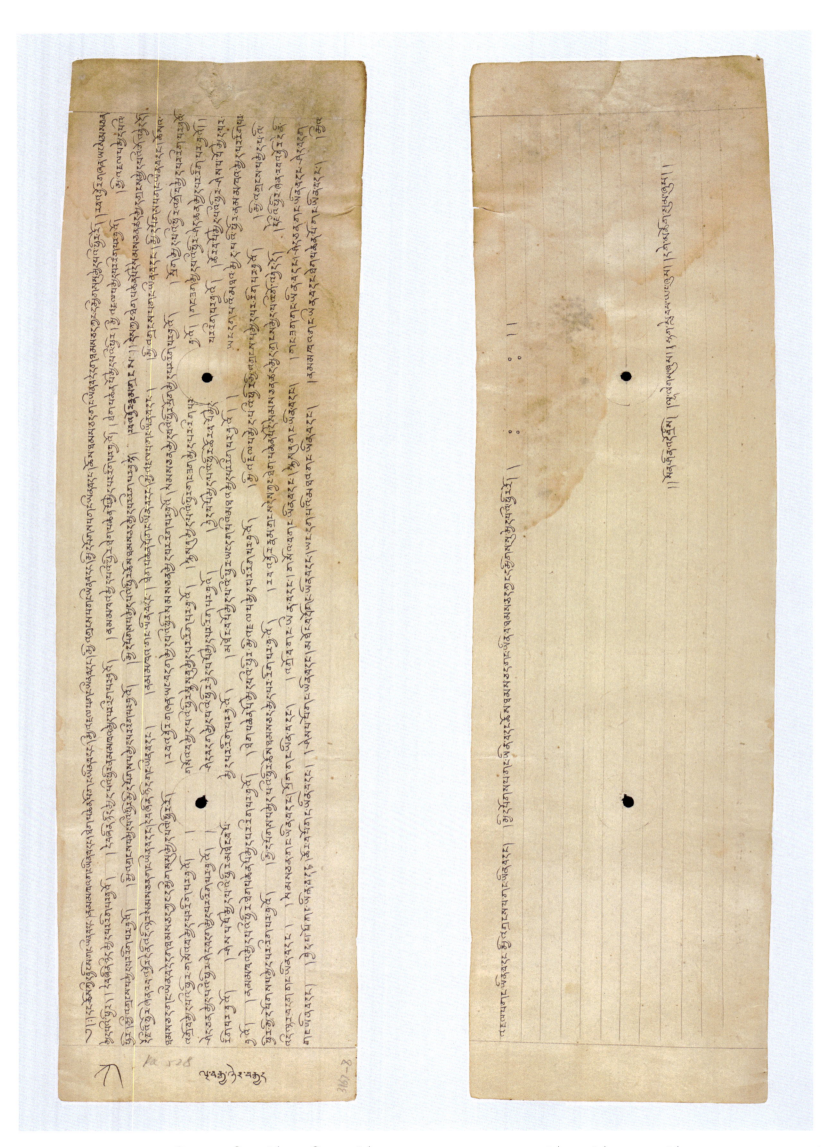

敦博 Db.t.1180 (R-V)　ཤེས་རབ་ཀྱི་ཕ་རོལ་དུ་ཕྱིན་པ་སྟོང་ཕྲག་བརྒྱ་པ་དུམ་བུ་དང་པོ་བམ་པོ་བདུན་ཅུ་པའོ།།

十萬頌般若波羅蜜多經第一卷第七十品　　(8—8)

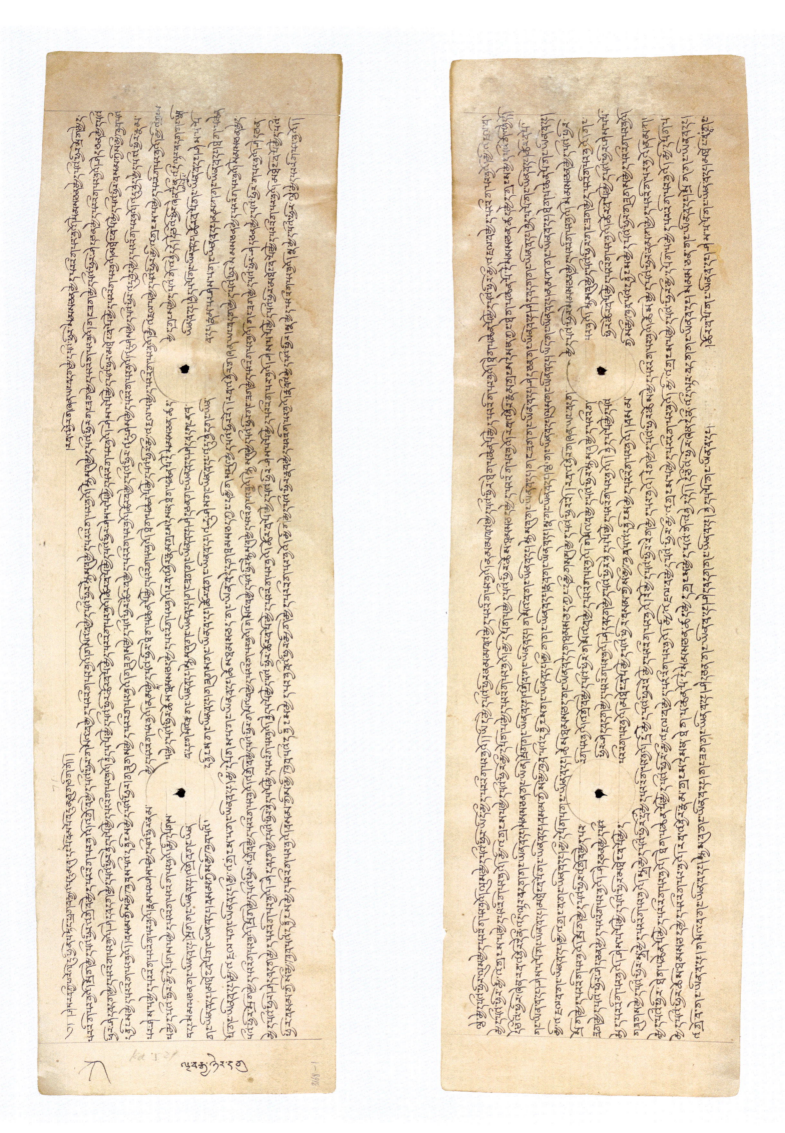

敦博 Db.t.1181 (R-V)　ཤེས་རབ་ཀྱི་ཕ་རོལ་ཏུ་ཕྱིན་པ་སྟོང་ཕྲག་བརྒྱ་པ་དུམ་བུ་དང་པོ་བམ་པོ་བདུན་ཅུ་གཅིག་གོ།།

十萬頌般若波羅蜜多經第一卷第七十一品　　(8—1)

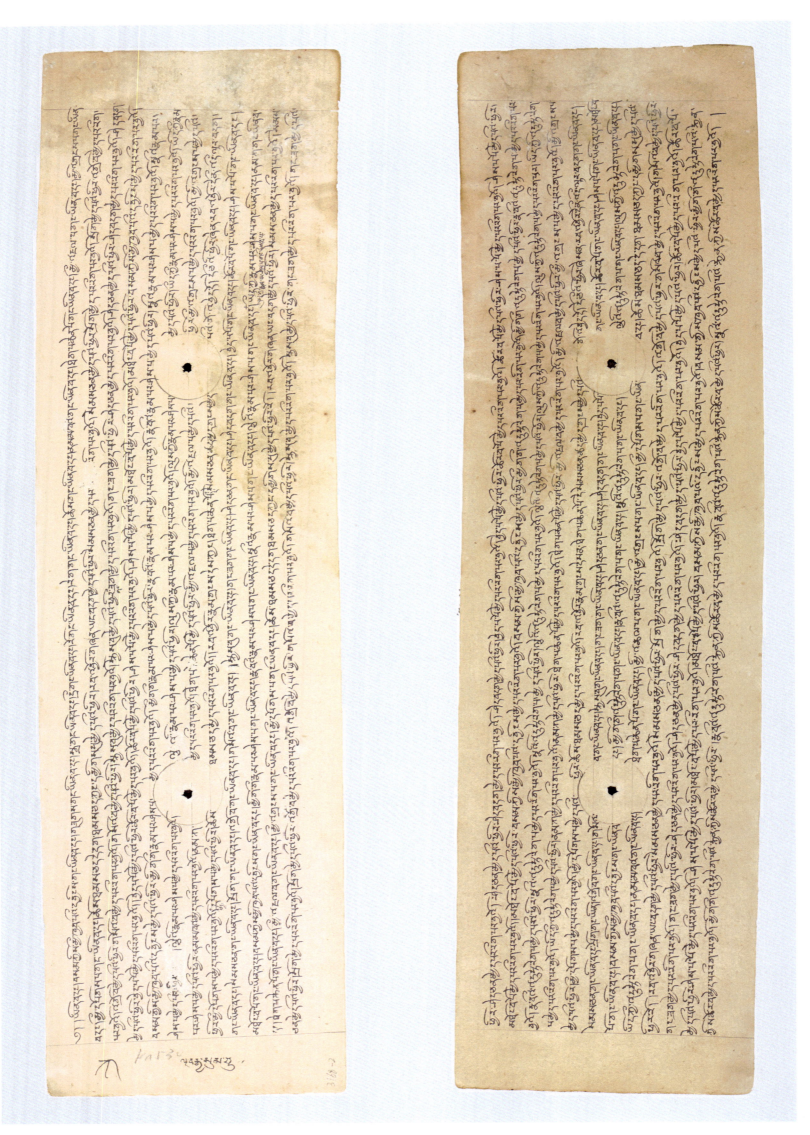

敦博 Db.t.1181 (R-V) ཤེས་རབ་ཀྱི་ཕ་རོལ་ཏུ་ཕྱིན་པ་སྟོང་ཕྲག་བརྒྱ་པ་དུམ་བུ་དང་པོ་བམ་པོ་བདུན་ཅུ་གཅིག་གོ །།

十萬頌般若波羅蜜多經第一卷第七十一品　　(8—2)

10

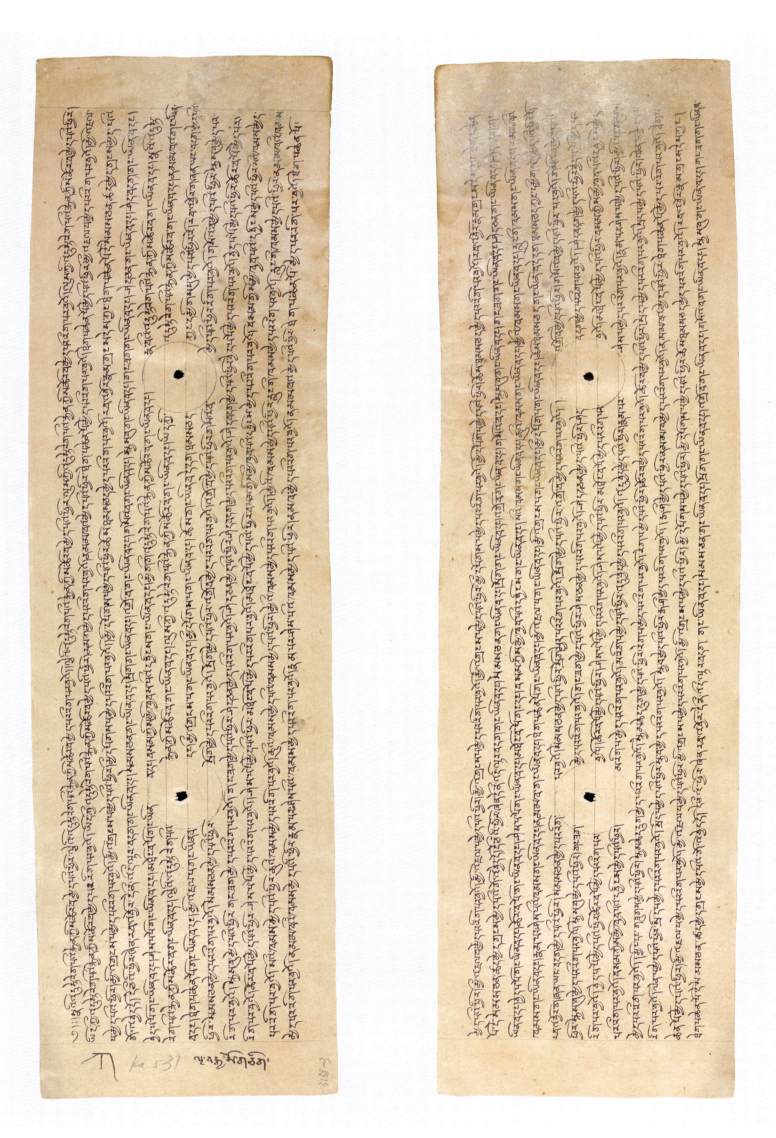

敦博 Db.t.1181 (R-V)　ཤེས་རབ་ཀྱི་ཕ་རོལ་ཏུ་ཕྱིན་པ་སྟོང་ཕྲག་བརྒྱ་པ་དུམ་བུ་དང་པོ་བམ་པོ་བདུན་ཅུ་གཅིག་གོ།།།
十萬頌般若波羅蜜多經第一卷第七十一品　　(8—3)

敦博 Db.t.1181 (R-V)　ཤེས་རབ་ཀྱི་ཕ་རོལ་ཏུ་ཕྱིན་པ་སྟོང་ཕྲག་བརྒྱ་པ་དུམ་བུ་དང་པོ་བམ་པོ་བདུན་ཅུ་གཅིག་གོ།།

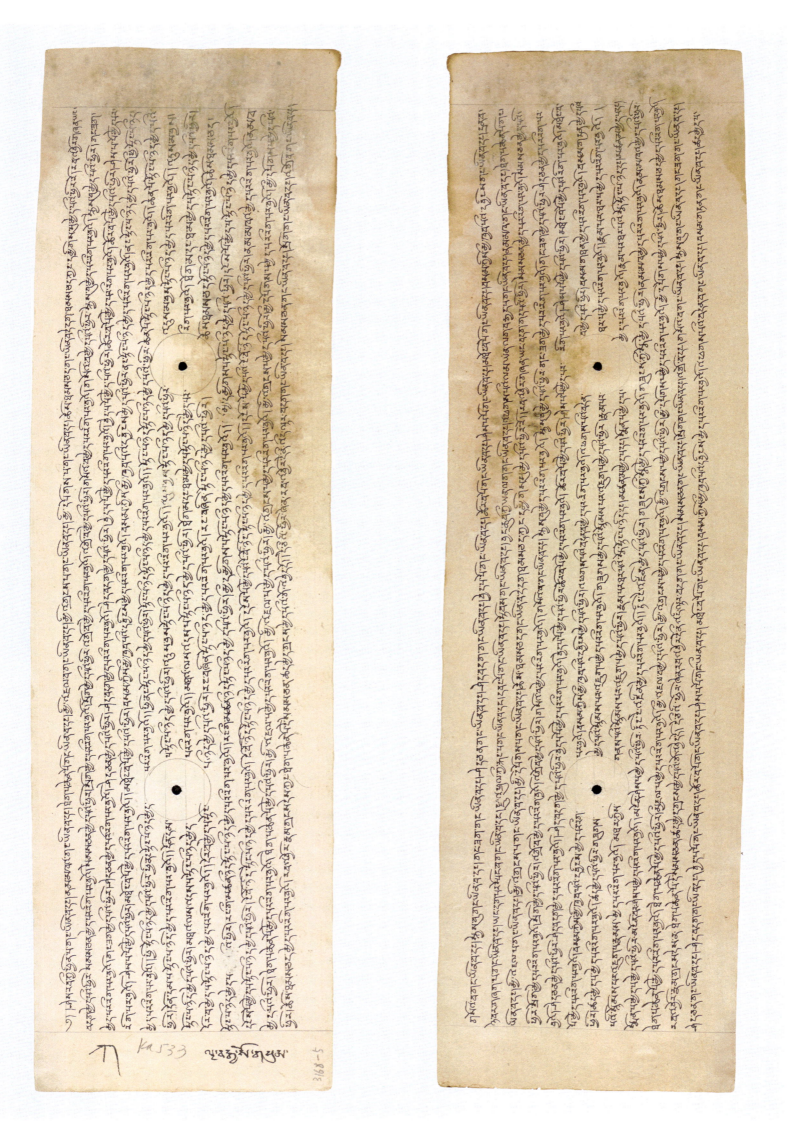

敦博 Db.t.1181 (R-V)　ཤེས་རབ་ཀྱི་ཕ་རོལ་ཏུ་ཕྱིན་པ་སྟོང་ཕྲག་བརྒྱའི་པ་དུམ་བུ་དང་པོ་བམ་པོ་བདུན་ཅུ་གཅིག་གོ།།།

十萬頌般若波羅蜜多經第一卷第七十一品　　(8—5)

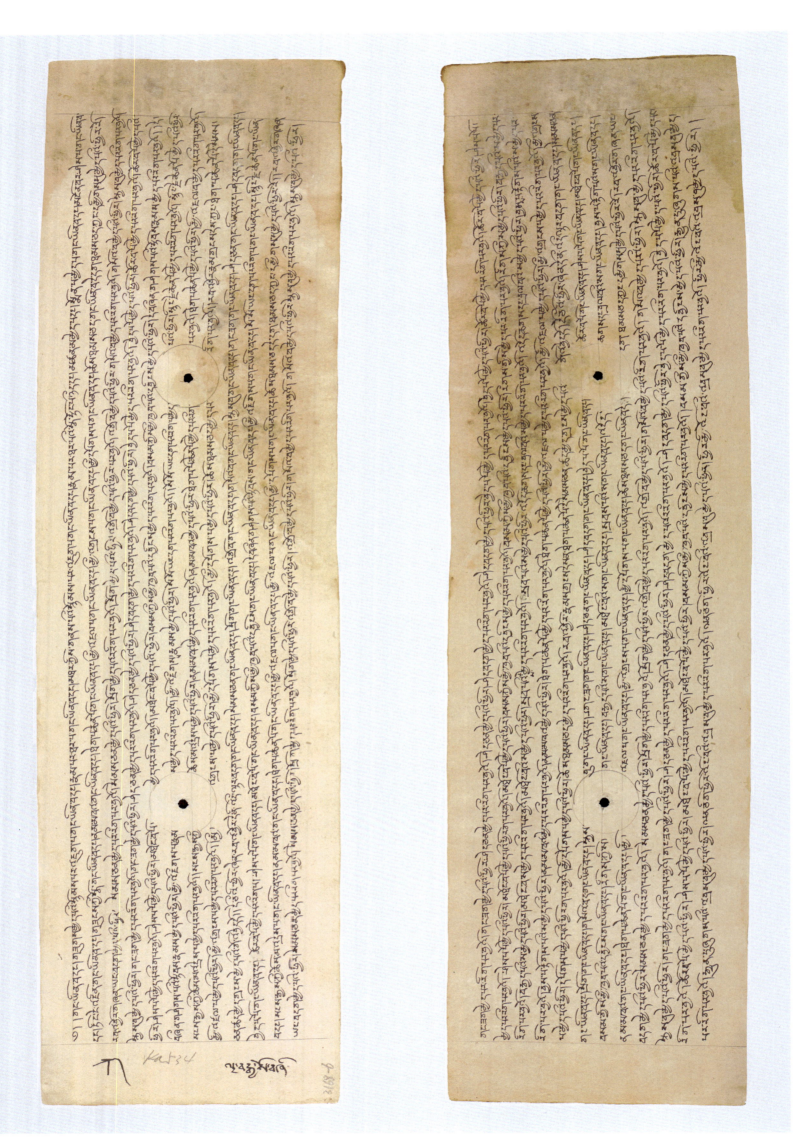

敦博 Db.t.1181 (R-V) ཤེས་རབ་ཀྱི་ཕ་རོལ་ཏུ་ཕྱིན་པ་སྟོང་ཕྲག་བརྒྱའི་པ་དུམ་བུ་དང་པོ་བམ་པོ་བདུན་ཅུ་གཅིག་གོ།།
十萬頌般若波羅蜜多經第一卷第七十一品　　(8—6)

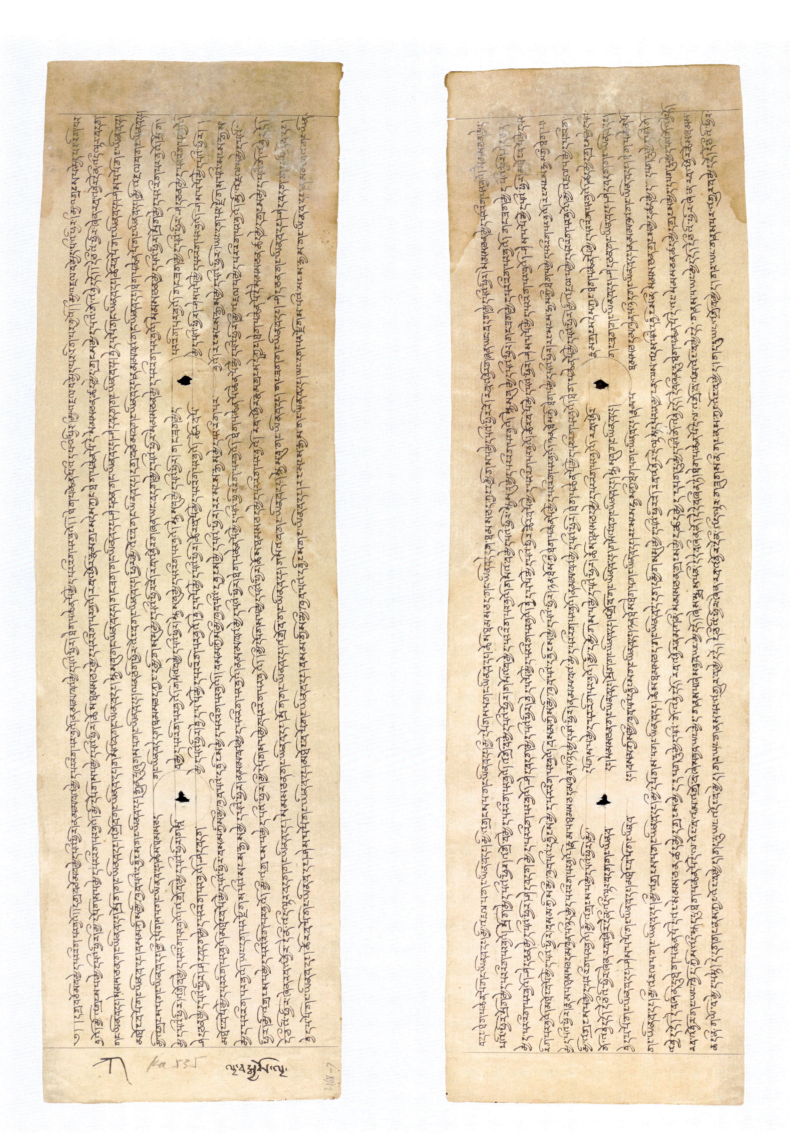

敦博 Db.t.1181 (R-V)　ཤེས་རབ་ཀྱི་ཕ་རོལ་དུ་ཕྱིན་པ་སྟོང་ཕྲག་བརྒྱན་པ་དུམ་བུ་དང་པོ་བམ་པོ་བདུན་ཅུ་གཅིག་གོ།།

十萬頌般若波羅蜜多經第一卷第七十一品　　(8—7)

15

敦博 Db.t.1181 (R-V)　ཤེས་རབ་ཀྱི་ཕ་རོལ་དུ་ཕྱིན་པ་སྟོང་ཕྲག་བརྒྱ་བ་དུམ་བུ་དང་པོ་བམ་པོ་བདུན་ཅུ་གཅིག་གོ།།

十萬頌般若波羅蜜多經第一卷第七十一品　　（8—8）

16

敦博 Db.t.1182 (R-V)　ཤེས་རབ་ཀྱི་ཕ་རོལ་ཏུ་ཕྱིན་པ་སྟོང་ཕྲག་བརྒྱད་པ་དུམ་བུ་དང་པོ་བམ་པོ་བདུན་ཅུ་གཉིས་དང་
བདུན་ཅུ་གསུམ་དང་བདུན་ཅུ་བཞི་པའོ།།

十萬頌般若波羅蜜多經第一卷第七十二、七十三、七十四品　　(17—1)

17

敦博 Db.t.1182 (R-V) ཤེས་རབ་ཀྱི་ཕ་རོལ་ཏུ་ཕྱིན་པ་སྟོང་ཕྲག་བརྒྱའི་པ་དུམ་བུ་དང་པོ་བམ་པོ་བདུན་ཅུ་གཉིས་དང་
བདུན་ཅུ་གསུམ་དང་བདུན་ཅུ་བཞིའོ།།

18 十萬頌般若波羅蜜多經第一卷第七十二、七十三、七十四品　　(17—2)

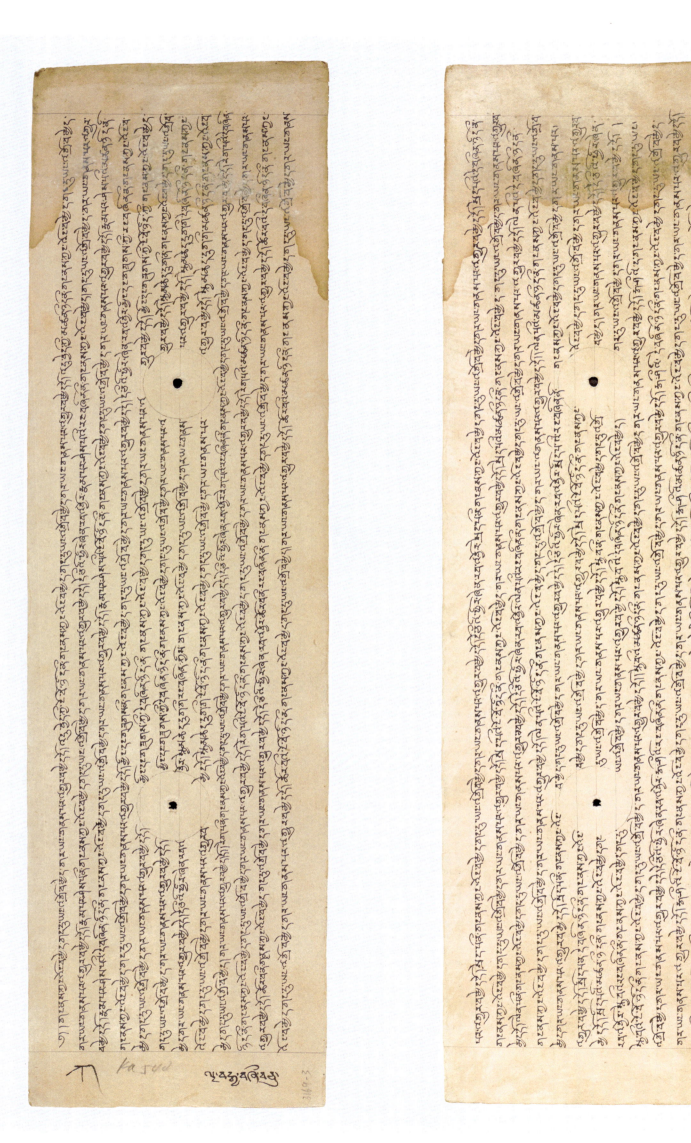

敦博 Db.t.1182 (R-V) ཤེས་རབ་ཀྱི་ཕ་རོལ་ཏུ་ཕྱིན་པ་སྟོང་ཕྲག་བརྒྱའ་པ་དུམ་བུ་དང་པོ་བམ་པོ་བདུན་ཅུ་གཉིས་དང་

བདུན་ཅུ་གསུམ་དང་བདུན་ཅུ་བཞིའོ།།

十萬頌般若波羅蜜多經第一卷第七十二、七十三、七十四品　　(17—3)

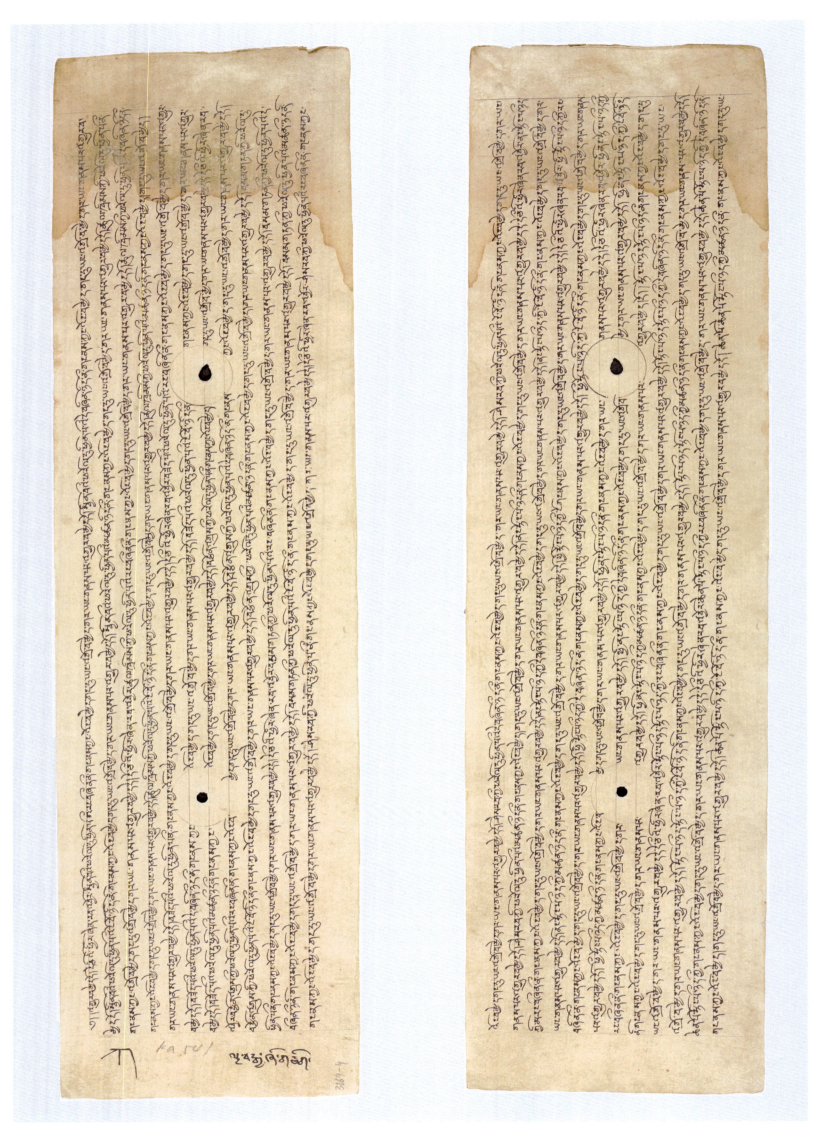

敦博 Db.t.1182 (R-V)　ཤེས་རབ་ཀྱི་ཕ་རོལ་ཏུ་ཕྱིན་པ་སྟོང་ཕྲག་བརྒྱའི་པ་དུམ་བུ་དང་པོ་བམ་པོ་བདུན་ཅུ་གཉིས་དང་
བདུན་ཅུ་གསུམ་དང་བདུན་ཅུ་བཞིའོ།།

十萬頌般若波羅蜜多經第一卷第七十二、七十三、七十四品　　(17—4)

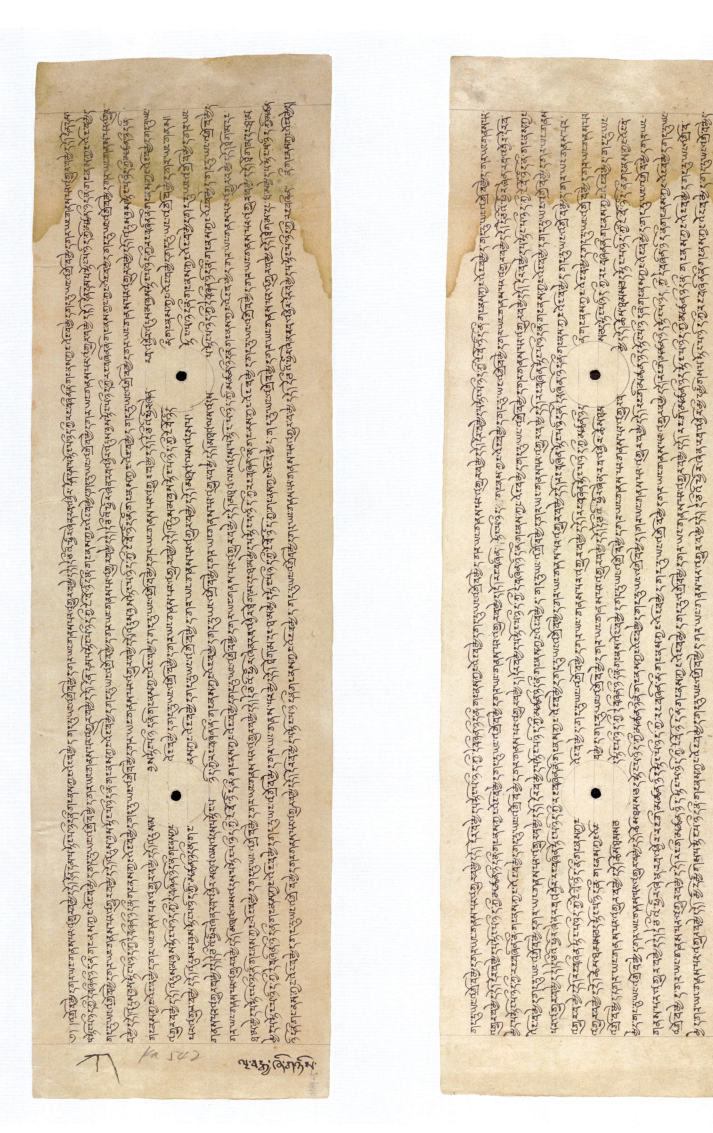

敦博 Db.t.1182 (R-V) ཤེས་རབ་ཀྱི་ཕ་རོལ་དུ་ཕྱིན་པ་སྟོང་ཕྲག་བརྒྱའ་པ་དུམ་བུ་དང་པོ་བམ་པོ་བདུན་ཅུ་གཉིས་དང་
བདུན་ཅུ་གསུམ་དང་བདུན་ཅུ་བཞི་འོ།།

十萬頌般若波羅蜜多經第一卷第七十二、七十三、七十四品　　(17—5)

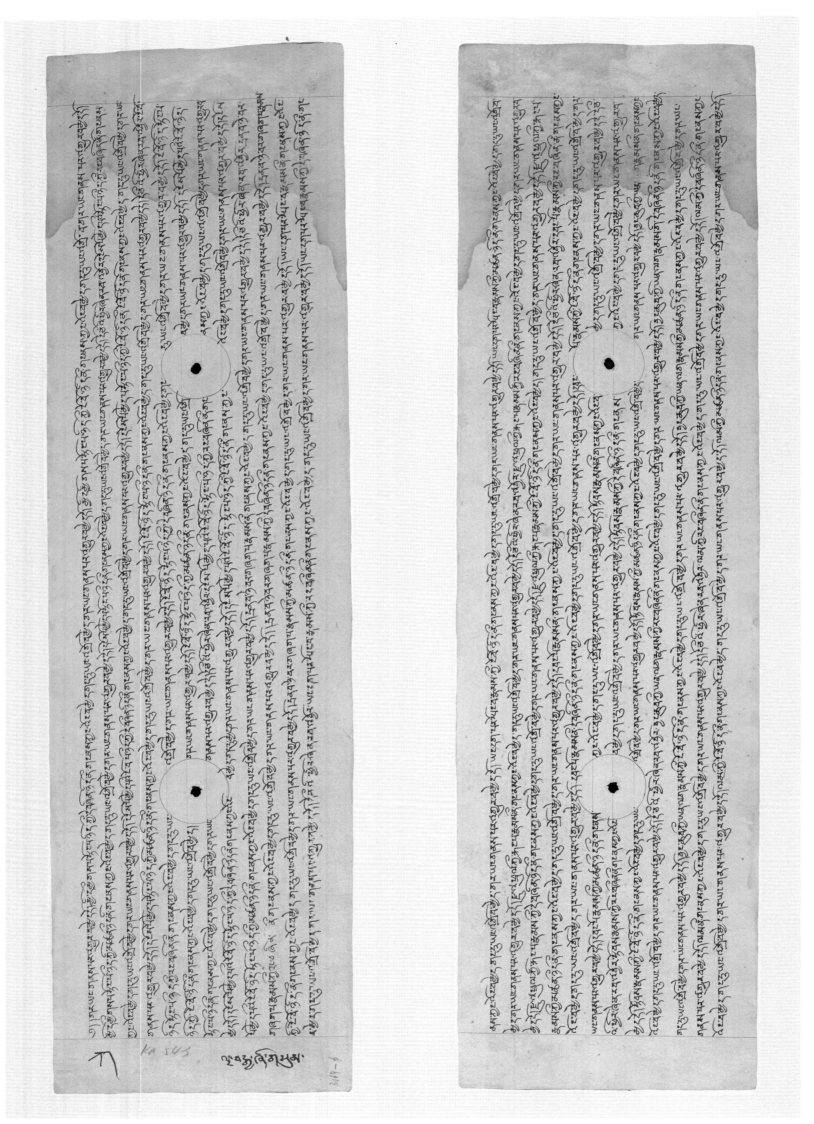

敦博 Db.t.1182 (R-V)　ཤེས་རབ་ཀྱི་ཕ་རོལ་ཏུ་ཕྱིན་པ་སྟོང་ཕྲག་བརྒྱ་བ་དུམ་བུ་དང་པོ་བམ་པོ་བདུན་ཅུ་གཉིས་དང་
བདུན་ཅུ་གསུམ་དང་བདུན་ཅུ་བཞི་པོ།།

十萬頌般若波羅蜜多經第一卷第七十二、七十三、七十四品　　(17—6)

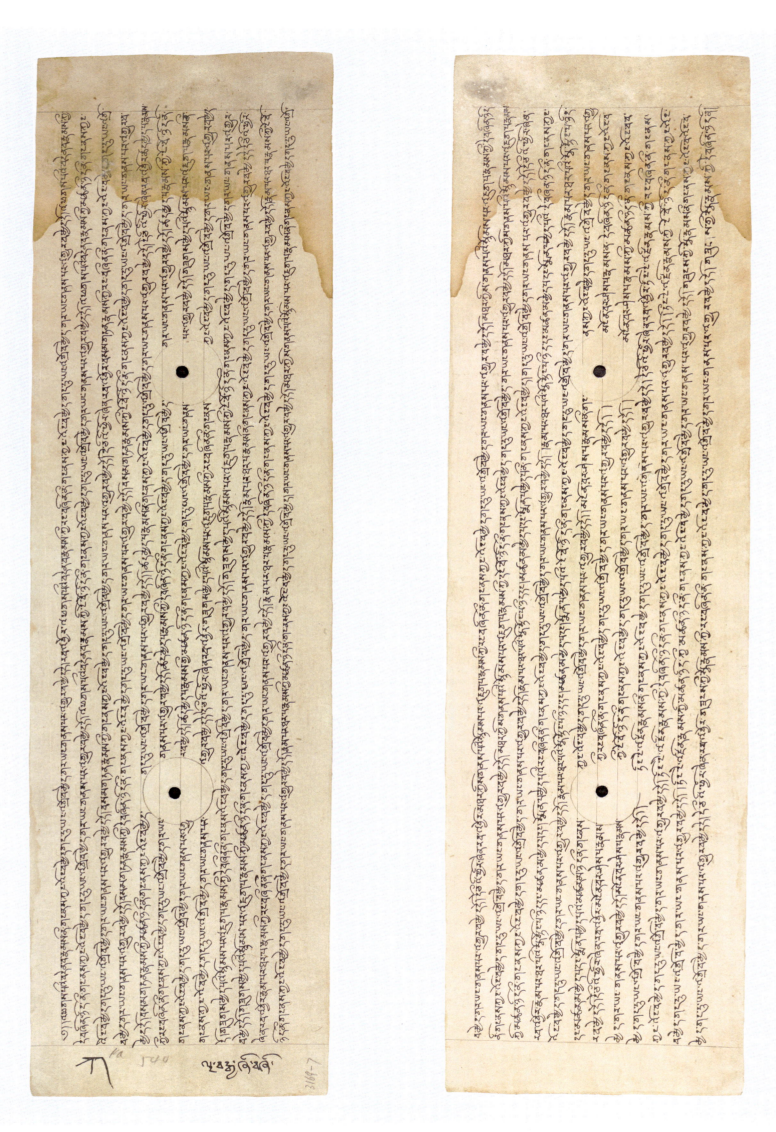

敦博 Db.t.1182 (R-V)　ཤེས་རབ་ཀྱི་ཕ་རོལ་ཏུ་ཕྱིན་པ་སྟོང་ཕྲག་བརྒྱའ་པ་དུམ་བུ་དང་པོ་བམ་པོ་བདུན་ཅུ་གཉིས་དང་
བདུན་ཅུ་གསུམ་དང་བདུན་ཅུ་བཞིའོ།།
十萬頌般若波羅蜜多經第一卷第七十二、七十三、七十四品　　(17—7)

敦博 Db.t.1182 (R-V) ཤེས་རབ་ཀྱི་ཕ་རོལ་དུ་ཕྱིན་པ་སྟོང་ཕྲག་བརྒྱ་ན་དུམ་བུ་དང་པོ་བམ་པོ་བདུན་ཅུ་གཉིས་དང་

བདུན་ཅུ་གསུམ་དང་བདུན་ཅུ་བཞི་པ།།

十萬頌般若波羅蜜多經第一卷第七十二、七十三、七十四品　　(17—8)

敦博 Db.t.1182 (R-V)　ཤེས་རབ་ཀྱི་ཕ་རོལ་ཏུ་ཕྱིན་པ་སྟོང་ཕྲག་བརྒྱ་པ་དུམ་བུ་དང་པོ་བམ་པོ་བདུན་ཅུ་གཉིས་དང་
བདུན་ཅུ་གསུམ་དང་བདུན་ཅུ་བཞི་པོ།།

十萬頌般若波羅蜜多經第一卷第七十二、七十三、七十四品　　（17—9）

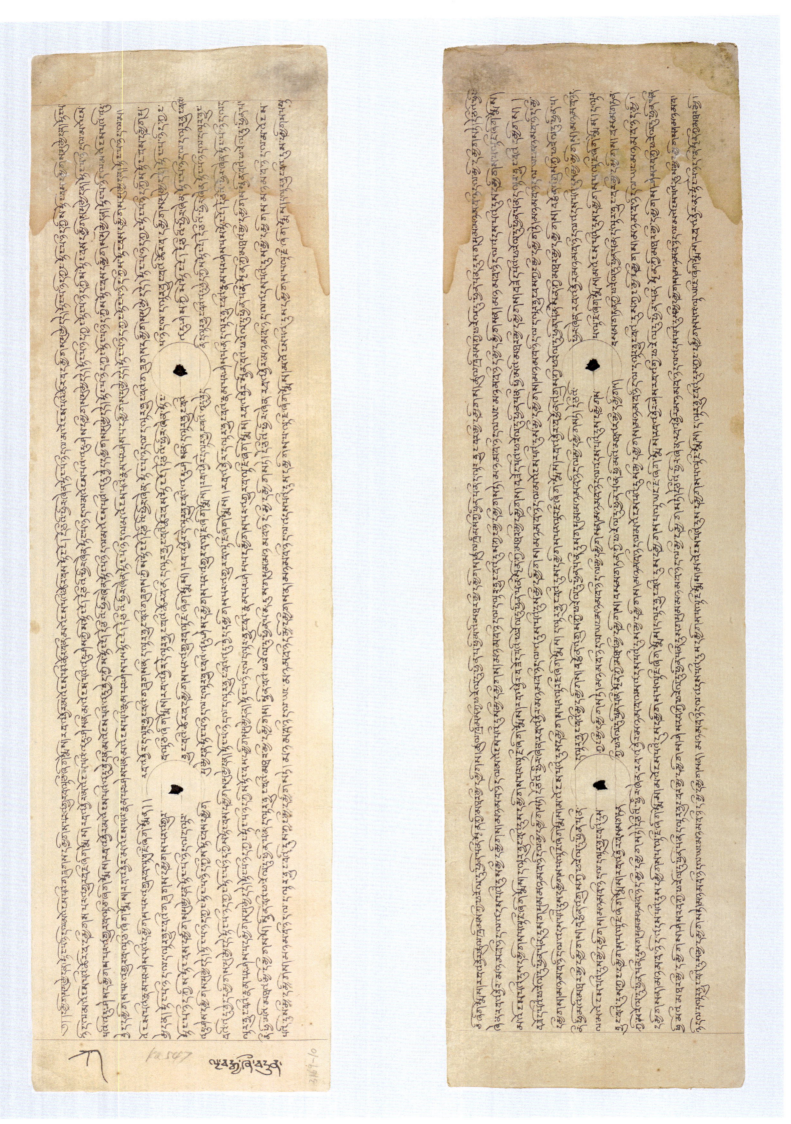

敦博 Db.t.1182 (R-V)　ཤེས་རབ་ཀྱི་ཕ་རོལ་དུ་ཕྱིན་པ་སྟོང་ཕྲག་བརྒྱད་པ་དུམ་བུ་དང་པོ་བམ་པོ་བདུན་ཅུ་གཉིས་དང་
བདུན་ཅུ་གསུམ་དང་བདུན་ཅུ་བཞིའོ།།

十萬頌般若波羅蜜多經第一卷第七十二、七十三、七十四品　　(17—10)

敦博 Db.t.1182 (R-V) ཤེས་རབ་ཀྱི་ཕ་རོལ་དུ་ཕྱིན་པ་སྟོང་ཕྲག་བརྒྱན་པ་ཏུམ་བུ་དང་པོ་བམ་པོ་བདུན་ཅུ་གཉིས་དང་
བདུན་ཅུ་གསུམ་དང་བདུན་ཅུ་བཞིའོ།།
十萬頌般若波羅蜜多經第一卷第七十二、七十三、七十四品　　(17—11)

敦博 Db.t.1182 (R-V) ཤེས་རབ་ཀྱི་ཕ་རོལ་ཏུ་ཕྱིན་པ་སྟོང་ཕྲག་བརྒྱ་པ་དུམ་བུ་དང་པོ་བམ་པོ་བདུན་ཅུ་གཉིས་དང་
བདུན་ཅུ་གསུམ་དང་བདུན་ཅུ་བཞི་པོ།།

十萬頌般若波羅蜜多經第一卷第七十二、七十三、七十四品　　(17—12)

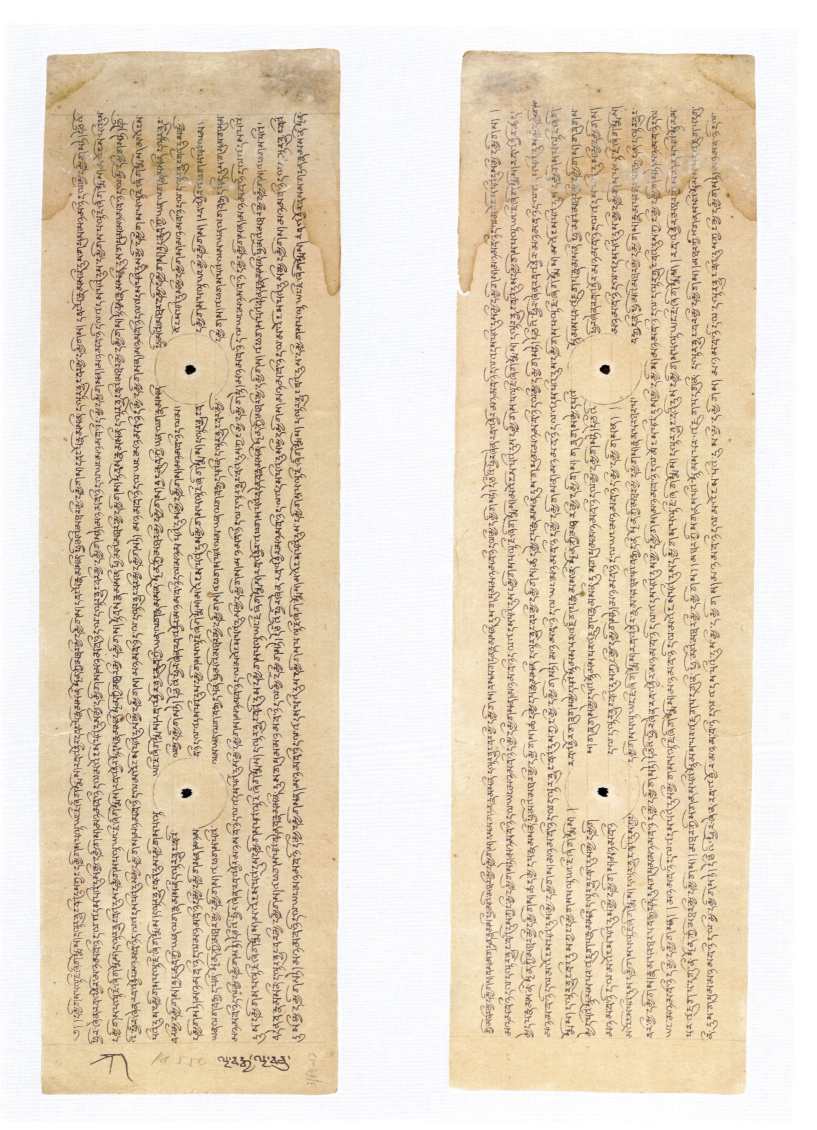

敦博 Db.t.1182 (R-V)　ཤེས་རབ་ཀྱི་ཕ་རོལ་དུ་ཕྱིན་པ་སྟོང་ཕྲག་བརྒྱའ་པ་དུམ་བུ་དང་པོ་བམ་པོ་བདུན་ཅུ་གཉིས་དང་
བདུན་ཅུ་གསུམ་དང་བདུན་ཅུ་བཞིའོ།།

十萬頌般若波羅蜜多經第一卷第七十二、七十三、七十四品　　(17—13)

29

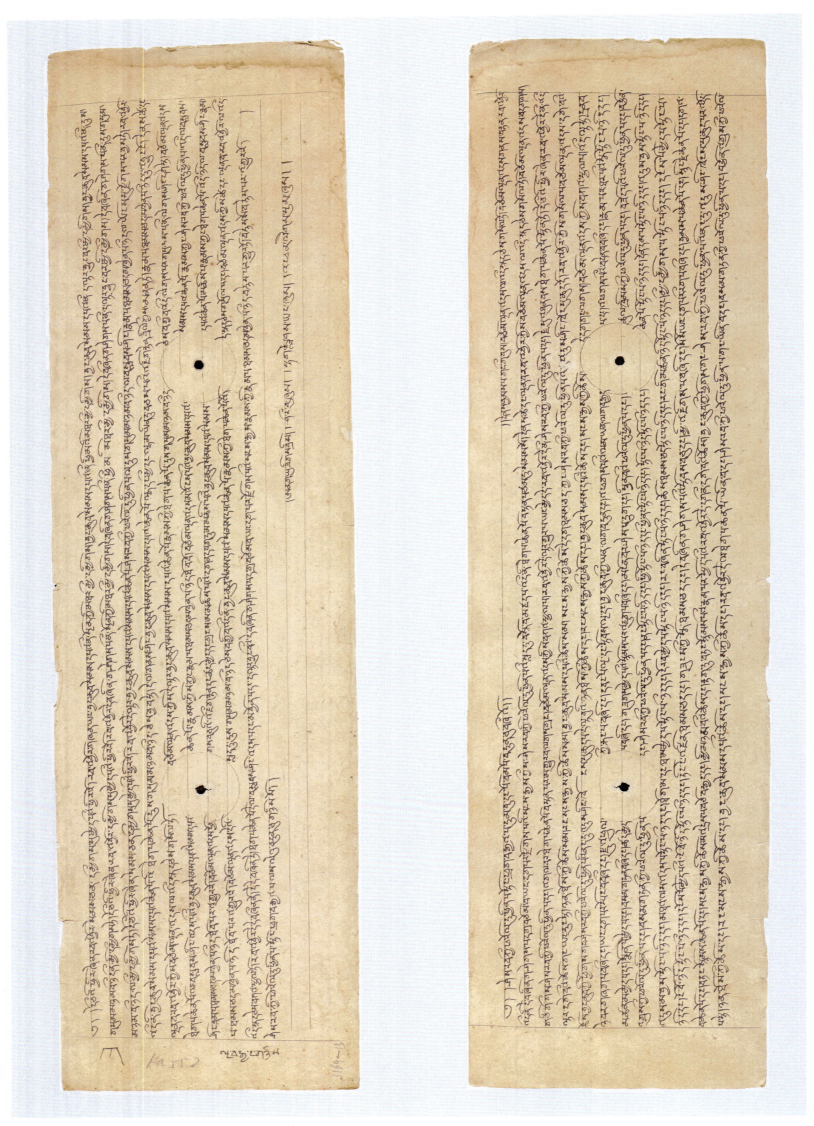

敦博 Db.t.1182 (R-V) ཤེས་རབ་ཀྱི་ཕ་རོལ་ཏུ་ཕྱིན་པ་སྟོང་ཕྲག་བརྒྱ་པ་དུམ་བུ་དང་པོ་བམ་པོ་བདུན་ཅུ་གཉིས་དང་
བདུན་ཅུ་གསུམ་དང་བདུན་ཅུ་བཞིའོ།།

十萬頌般若波羅蜜多經第一卷第七十二、七十三、七十四品 　　(17—14)

敦博 Db.t.1182 (R-V)　ཤེས་རབ་ཀྱི་ཕ་རོལ་ཏུ་ཕྱིན་པ་སྟོང་ཕྲག་བརྒྱའི་པ་དུམ་བུ་དང་པོ་བམ་པོ་བདུན་ཅུ་གཉིས་དང་
བདུན་ཅུ་གསུམ་དང་བདུན་ཅུ་བཞི་པའོ།།

十萬頌般若波羅蜜多經第一卷第七十二、七十三、七十四品　　（17—15）

敦博 Db.t.1182 (R-V) ཤེས་རབ་ཀྱི་ཕ་རོལ་དུ་ཕྱིན་པ་སྟོང་ཕྲག་བརྒྱའི་པ་དུམ་བུ་དང་པོ་བམ་པོ་བདུན་ཅུ་གཉིས་དང་
བདུན་ཅུ་གསུམ་དང་བདུན་ཅུ་བཞིའོ།།

敦博 Db.t.1182 (R-V)　ཤེས་རབ་ཀྱི་ཕ་རོལ་ཏུ་ཕྱིན་པ་སྟོང་ཕྲག་བརྒྱ་པ་དུམ་བུ་དང་པོ་བམ་པོ་བདུན་ཅུ་གཉིས་དང་
　　　　　　　　　　　བདུན་ཅུ་གསུམ་དང་བདུན་ཅུ་བཞི་པའོ།།

十萬頌般若波羅蜜多經第一卷第七十二、七十三、七十四品　　（17—17）

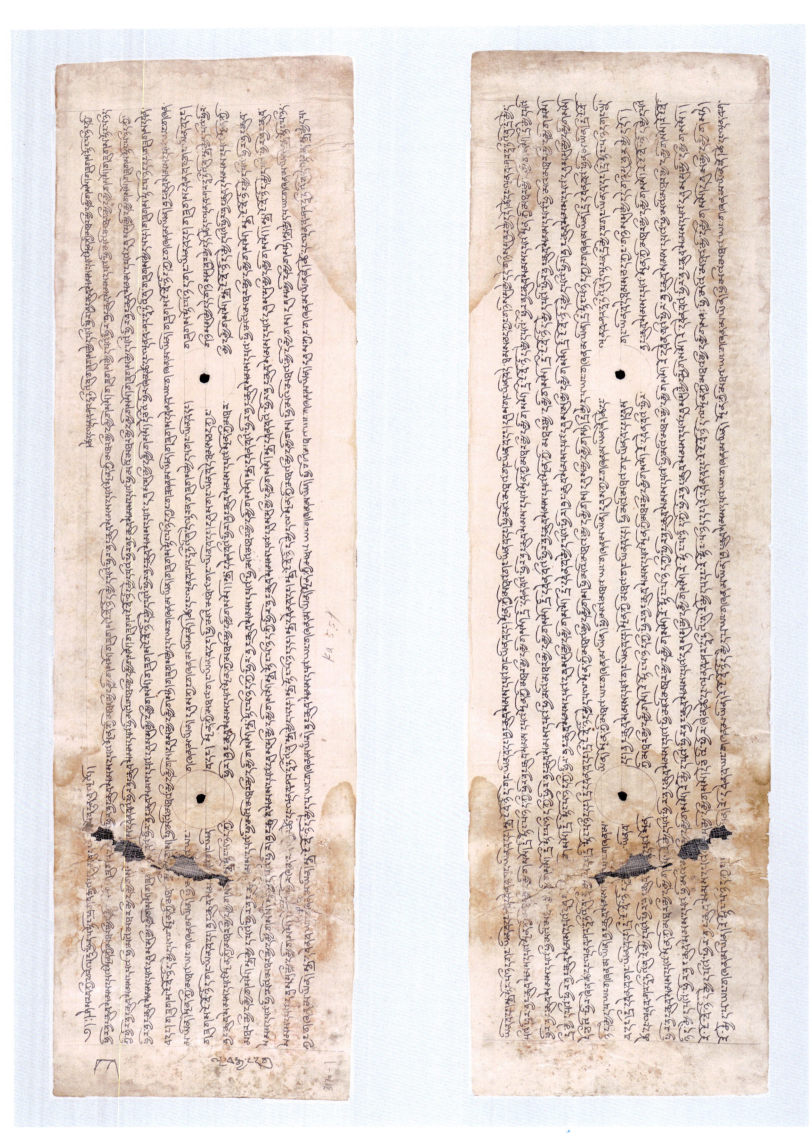

敦博 Db.t.1183 (R-V)　ཤེས་རབ་ཀྱི་ཕ་རོལ་ཏུ་ཕྱིན་པ་སྟོང་ཕྲག་བརྒྱ་པ་དུམ་བུ་དང་པོ་བཅུན་ལྔའོ།།

十萬頌般若波羅蜜多經第一卷第七十五品　(6—1)

34

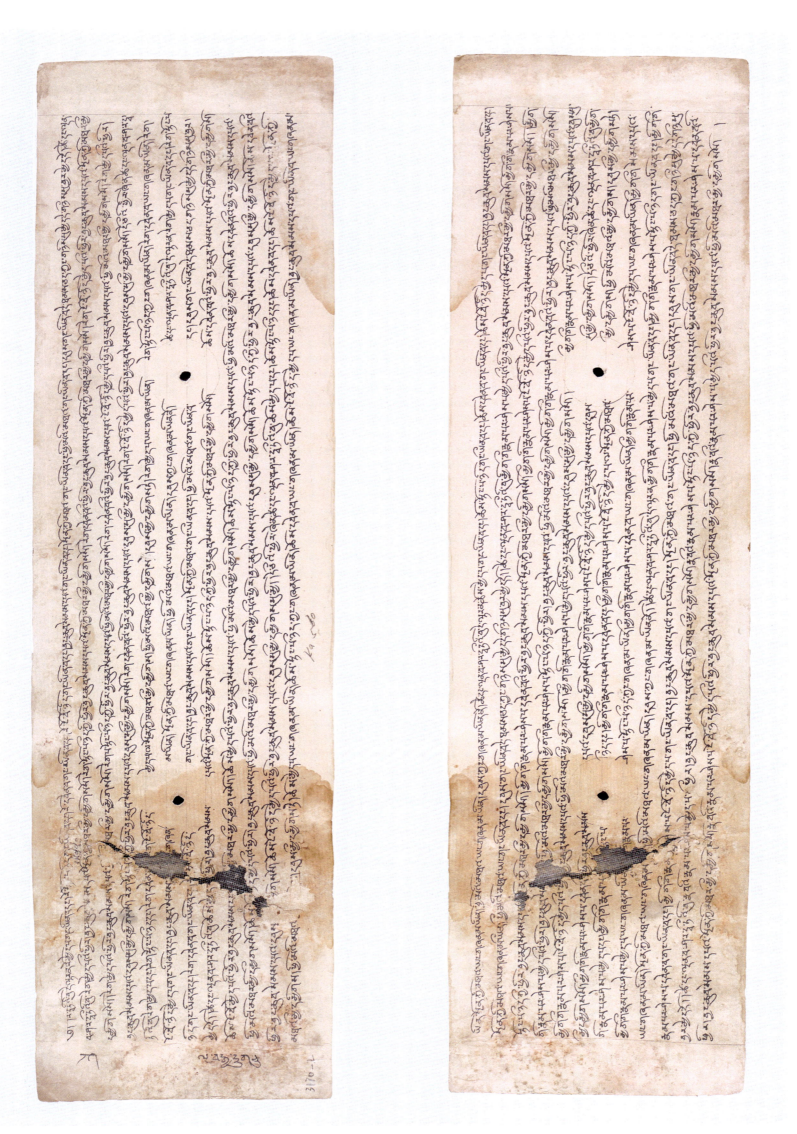

敦博 Db.t.1183 (R-V) ཤེས་རབ་ཀྱི་ཕ་རོལ་དུ་ཕྱིན་པ་སྟོང་ཕྲག་བརྒྱ་པ་དུམ་བུ་དང་པོ་བཏུན་ལྔ་པའོ།།

十萬頌般若波羅蜜多經第一卷第七十五品　　(6—2)

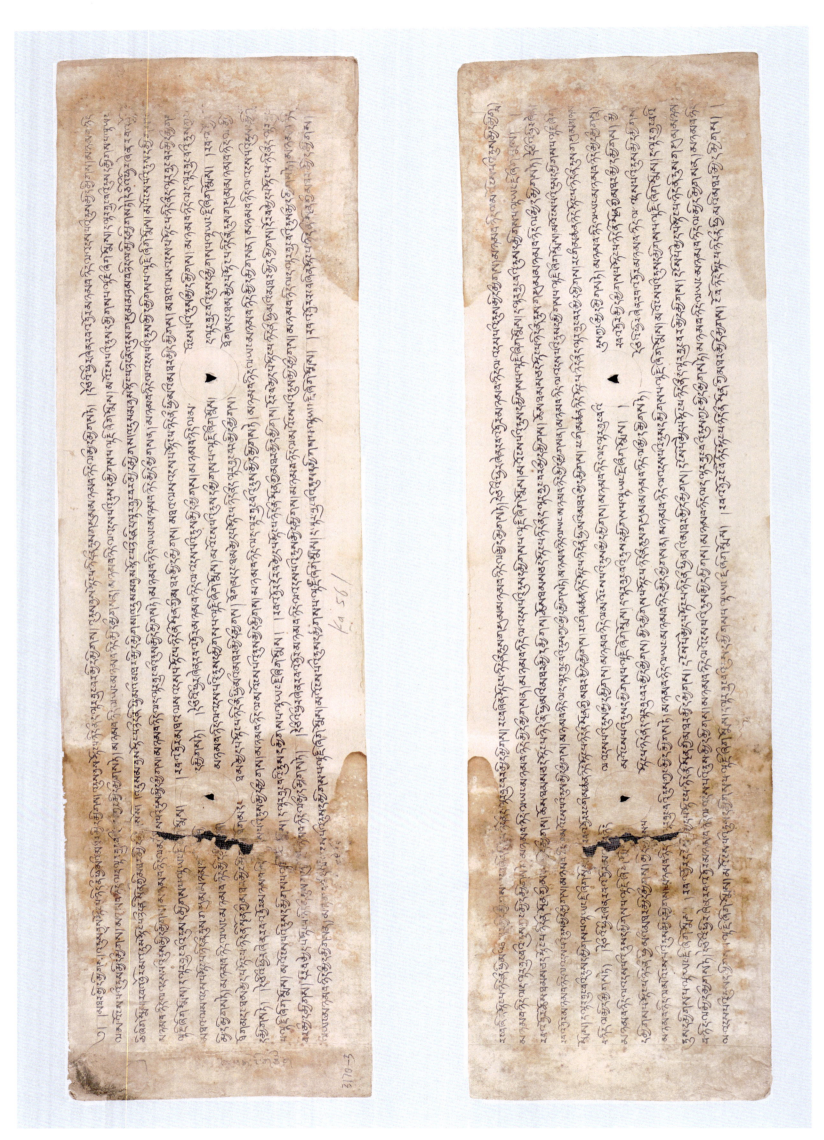

敦博 Db.t.1183 (R-V)　ཤེས་རབ་ཀྱི་ཕ་རོལ་དུ་ཕྱིན་པ་སྟོང་ཕྲག་བརྒྱ་པ་དུམ་བུ་དང་པོ་བདུན་ལྔ་པའོ།།

十萬頌般若波羅蜜多經第一卷第七十五品　　(6—3)

36

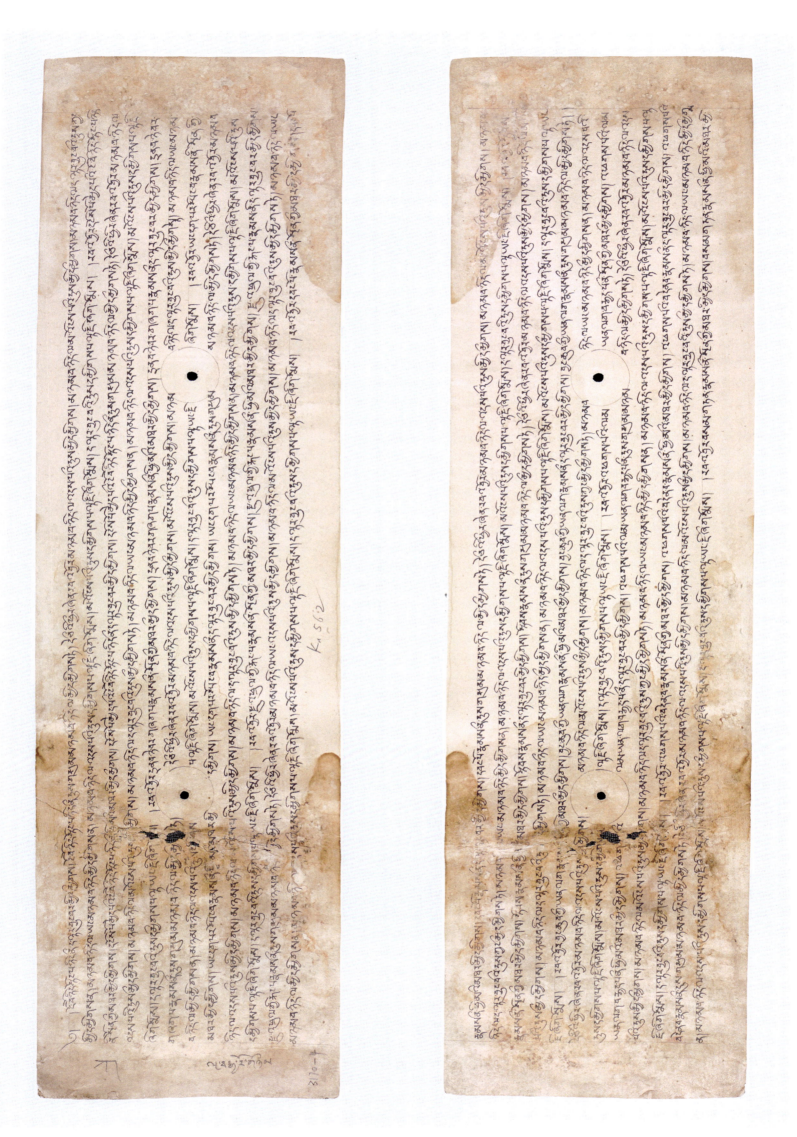

敦博 Db.t.1183 (R-V)　ཤེས་རབ་ཀྱི་ཕ་རོལ་དུ་ཕྱིན་པ་སྟོང་ཕྲག་བརྒྱ་པ་དུམ་བུ་དང་པོ་བདུན་ཅུ་ལྔ་པའོ།།

十萬頌般若波羅蜜多經第一卷第七十五品　　（6—4）

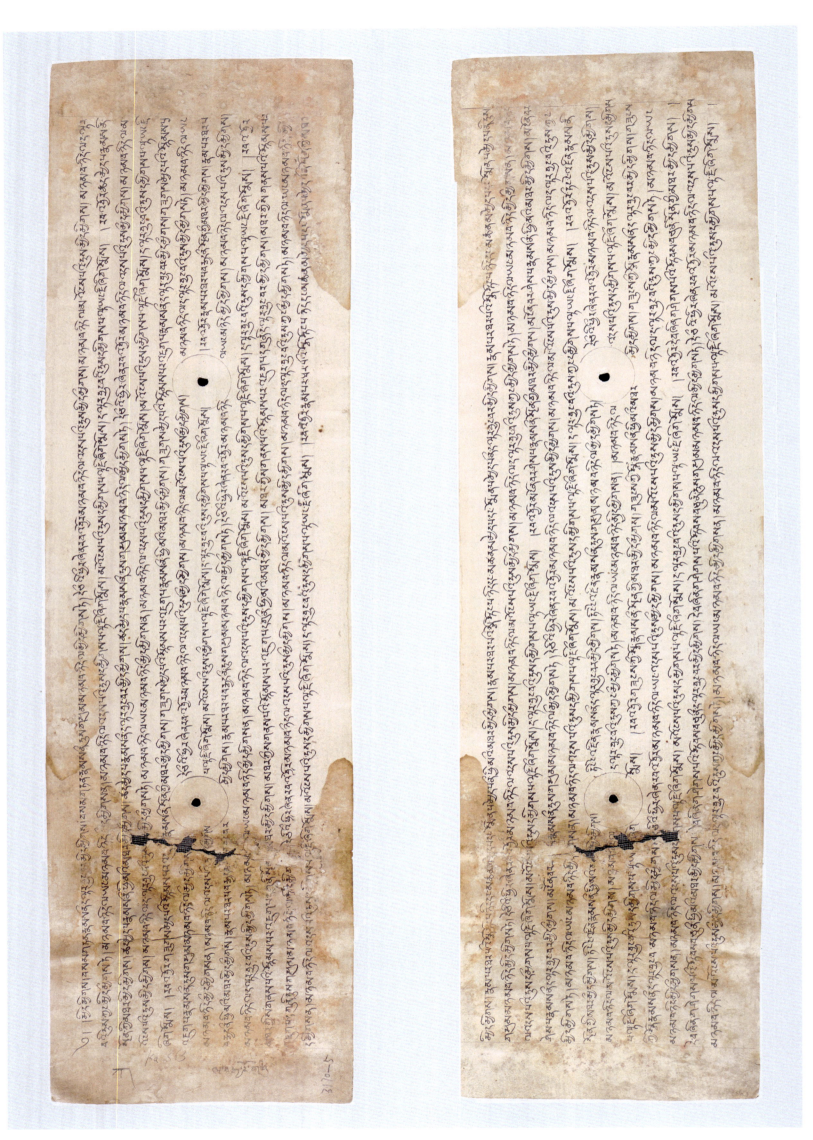

敦博 Db.t.1183 (R-V) ཤེས་རབ་ཀྱི་ཕ་རོལ་ཏུ་ཕྱིན་པ་སྟོང་ཕྲག་བརྒྱའ་པ་དུམ་བུ་དང་པོ་བདུན་ལྷ་འོ།།

十萬頌般若波羅蜜多經第一卷第七十五品　　(6—5)

38

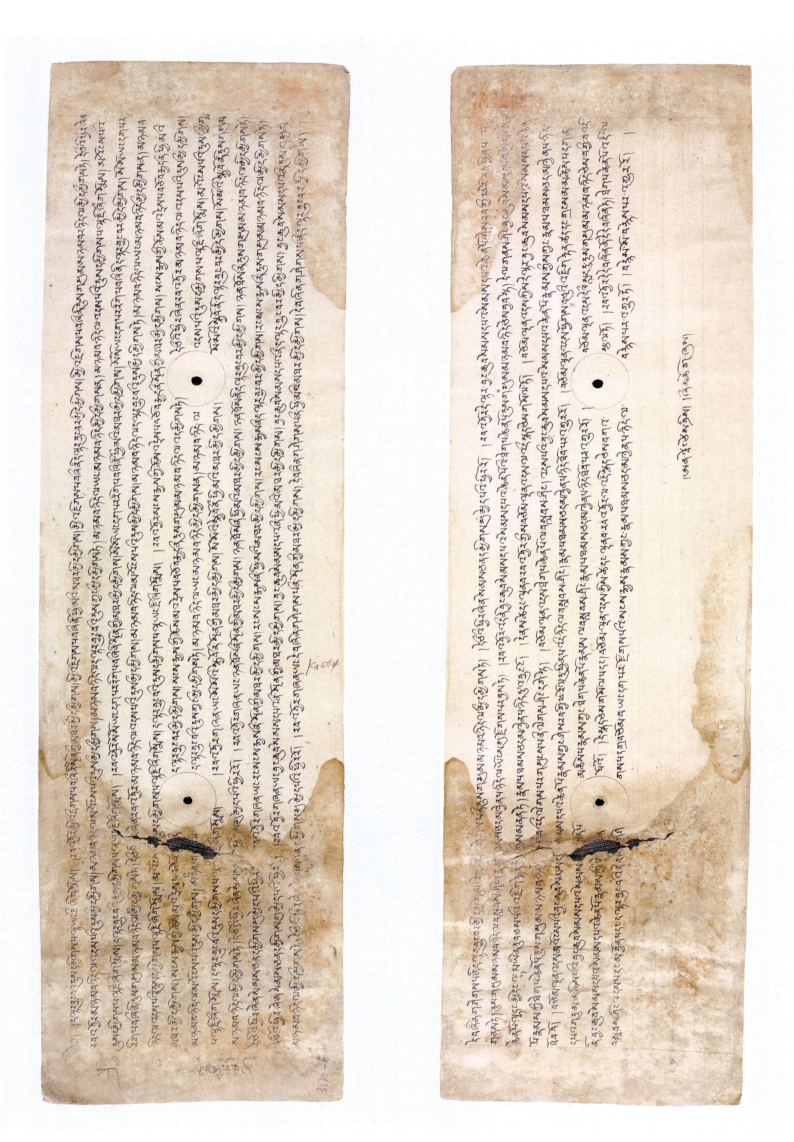

敦博 Db.t.1183 (R-V) ཤེས་རབ་ཀྱི་ཕ་རོལ་དུ་ཕྱིན་པ་སྟོང་ཕྲག་བརྒྱ་པ་དུམ་བུ་དང་པོ་བདུན་ལྡའོ།།
十萬頌般若波羅蜜多經第一卷第七十五品 （6—6）

敦博 Db.t.1184 (R-V)　ཤེས་རབ་ཀྱི་ཕ་རོལ་ཏུ་ཕྱིན་པ་སྟོང་ཕྲག་བརྒྱ་པ་དུམ་བུ་དང་པོ་བམ་པོ་བདུན་ཅུ་བཞི་པ།

十萬頌般若波羅蜜多經第一卷第七十四品　　(9—1)

40

敦博 Db.t.1184 (R-V)　ཤེས་རབ་ཀྱི་ཕ་རོལ་ཏུ་ཕྱིན་པ་སྟོང་ཕྲག་བརྒྱ་པ་དུམ་བུ་དང་པོ་བམ་པོ་བདུན་ཅུ་བཞི་པའོ།།

十萬頌般若波羅蜜多經第一卷第七十四品　　(9—2)

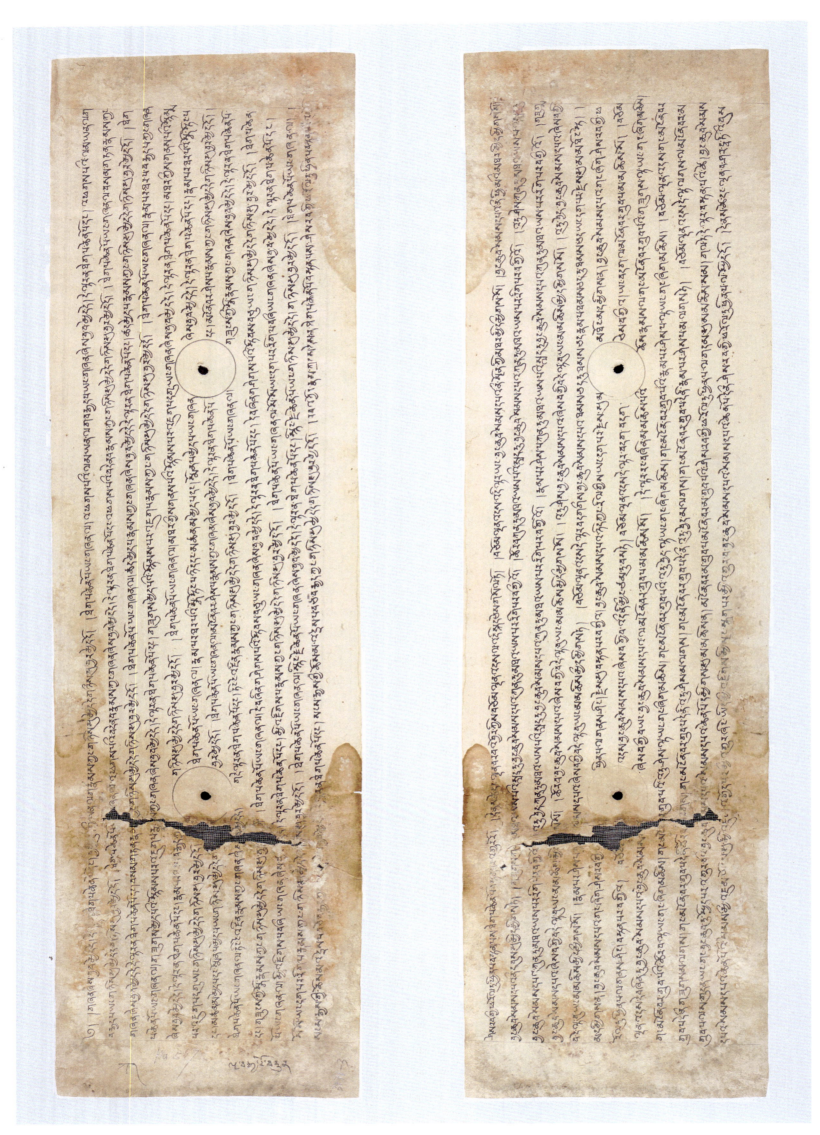

敦博 Db.t.1184 (R-V)　ཤེས་རབ་ཀྱི་ཕ་རོལ་དུ་ཕྱིན་པ་སྟོང་ཕྲག་བརྒྱ་པ་དུམ་བུ་དང་པོ་བམ་པོ་བདུན་ཅུ་བཞི་པོ།།

十萬頌般若波羅蜜多經第一卷第七十四品　　(9—3)

42

敦博 Db.t.1184 (R-V)　ཤེས་རབ་ཀྱི་ཕ་རོལ་དུ་ཕྱིན་པ་སྟོང་ཕྲག་བརྒྱ་པ་དུམ་བུ་དང་པོ་བམ་པོ་བདུན་ཅུ་བཞི་པོ།།

十萬頌般若波羅蜜多經第一卷第七十四品　　(9—4)

43

敦博 Db.t.1184 (R-V)　ཤེས་རབ་ཀྱི་ཕ་རོལ་དུ་ཕྱིན་པ་སྟོང་ཕྲག་བརྒྱ་པ་དུམ་བུ་དང་པོ་བམ་པོ་བདུན་ཅུ་བཞི་པོ།།
十萬頌般若波羅蜜多經第一卷第七十四品　　(9—5)

44

敦博 Db.t.1184 (R-V)　ཤེས་རབ་ཀྱི་ཕ་རོལ་དུ་ཕྱིན་པ་སྟོང་ཕྲག་བརྒྱ་པ་དུམ་བུ་དང་པོ་བམ་པོ་བདུན་ཅུ་བཞི་པའོ།།

十萬頌般若波羅蜜多經第一卷第七十四品　　(9—6)

45

敦博 Db.t.1184 (R-V)　ཤེས་རབ་ཀྱི་ཕ་རོལ་དུ་ཕྱིན་པ་སྟོང་ཕྲག་བརྒྱ་པ་དུམ་བུ་དང་པོ་བམ་པོ་བདུན་ཅུ་བཞི་པའོ།།

十萬頌般若波羅蜜多經第一卷第七十四品　　(9—7)

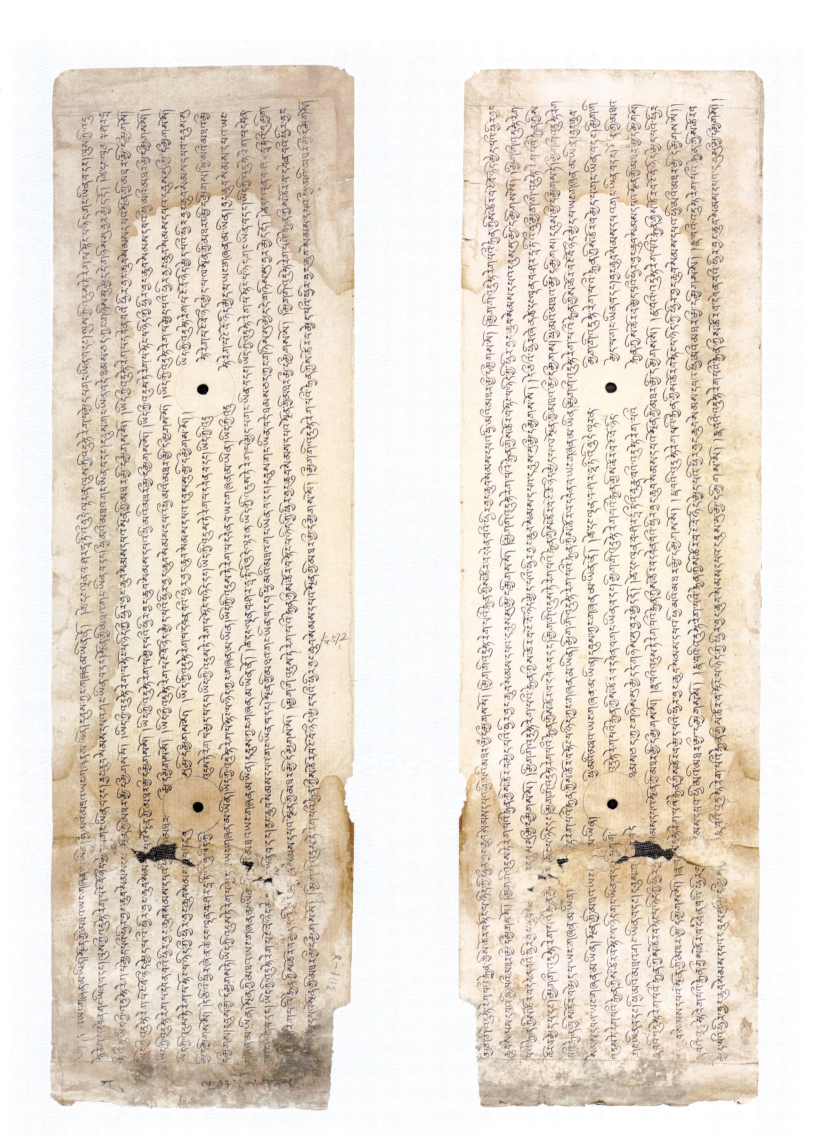

敦博 Db.t.1184 (R-V)　ཤེས་རབ་ཀྱི་ཕ་རོལ་དུ་ཕྱིན་པ་སྟོང་ཕྲག་བརྒྱ་པ་དུམ་བུ་དང་པོ་བམ་པོ་བདུན་ཅུ་བཞི་པོ།།

十萬頌般若波羅蜜多經第一卷第七十四品　　(9—8)

47

ཤེས་རབ་ཀྱི་ཕ་རོལ་དུ་ཕྱིན་པ་སྟོང་ཕྲག་བརྒྱ་པ་དུམ་བུ་དང་པོ་བམ་པོ་བདུན་ཅུ་བཞི་པའོ།།

十萬頌般若波羅蜜多經第一卷第七十四品   (9—9)

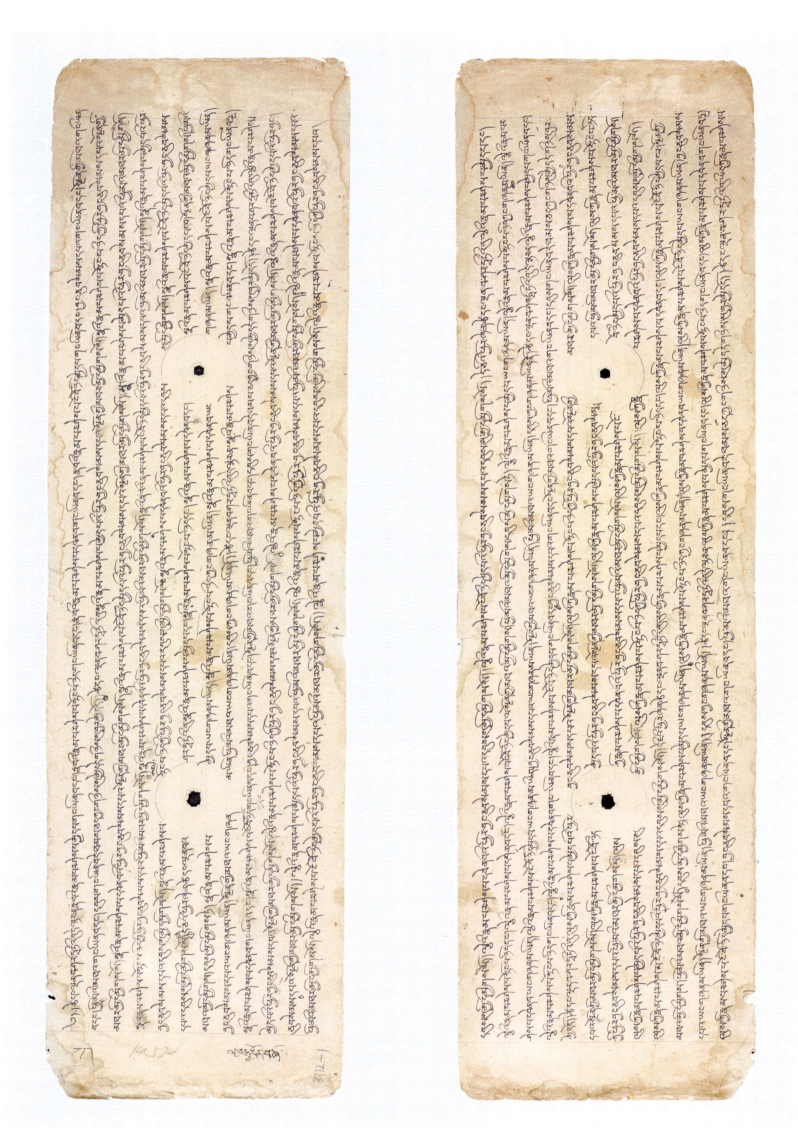

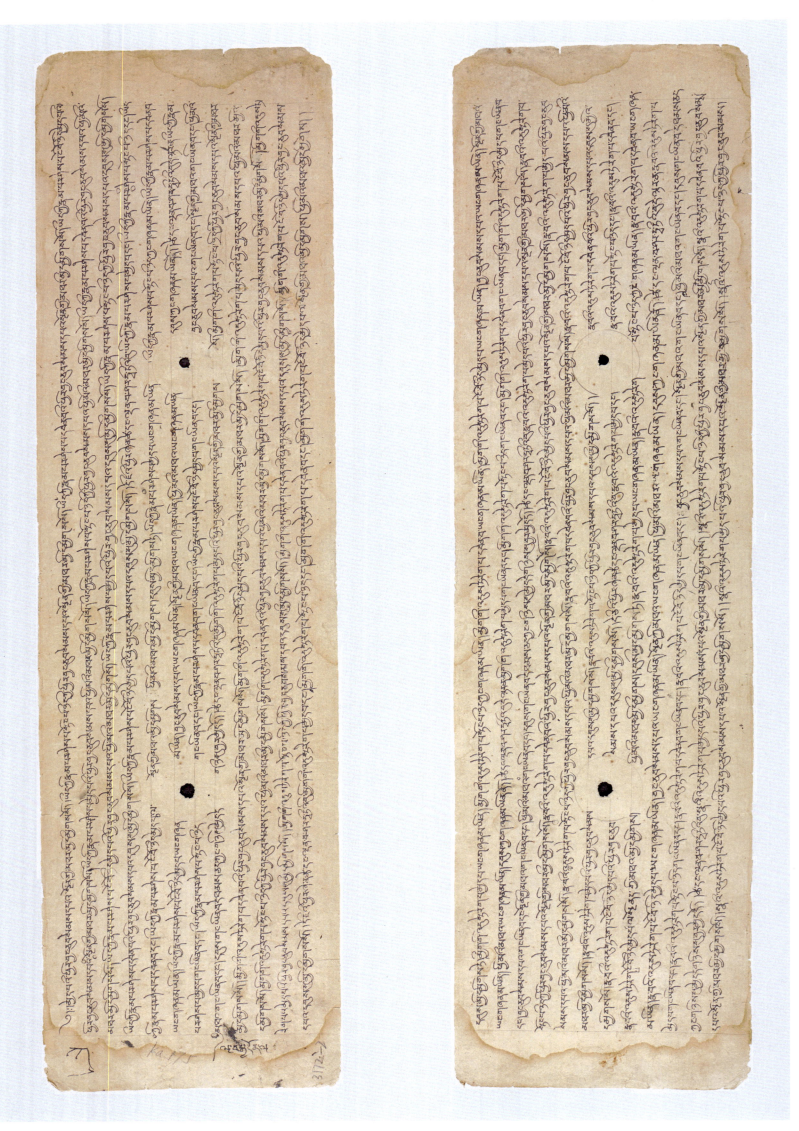

敦博 Db.t.1185 (R-V)　ཤེས་རབ་ཀྱི་ཕ་རོལ་ཏུ་ཕྱིན་པ་སྟོང་ཕྲག་བརྒྱ་པ།

十萬頌般若波羅蜜多經　　(4—2)

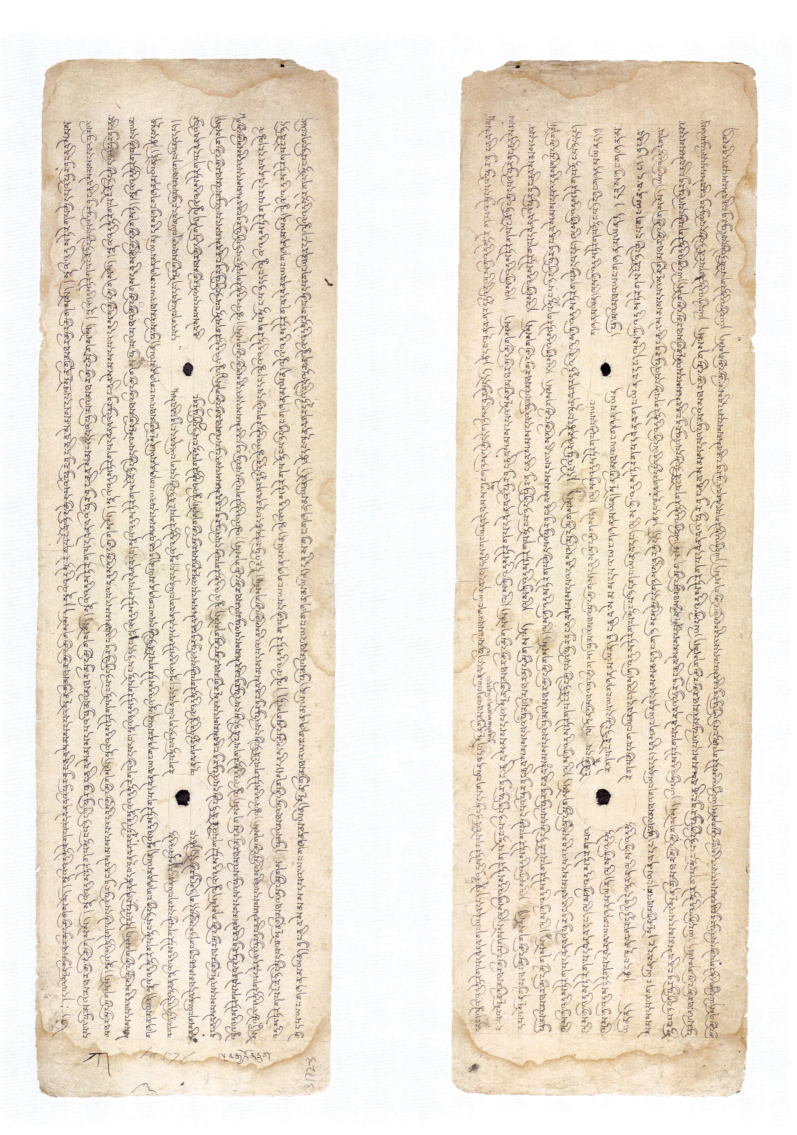

敦博 Db.t.1185 (R-V)　　ཤེས་རབ་ཀྱི་ཕ་རོལ་དུ་ཕྱིན་པ་སྟོང་ཕྲག་བརྒྱ་པ།

十萬頌般若波羅蜜多經　　(4—3)

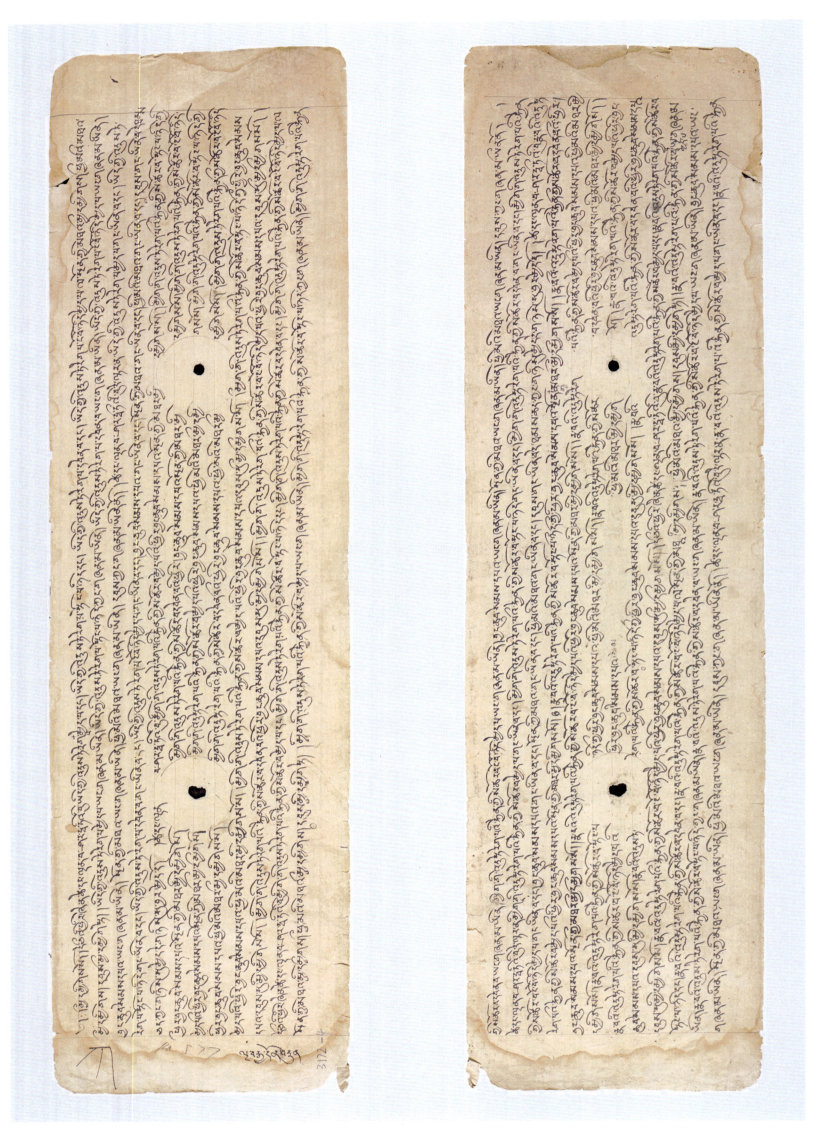

敦博 Db.t.1185 (R-V)　ཤེས་རབ་ཀྱི་ཕ་རོལ་དུ་ཕྱིན་པ་སྟོང་ཕྲག་བརྒྱ་པ།

十萬頌般若波羅蜜多經　　　(4—4)

52

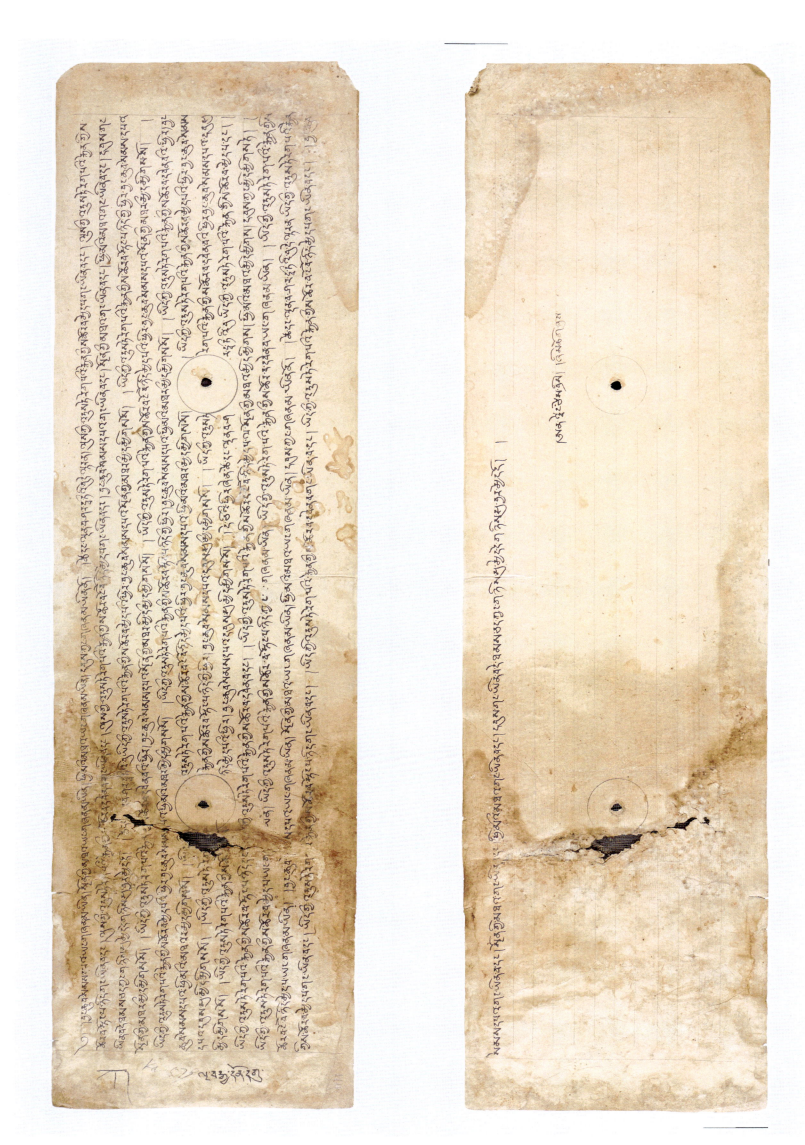

敦博 Db.t.1186 (R-V)　ཤེས་རབ་ཀྱི་ཕ་རོལ་དུ་ཕྱིན་པ་སྟོང་ཕྲག་བརྒྱ་པ།

十萬頌般若波羅蜜多經

敦博 Db.t.1187 (R-V)　ཤེས་རབ་ཀྱི་ཕ་རོལ་ཏུ་ཕྱིན་པ་སྟོང་ཕྲག་བརྒྱ་བ་དུམ་བུ་དང་པོ་བམ་པོ་བཞི་དང་ལྔ་དང་དྲུག་གོ།།

十萬頌般若波羅蜜多經第一卷第四、五、六品　　(31—1)

敦博 Db.t.1187 (R-V)　ཤེས་རབ་ཀྱི་ཕ་རོལ་ཏུ་ཕྱིན་པ་སྟོང་ཕྲག་བརྒྱ་པ་དུམ་བུ་དང་པོ་བམ་པོ་བཞི་དང་ལྔ་དང་དྲུག་གོ།།།

十萬頌般若波羅蜜多經第一卷第四、五、六品　　(31—2)

敦博 Db.t.1187 (R-V) ཤེས་རབ་ཀྱི་ཕ་རོལ་ཏུ་ཕྱིན་པ་སྟོང་ཕྲག་བརྒྱ་བ་དུམ་བུ་དང་པོ་བམ་པོ་བཞི་དང་ལྔ་དང་དྲུག་གོ།།།

十萬頌般若波羅蜜多經第一卷第四、五、六品　　(31—3)

56

敦博 Db.t.1187 (R-V) ཤེས་རབ་ཀྱི་ཕ་རོལ་དུ་ཕྱིན་པ་སྟོང་ཕྲག་བཅུའི་བ་དུམ་བུ་དང་པོ་བམ་པོ་བཞི་དང་ལྔ་དང་དྲུག་གོ།།།

十萬頌般若波羅蜜多經第一卷第四、五、六品　　(31—4)

敦博 Db.t.1187 (R-V)　ཤེས་རབ་ཀྱི་ཕ་རོལ་ཏུ་ཕྱིན་པ་སྟོང་ཕྲག་བརྒྱ་བ་དུམ་བུ་དང་པོ་བམ་པོ་བཞི་དང་ལྔ་དང་དྲུག་གོ།།
十萬頌般若波羅蜜多經第一卷第四、五、六品　　(31—5)

58

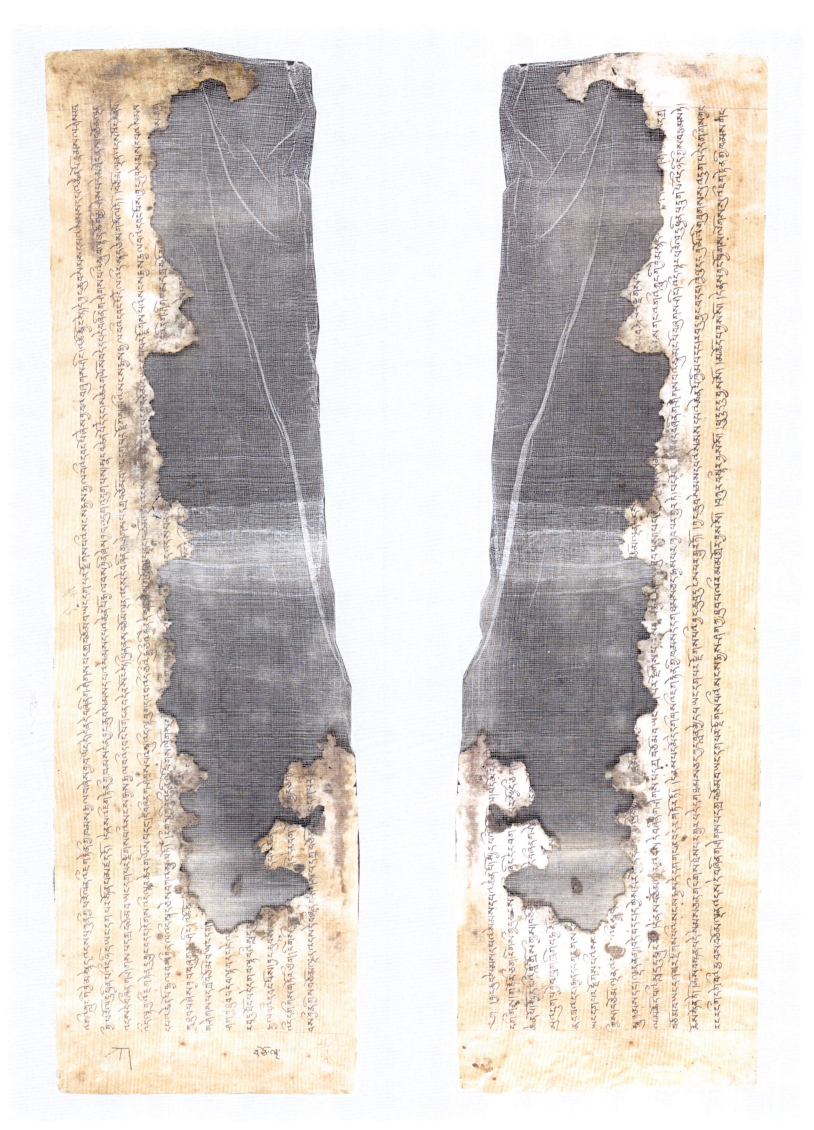

敦博 Db.t.1187 (R-V)　　ཤེས་རབ་ཀྱི་ཕ་རོལ་དུ་ཕྱིན་པ་སྟོང་ཕྲག་བརྒྱ་བ་དུམ་བུ་དང་པོ་བམ་པོ་བཞི་དང་ལྔ་དང་དྲུག་གོ།།།

十萬頌般若波羅蜜多經第一卷第四、五、六品　　(31—6)

59

敦博 Db.t.1187 (R-V)　ཤེས་རབ་ཀྱི་ཕ་རོལ་དུ་ཕྱིན་པ་སྟོང་ཕྲག་བརྒྱའ་བ་དུམ་བུ་དང་པོ་བམ་པོ་བཞི་དང་ལྔ་དང་དྲུག་གོ།།།

十萬頌般若波羅蜜多經第一卷第四、五、六品　　　(31—7)

敦博 Db.t.1187 (R-V)　　ཤེས་རབ་ཀྱི་ཕ་རོལ་དུ་ཕྱིན་པ་སྟོང་ཕྲག་བརྒྱའ་བ་དུམ་བུ་དང་པོ་བམ་པོ་བཞི་དང་ལྔ་དང་དྲུག་གོ།།།

十萬頌般若波羅蜜多經第一卷第四、五、六品　　（31—8）

61

敦博 Db.t.1187 (R-V) ཤེས་རབ་ཀྱི་ཕ་རོལ་དུ་ཕྱིན་པ་སྟོང་ཕྲག་བརྒྱའ་བ་དུམ་བུ་དང་པོ་བམ་པོ་བཞི་དང་ལྔ་དང་དྲུག་གོ།།

十萬頌般若波羅蜜多經第一卷第四、五、六品　　(31—9)

敦博 Db.t.1187 (R-V)　ཤེས་རབ་ཀྱི་ཕ་རོལ་དུ་ཕྱིན་པ་སྟོང་ཕྲག་བརྒྱ་པ་དུམ་བུ་དང་པོ་བམ་པོ་བཞི་དང་ལྔ་དང་དྲུག་གོ།།

十萬頌般若波羅蜜多經第一卷第四、五、六品　　（31—10）

敦博 Db.t.1187 (R-V)　ཤེས་རབ་ཀྱི་ཕ་རོལ་ཏུ་ཕྱིན་པ་སྟོང་ཕྲག་བརྒྱ་པ་དུམ་བུ་དང་པོ་བམ་པོ་བཞི་དང་ལྔ་དང་དྲུག་གོ།།།
十萬頌般若波羅蜜多經第一卷第四、五、六品　　(31—11)

敦博 Db.t.1187 (R-V)　ཤེས་རབ་ཀྱི་ཕ་རོལ་དུ་ཕྱིན་པ་སྟོང་ཕྲག་བརྒྱ་པ་དུམ་བུ་དང་པོ་བམ་པོ་བཞི་དང་ལྔ་དང་དྲུག་གོ།།།

十萬頌般若波羅蜜多經第一卷第四、五、六品　　(31—12)

敦博 Db.t.1187 (R-V) ཤེས་རབ་ཀྱི་ཕ་རོལ་དུ་ཕྱིན་པ་སྟོང་ཕྲག་བརྒྱ་པ་དུམ་བུ་དང་པོ་བམ་པོ་བཞི་དང་ལྔ་དང་དྲུག་གོ།།།

十萬頌般若波羅蜜多經第一卷第四、五、六品　　(31—13)

敦博 Db.t.1187 (R-V)　　ཤེས་རབ་ཀྱི་ཕ་རོལ་ཏུ་ཕྱིན་པ་སྟོང་ཕྲག་བརྒྱ་པ་དུམ་བུ་དང་པོ་བམ་པོ་བཞི་དང་ལྔ་དང་དྲུག་གོ།།

十萬頌般若波羅蜜多經第一卷第四、五、六品　　(31—14)

敦博 Db.t.1187 (R-V)　ཤེས་རབ་ཀྱི་ཕ་རོལ་ཏུ་ཕྱིན་པ་སྟོང་ཕྲག་བརྒྱའ་བ་དུམ་བུ་དང་པོ་བམ་པོ་བཞི་དང་ལྔ་དང་དྲུག་གོ།།།

十萬頌般若波羅蜜多經第一卷第四、五、六品　　(31—15)

敦博 Db.t.1187 (R-V)　ཤེས་རབ་ཀྱི་ཕ་རོལ་ཏུ་ཕྱིན་པ་སྟོང་ཕྲག་བརྒྱ་པ་དུམ་བུ་དང་པོ་བམ་པོ་བཞི་དང་ལྔ་དང་དྲུག་གོ།།

十萬頌般若波羅蜜多經第一卷第四、五、六品　　(31—16)

69

敦博 Db.t.1187 (R-V) ཤེས་རབ་ཀྱི་ཕ་རོལ་དུ་ཕྱིན་པ་སྟོང་ཕྲག་བརྒྱ་པ་དུམ་བུ་དང་པོ་བམ་པོ་བཞི་དང་ལྔ་དང་དྲུག་གོ།།

十萬頌般若波羅蜜多經第一卷第四、五、六品　　(31—17)

敦博 Db.t.1187 (R-V)　ཤེས་རབ་ཀྱི་ཕ་རོལ་དུ་ཕྱིན་པ་སྟོང་ཕྲག་བརྒྱ་པ་དུམ་བུ་དང་པོ་བམ་པོ་བཞི་དང་ལྔ་དང་དྲུག་གོ།།

十萬頌般若波羅蜜多經第一卷第四、五、六品　　(31—18)

敦博 Db.t.1187 (R-V)　ཤེས་རབ་ཀྱི་ཕ་རོལ་དུ་ཕྱིན་པ་སྟོང་ཕྲག་བརྒྱའད་བ་དུམ་བུ་དང་པོ་བམ་པོ་བཞི་དང་ལྔ་དང་དྲུག་གོ།།།

十萬頌般若波羅蜜多經第一卷第四、五、六品　　　(31—19)

敦博 Db.t.1187 (R-V)　ཤེས་རབ་ཀྱི་ཕ་རོལ་ཏུ་ཕྱིན་པ་སྟོང་ཕྲག་བརྒྱ་བ་དུམ་བུ་དང་པོ་བམ་པོ་བཞི་དང་ལྔ་དང་དྲུག་གོ།།།

十萬頌般若波羅蜜多經第一卷第四、五、六品　　(31—20)

敦博 Db.t.1187 (R-V)　ཤེས་རབ་ཀྱི་ཕ་རོལ་དུ་ཕྱིན་པ་སྟོང་ཕྲག་བརྒྱ་པ་དུམ་བུ་དང་པོ་བམ་པོ་བཞི་དང་ལྔ་དང་དྲུག་གོ།།།

十萬頌般若波羅蜜多經第一卷第四、五、六品　　　(31—21)

敦博 Db.t.1187 (R-V)　　ཤེས་རབ་ཀྱི་ཕ་རོལ་དུ་ཕྱིན་པ་སྟོང་ཕྲག་བརྒྱ་བ་དུམ་བུ་དང་པོ་བམ་པོ་བཞི་དང་ལྔ་དང་དྲུག་གོ།།།

十萬頌般若波羅蜜多經第一卷第四、五、六品　　(31—22)

敦博 Db.t.1187 (R-V) ཤེས་རབ་ཀྱི་ཕ་རོལ་ཏུ་ཕྱིན་པ་སྟོང་ཕྲག་བརྒྱའ་བ་དུམ་བུ་དང་པོ་བམ་པོ་བཞི་དང་ལྔ་དང་དྲུག་གོ།།།

十萬頌般若波羅蜜多經第一卷第四、五、六品　　（31—23）

敦博 Db.t.1187 (R-V)　ཤེས་རབ་ཀྱི་ཕ་རོལ་ཏུ་ཕྱིན་པ་སྟོང་ཕྲག་བརྒྱའ་བ་དུམ་བུ་དང་པོ་བམ་པོ་བཞི་དང་ལྔ་དང་དྲུག་གོ།།།

十萬頌般若波羅蜜多經第一卷第四、五、六品　　(31—24)

敦博 Db.t.1187 (R-V)　ཤེས་རབ་ཀྱི་ཕ་རོལ་དུ་ཕྱིན་པ་སྟོང་ཕྲག་བརྒྱ་པ་དུམ་བུ་དང་པོ་བམ་པོ་བཞི་དང་ལྔ་དང་དྲུག་གོ།།།

十萬頌般若波羅蜜多經第一卷第四、五、六品　　（31—25）

敦博 Db.t.1187 (R-V) ཤེས་རབ་ཀྱི་ཕ་རོལ་ཏུ་ཕྱིན་པ་སྟོང་ཕྲག་བརྒྱ་བ་དུམ་བུ་དང་པོ་བམ་པོ་བཞི་དང་ལྔ་དང་དྲུག་གོ།།
十萬頌般若波羅蜜多經第一卷第四、五、六品　　(31—26)

79

敦博 Db.t.1187 (R-V)　ཤེས་རབ་ཀྱི་ཕ་རོལ་ཏུ་ཕྱིན་པ་སྟོང་ཕྲག་བརྒྱ་པ་དུམ་བུ་དང་པོ་བམ་པོ་བཞི་དང་ལྔ་དང་དྲུག་གོ །

十萬頌般若波羅蜜多經第一卷第四、五、六品　　(31—27)

敦博 Db.t.1187 (R-V) ཤེས་རབ་ཀྱི་ཕ་རོལ་དུ་ཕྱིན་པ་སྟོང་ཕྲག་བརྒྱའ་བ་དུམ་བུ་དང་པོ་བམ་པོ་བཞི་དང་ལྔ་དང་དྲུག་གོ།།

十萬頌般若波羅蜜多經第一卷第四、五、六品 (31—28)

敦博 Db.t.1187 (R-V)　ཤེས་རབ་ཀྱི་ཕ་རོལ་དུ་ཕྱིན་པ་སྟོང་ཕྲག་བརྒྱའ་བ་དུམ་བུ་དང་པོ་བམ་པོ་བཞི་དང་ལྔ་དང་དྲུག་གོ།།།

十萬頌般若波羅蜜多經第一卷第四、五、六品　　（31—29）

敦博 Db.t.1187 (R-V)　ཤེས་རབ་ཀྱི་ཕ་རོལ་དུ་ཕྱིན་པ་སྟོང་ཕྲག་བརྒྱ་པ་ཏུམ་བུ་དང་པོ་བམ་པོ་བཞི་དང་ལྔ་དང་དྲུག་གོ།།

十萬頌般若波羅蜜多經第一卷第四、五、六品　　(31—30)

敦博 Db.t.1187 (R-V)　ཤེས་རབ་ཀྱི་ཕ་རོལ་དུ་ཕྱིན་པ་སྟོང་ཕྲག་བརྒྱ་བ་དུམ་བུ་དང་པོ་བམ་པོ་བཞི་དང་ལྔ་དང་དྲུག་གོ།།།

十萬頌般若波羅蜜多經第一卷第四、五、六品　　(31—31)

84

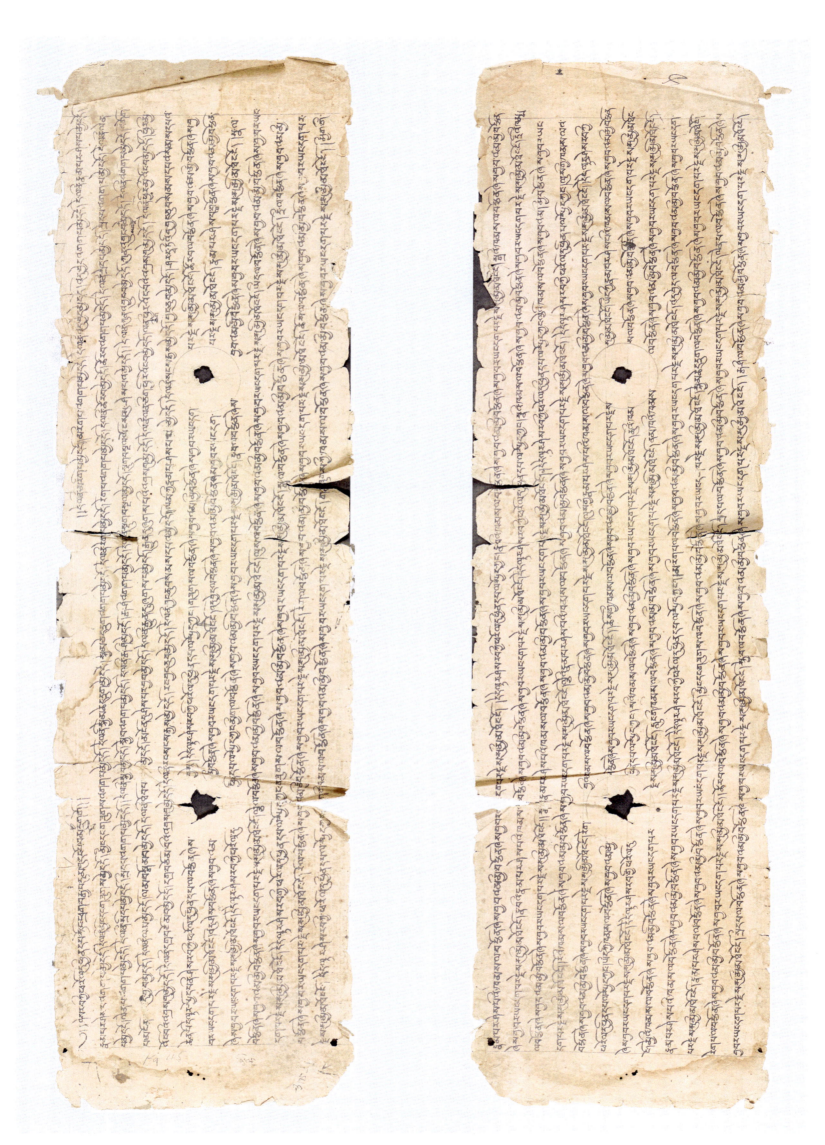

敦博 Db.t.1188 (R-V)　ཤེས་རབ་ཀྱི་ཕ་རོལ་དུ་ཕྱིན་པ་སྟོང་ཕྲག་བརྒྱ་པ་དུམ་བུ་དང་པོ་བམ་པོ་དྲུག་གོ།།།

十萬頌般若波羅蜜多經第一卷第六品　　(6—1)

敦博 Db.t.1188 (R-V) ཤེས་རབ་ཀྱི་ཕ་རོལ་དུ་ཕྱིན་པ་སྟོང་ཕྲག་བརྒྱ་པ་དུམ་བུ་དང་པོ་བམ་པོ་དྲུག་གོ།།།
十萬頌般若波羅蜜多經第一卷第六品 (6—2)

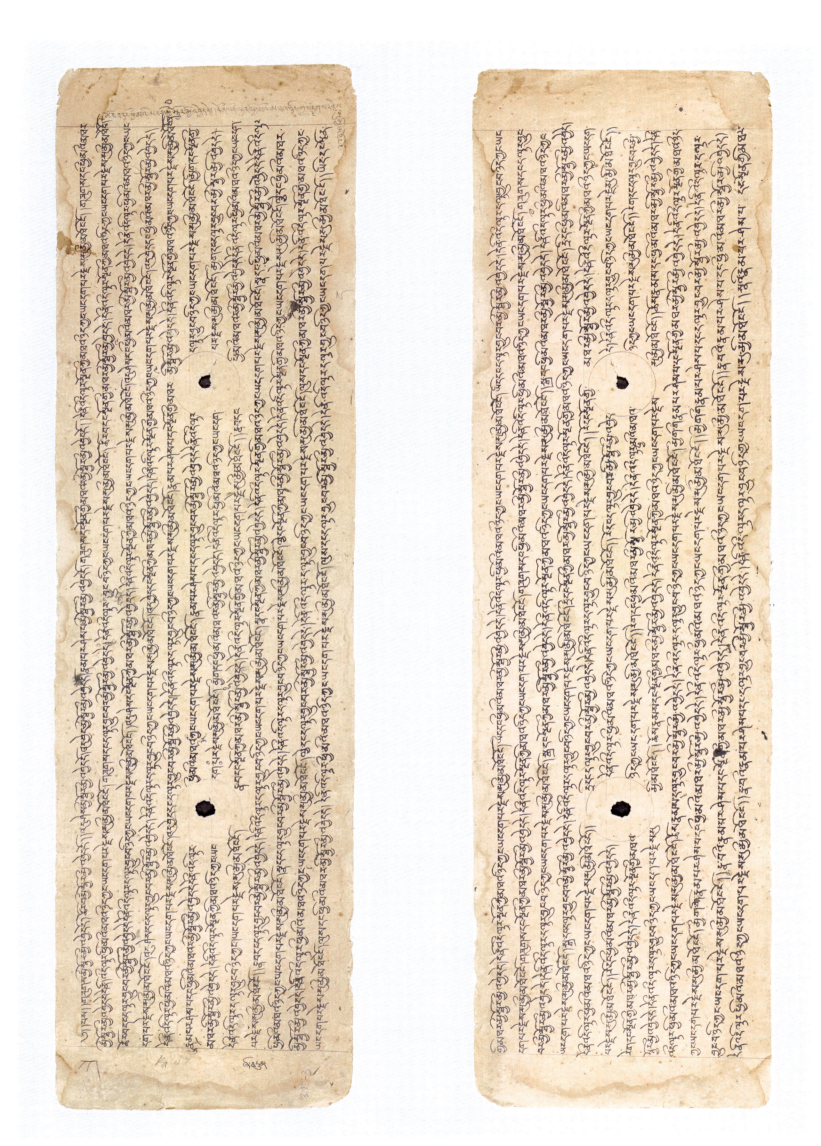

敦博 Db.t.1188 (R-V) ཤེས་རབ་ཀྱི་ཕ་རོལ་དུ་ཕྱིན་པ་སྟོང་ཕྲག་བརྒྱ་པ་དུམ་བུ་དང་པོ་བམ་པོ་དྲུག་གོ།།

十萬頌般若波羅蜜多經第一卷第六品　　(6—3)

敦博 Db.t.1188 (R-V)　ཤེས་རབ་ཀྱི་ཕ་རོལ་ཏུ་ཕྱིན་པ་སྟོང་ཕྲག་བརྒྱ་པ་དུམ་བུ་དང་པོ་བམ་པོ་དྲུག་གོ།།

十萬頌般若波羅蜜多經第一卷第六品　　(6—4)

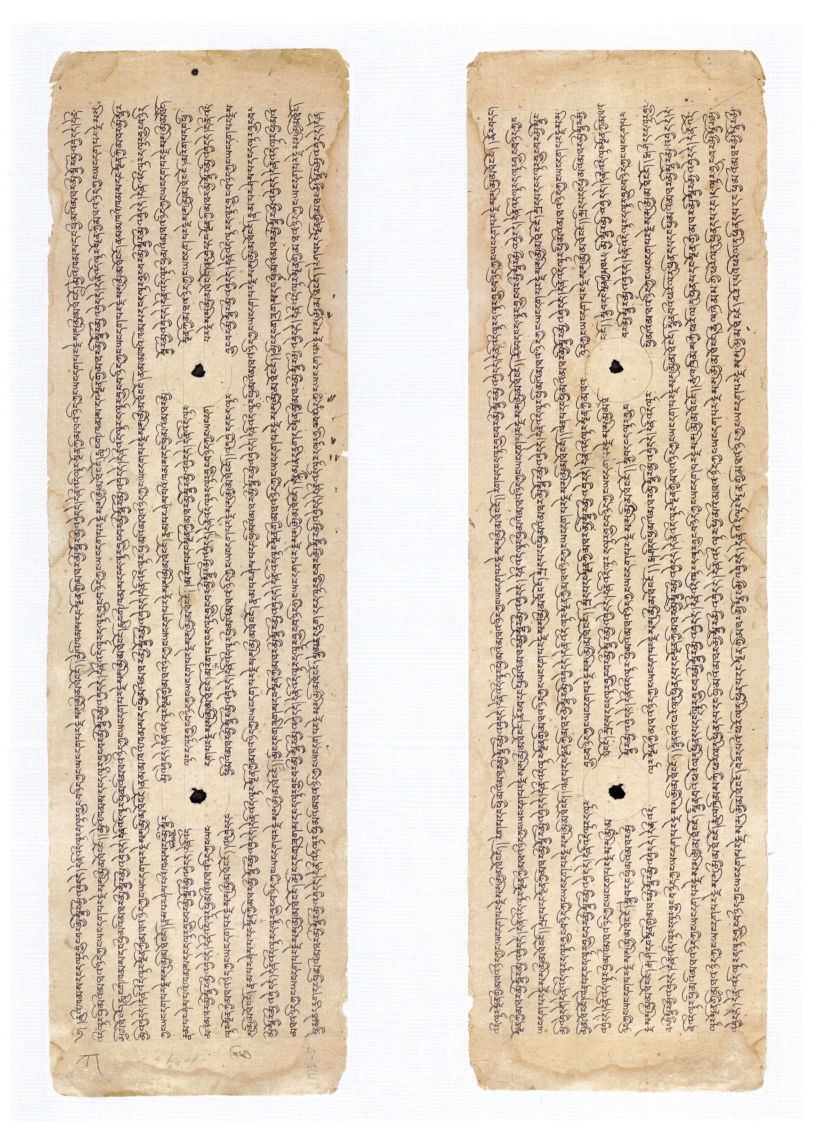

敦博 Db.t.1188 (R-V)　　ཤེས་རབ་ཀྱི་ཕ་རོལ་དུ་ཕྱིན་པ་སྟོང་ཕྲག་བརྒྱ་པ་དུམ་བུ་དང་པོ་བམ་པོ་དྲུག་གོ།།

十萬頌般若波羅蜜多經第一卷第六品　　(6—5)

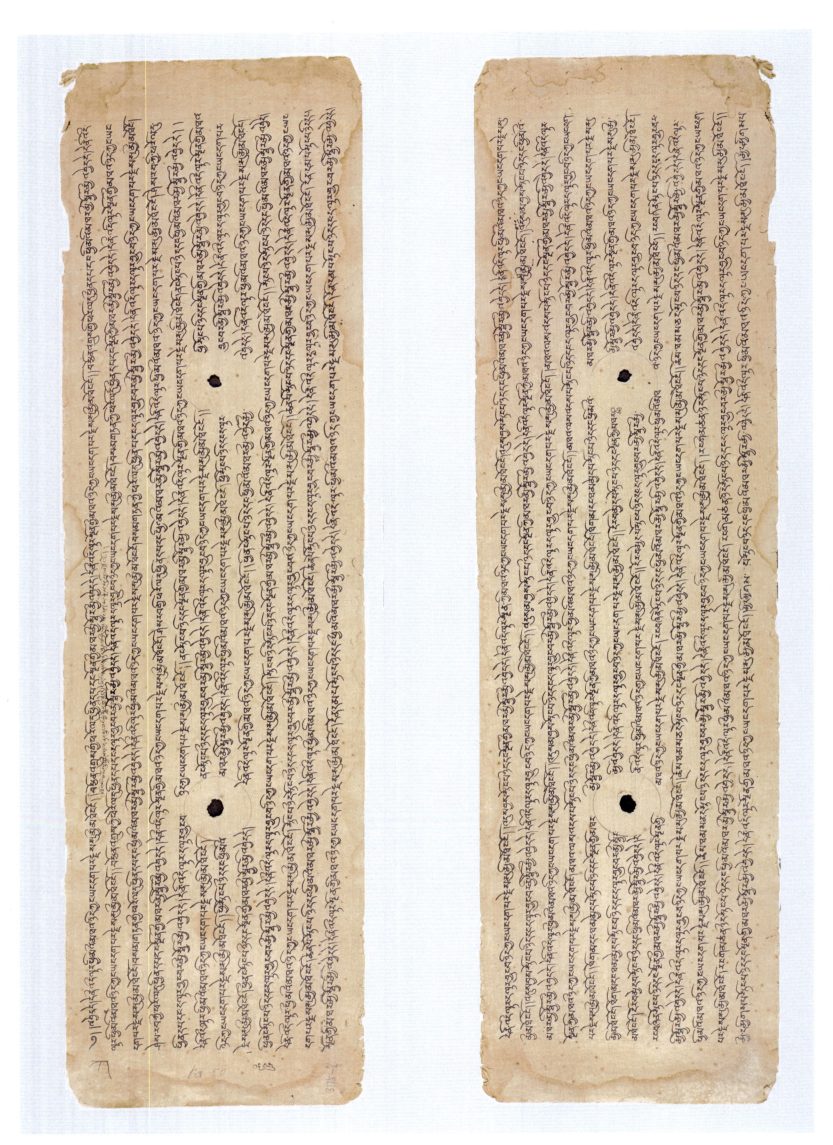

敦博 Db.t.1188 (R-V)　ཤེས་རབ་ཀྱི་ཕ་རོལ་ཏུ་ཕྱིན་པ་སྟོང་ཕྲག་བརྒྱ་པ་དུམ་བུ་དང་པོ་བམ་པོ་དྲུག་གོ།།

十萬頌般若波羅蜜多經第一卷第六品　　(6—6)

90

敦博 Db.t.1189 (R-V)　　ཤེས་རབ་ཀྱི་ཕ་རོལ་དུ་ཕྱིན་པ་སྟོང་ཕྲག་བརྒྱ་པ་དུམ་བུ་དང་པོ་བམ་པོ་བརྒྱད་དང་དགུའོ།།

十萬頌般若波羅蜜多經第一卷第八、九品　　(8—1)

91

敦博 Db.t.1189 (R-V)　　ཤེས་རབ་ཀྱི་ཕ་རོལ་ཏུ་ཕྱིན་པ་སྟོང་ཕྲག་བརྒྱའ་པ་དུམ་བུ་དང་པོ་བམ་པོ་བརྒྱད་དང་དགུའོ།།

十萬頌般若波羅蜜多經第一卷第八、九品　　(8—2)

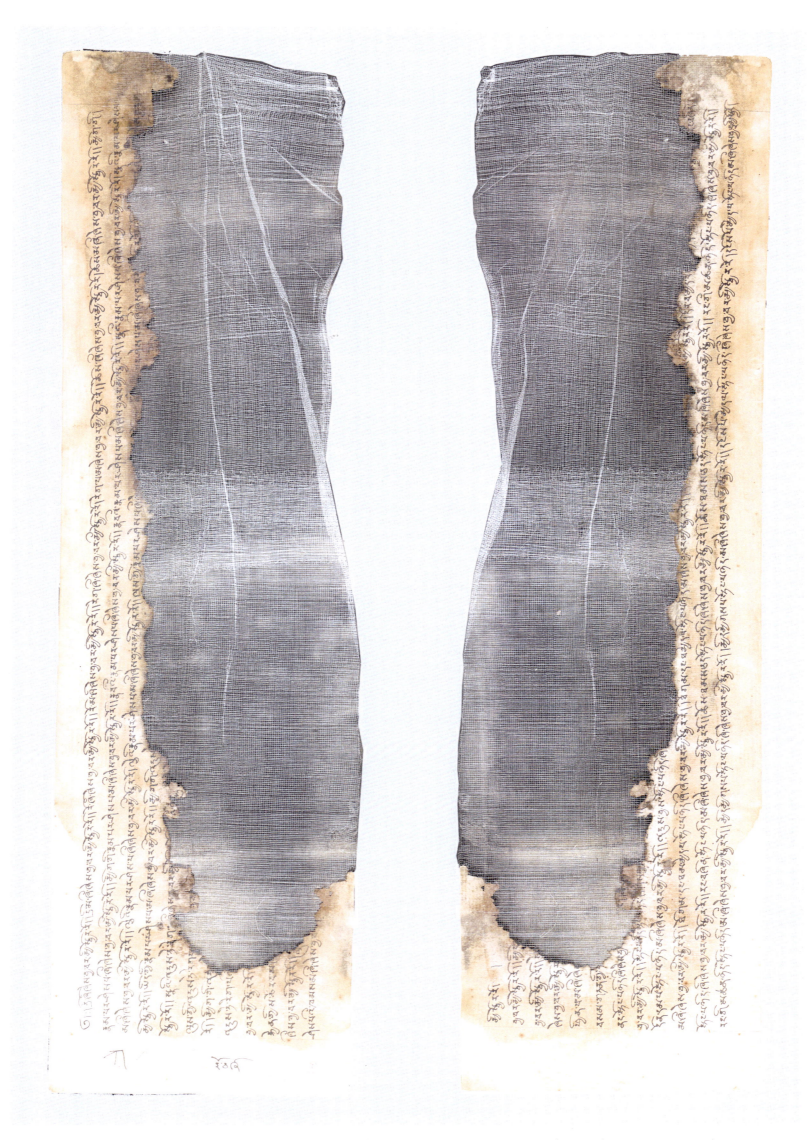

敦博 Db.t.1189 (R-V)　ཤེས་རབ་ཀྱི་ཕ་རོལ་ཏུ་ཕྱིན་པ་སྟོང་ཕྲག་བརྒྱ་པ་ཏུམ་བུ་དང་པོ་བམ་པོ་བརྒྱད་དང་དགུའོ།།

十萬頌般若波羅蜜多經第一卷第八、九品　　　(8—3)

敦博 Db.t.1189 (R-V)　ཤེས་རབ་ཀྱི་ཕ་རོལ་དུ་ཕྱིན་པ་སྟོང་ཕྲག་བརྒྱ་པ་དུམ་བུ་དང་པོ་བམ་པོ་བརྒྱད་དང་དགུའོ།།

十萬頌般若波羅蜜多經第一卷第八、九品　　(8—4)

94

敦博 Db.t.1189 (R-V)　ཤེས་རབ་ཀྱི་ཕ་རོལ་དུ་ཕྱིན་པ་སྟོང་ཕྲག་བརྒྱའི་པ་དུམ་བུ་དང་པོ་བམ་པོ་བརྒྱད་དང་དགུ་གོ །

十萬頌般若波羅蜜多經第一卷第八、九品　　　(8—5)

敦博 Db.t.1189 (R-V)　　ཤེས་རབ་ཀྱི་ཕ་རོལ་དུ་ཕྱིན་པ་སྟོང་ཕྲག་བརྒྱའི་པ་དུམ་བུ་དང་པོ་བམ་པོ་བརྒྱད་དང་དགུའོ།།

十萬頌般若波羅蜜多經第一卷第八、九品　　(8—6)

敦博 Db.t.1189 (R-V)　　ཤེས་རབ་ཀྱི་ཕ་རོལ་དུ་ཕྱིན་པ་སྟོང་ཕྲག་བརྒྱ་པ་དུམ་བུ་དང་པོ་བམ་པོ་བརྒྱད་དང་དགུའོ།།
十萬頌般若波羅蜜多經第一卷第八、九品　　(8—7)

97

敦博 Db.t.1189 (R-V)　ཤེས་རབ་ཀྱི་ཕ་རོལ་དུ་ཕྱིན་པ་སྟོང་ཕྲག་བརྒྱའི་པ་དུམ་བུ་དང་པོ་བམ་པོ་བརྒྱད་དང་དགུའོ།།

十萬頌般若波羅蜜多經第一卷第八、九品　　(8—8)

敦博 Db.t.1190 (R-V)　　ཤེས་རབ་ཀྱི་ཕ་རོལ་ཏུ་ཕྱིན་པ་སྟོང་ཕྲག་བརྒྱ་པ་ཏུམ་བུ་དང་པོ་བམ་པོ་དགུ་དང་བཅུའོ།།

十萬頌般若波羅蜜多經第一卷第九、十品　　(2—1)

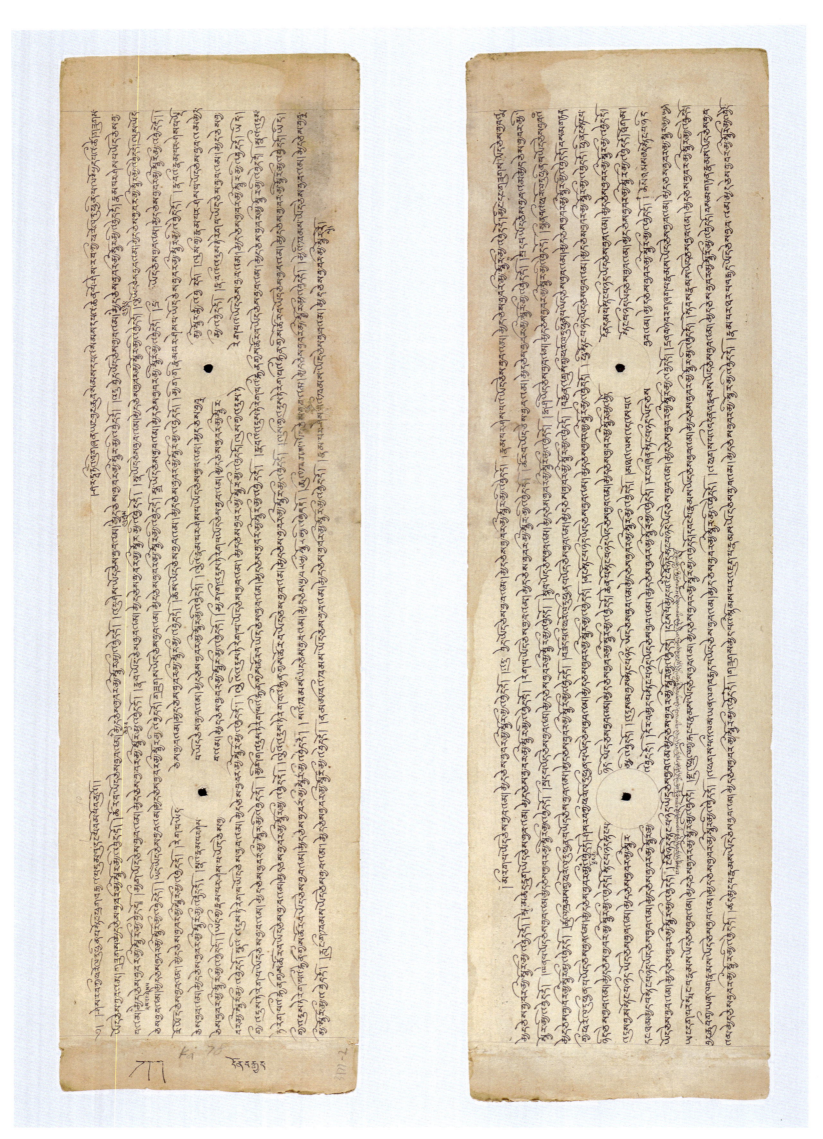

敦博 Db.t.1190 (R-V)　ཤེས་རབ་ཀྱི་ཕ་རོལ་དུ་ཕྱིན་པ་སྟོང་ཕྲག་བརྒྱད་པ་དུམ་བུ་དང་པོ་བམ་པོ་དགུ་དང་བཅུའོ།།

十萬頌般若波羅蜜多經第一卷第九、十品　　(2—2)

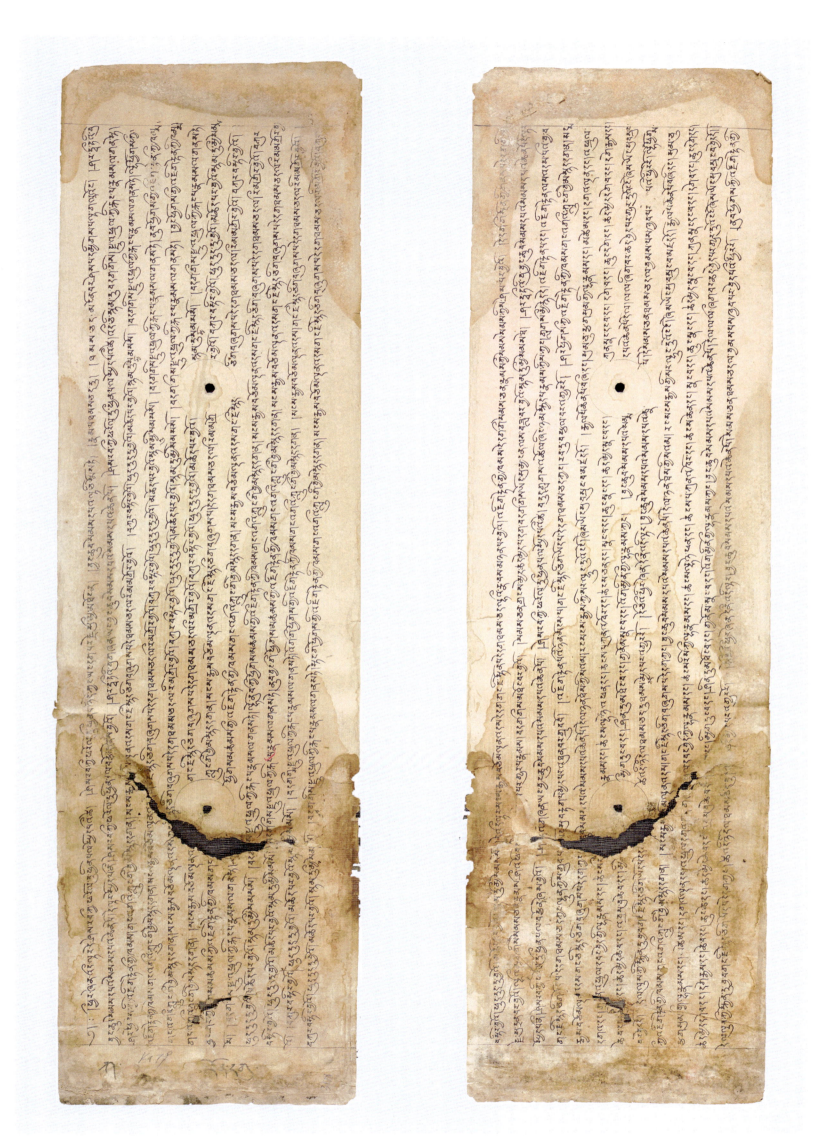

敦博 Db.t.1191 (R-V)　ཤེས་རབ་ཀྱི་ཕ་རོལ་ཏུ་ཕྱིན་པ་སྟོང་ཕྲག་བརྒྱ་པ།
十萬頌般若波羅蜜多經

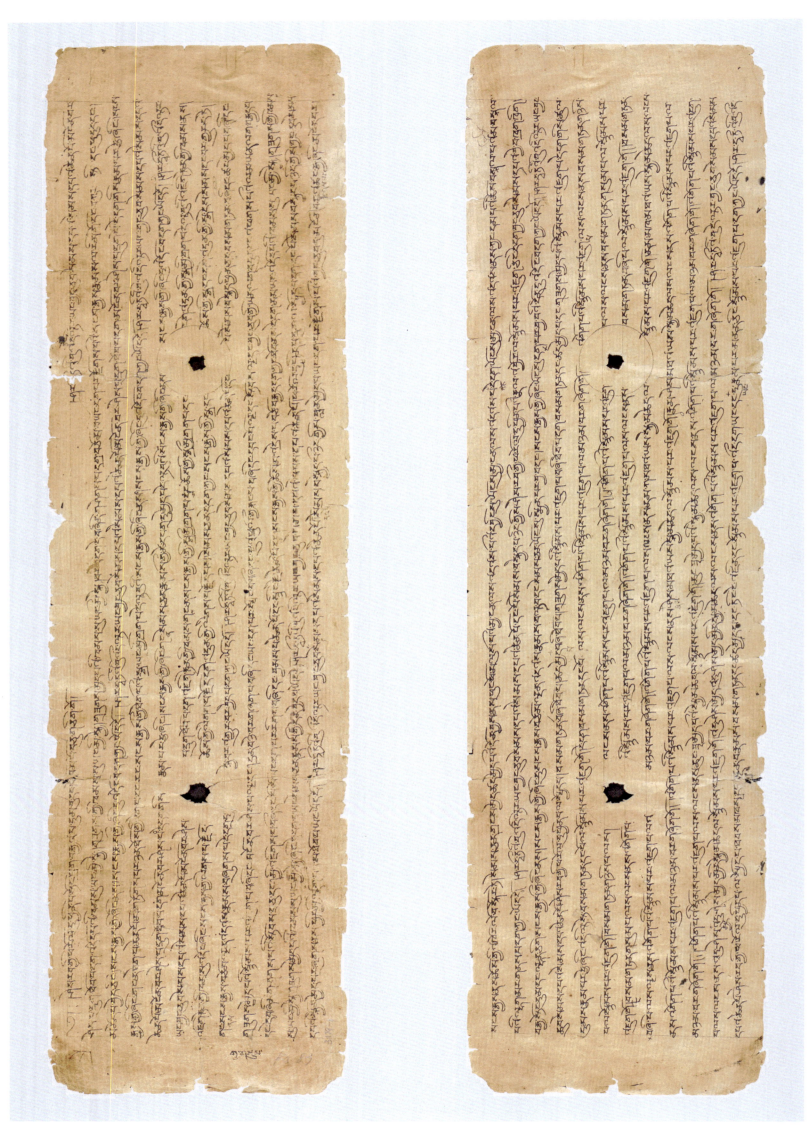

敦博 Db.t.1192 (R-V)　ཤེས་རབ་ཀྱི་ཕ་རོལ་དུ་ཕྱིན་པ་སྟོང་ཕྲག་བརྒྱན་པ་དུམ་བུ་དང་པོ་བམ་པོ་བཅུ་གཅིག་གོ།།

十萬頌般若波羅蜜多經第一卷第十一品　　(9—1)

敦博 Db.t.1192 (R-V)　ཤེས་རབ་ཀྱི་ཕ་རོལ་དུ་ཕྱིན་པ་སྟོང་ཕྲག་བརྒྱ་པ་དུམ་བུ་དང་པོ་བམ་པོ་བཅུ་གཅིག་གོ།།

十萬頌般若波羅蜜多經第一卷第十一品　　(9—2)

敦博 Db.t.1192 (R-V)　ཤེས་རབ་ཀྱི་ཕ་རོལ་ཏུ་ཕྱིན་པ་སྟོང་ཕྲག་བརྒྱ་པ་དུམ་བུ་དང་པོ་བམ་པོ་བཅུ་གཅིག་གོ།།།

十萬頌般若波羅蜜多經第一卷第十一品　　(9—4)

敦博 Db.t.1192 (R-V)　ཤེས་རབ་ཀྱི་ཕ་རོལ་དུ་ཕྱིན་པ་སྟོང་ཕྲག་བརྒྱའ་པ་དུམ་བུ་དང་པོ་བམ་པོ་བཅུ་གཅིག་གོ།།

十萬頌般若波羅蜜多經第一卷第十一品　　(9—5)

106

敦博 Db.t.1192 (R-V)   ཤེས་རབ་ཀྱི་ཕ་རོལ་ཏུ་ཕྱིན་པ་སྟོང་ཕྲག་བརྒྱ་པ་དུམ་བུ་དང་པོ་བམ་པོ་བཅུ་གཅིག་གོ།།
十萬頌般若波羅蜜多經第一卷第十一品   (9—6)

敦博 Db.t.1192 (R-V) ཤེས་རབ་ཀྱི་ཕ་རོལ་དུ་ཕྱིན་པ་སྟོང་ཕྲག་བརྒྱ་པ་དུམ་བུ་དང་པོ་བམ་པོ་བཅུ་གཅིག་གོ།།།

十萬頌般若波羅蜜多經第一卷第十一品　　(9—7)

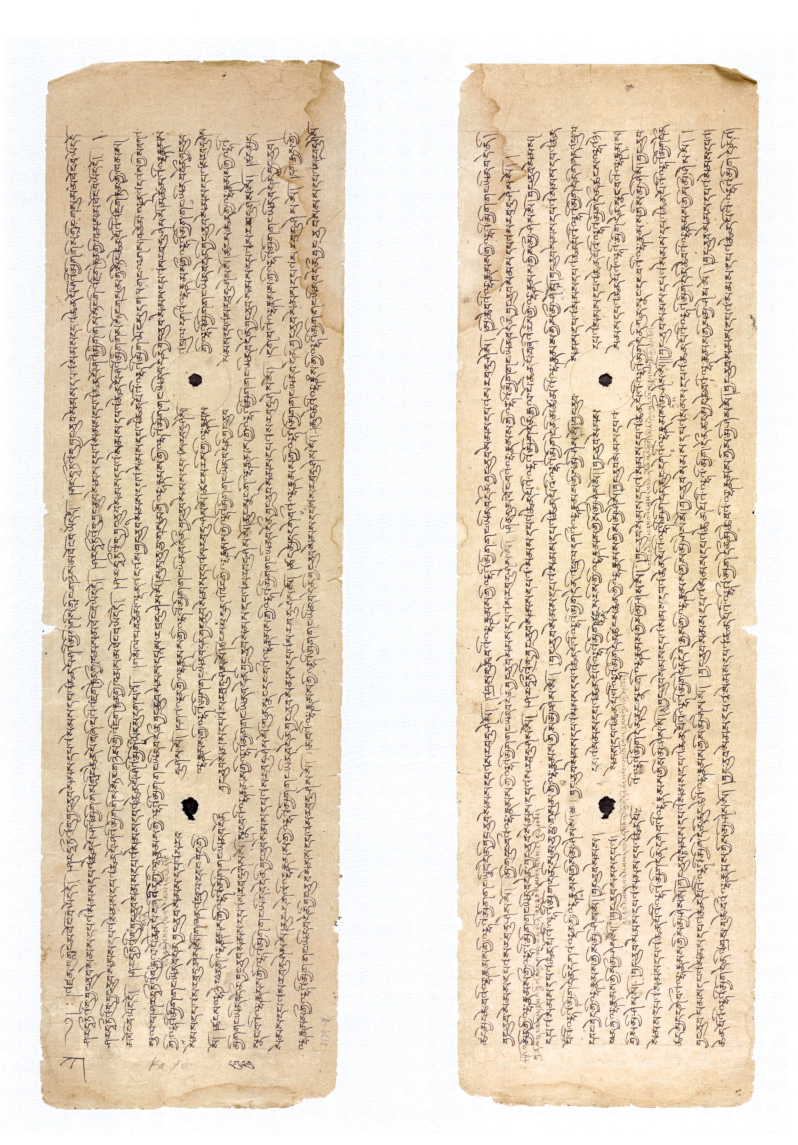

敦博 Db.t.1192 (R-V)　ཤེས་རབ་ཀྱི་ཕ་རོལ་ཏུ་ཕྱིན་པ་སྟོང་ཕྲག་བརྒྱ་པ་དུམ་བུ་དང་པོ་བམ་པོ་བཅུ་གཅིག་གོ།།

十萬頌般若波羅蜜多經第一卷第十一品　　(9—8)

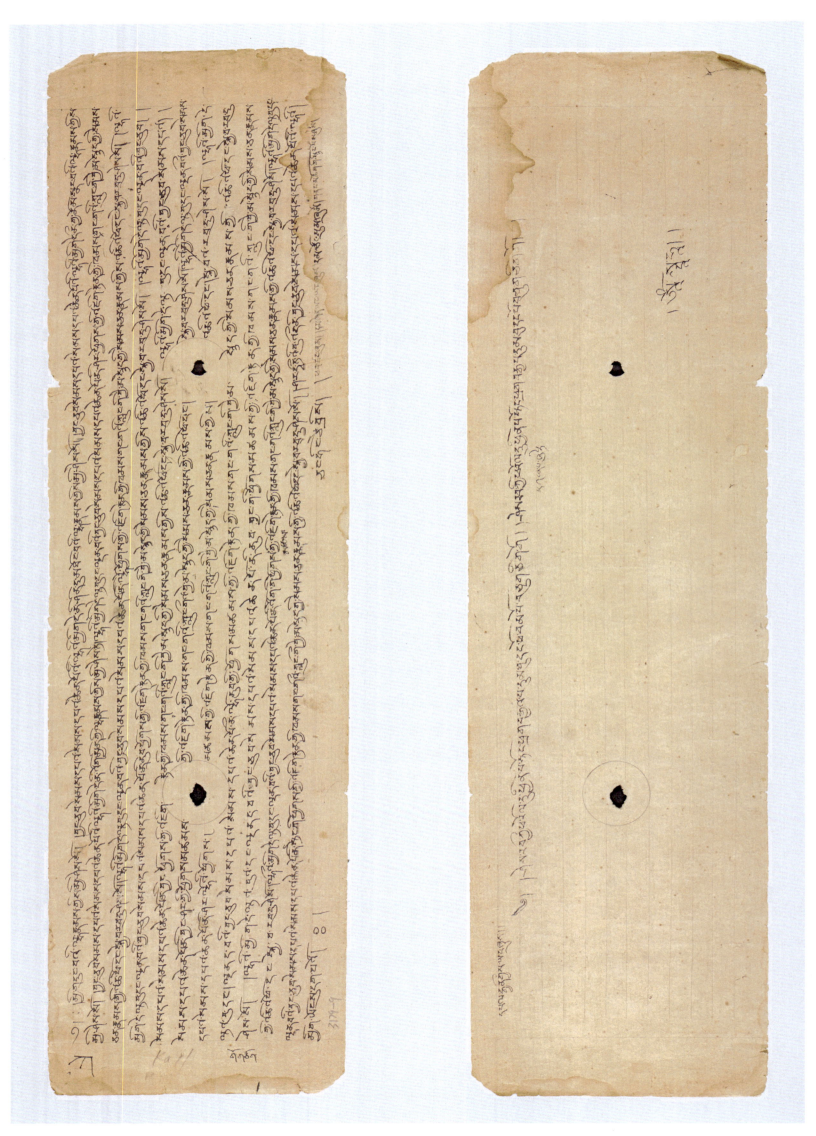

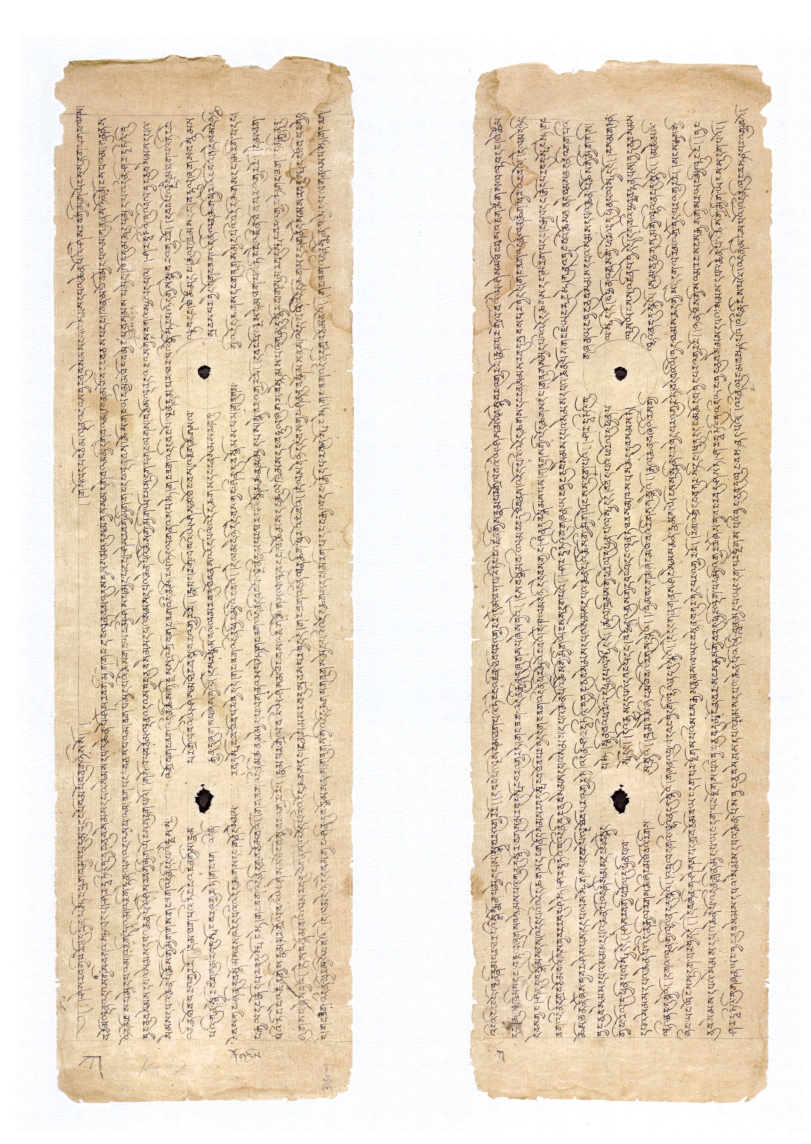

敦博 Db.t.1193 (R-V) ཤེས་རབ་ཀྱི་ཕ་རོལ་ཏུ་ཕྱིན་པ་སྟོང་ཕྲག་བརྒྱ་པ་དུམ་བུ་དང་པོ་བམ་པོ་བཅུ་གཉིས་སོ།།

十萬頌般若波羅蜜多經第一卷第十二品　　(10—1)

敦博 Db.t.1193 (R-V)　ཤེས་རབ་ཀྱི་ཕ་རོལ་ཏུ་ཕྱིན་པ་སྟོང་ཕྲག་བརྒྱད་པ་དུམ་བུ་དང་པོ་བམ་པོ་བཅུ་གཉིས་སོ།།

十萬頌般若波羅蜜多經第一卷第十二品　　(10—2)

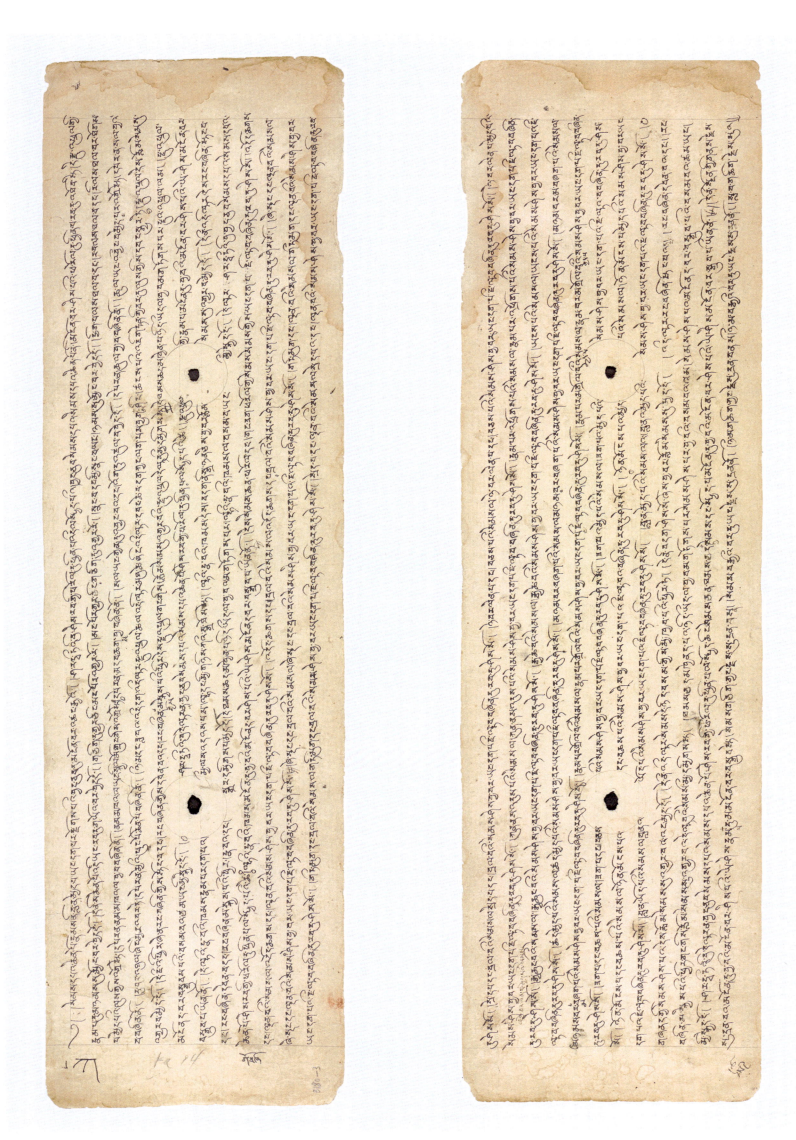

敦博 Db.t.1193 (R-V)　　ཤེས་རབ་ཀྱི་ཕ་རོལ་དུ་ཕྱིན་པ་སྟོང་ཕྲག་བརྒྱ་པ་དུམ་བུ་དང་པོ་བམ་པོ་བཅུ་གཉིས་སོ།།

十萬頌般若波羅蜜多經第一卷第十二品　　(10—3)

敦博 Db.t.1193 (R-V)　ཤེས་རབ་ཀྱི་ཕ་རོལ་དུ་ཕྱིན་པ་སྟོང་ཕྲག་བརྒྱད་པ་དུམ་བུ་དང་པོ་བམ་པོ་བཅུ་གཉིས་སོ།།
十萬頌般若波羅蜜多經第一卷第十二品　　(10—4)

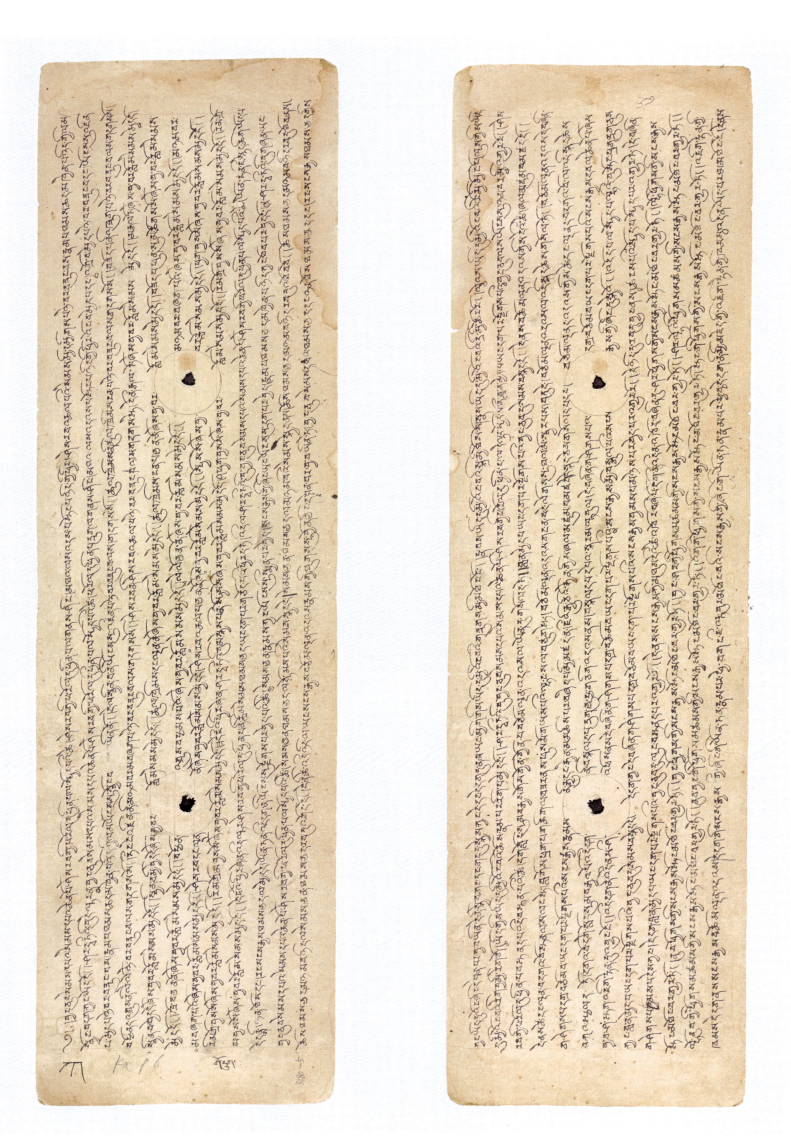

敦博 Db.t.1193 (R-V)　ཤེས་རབ་ཀྱི་ཕ་རོལ་ཏུ་ཕྱིན་པ་སྟོང་ཕྲག་བརྒྱལ་པ་དུམ་བུ་དང་པོ་བམ་པོ་བཅུ་གཉིས་སོ།།

十萬頌般若波羅蜜多經第一卷第十二品　　　(10—5)

敦博 Db.t.1193 (R-V)　ཤེས་རབ་ཀྱི་ཕ་རོལ་དུ་ཕྱིན་པ་སྟོང་ཕྲག་བརྒྱ་པ་དུམ་བུ་དང་པོ་བམ་པོ་བཅུ་གཉིས་སོ།།

十萬頌般若波羅蜜多經第一卷第十二品　　(10—6)

116

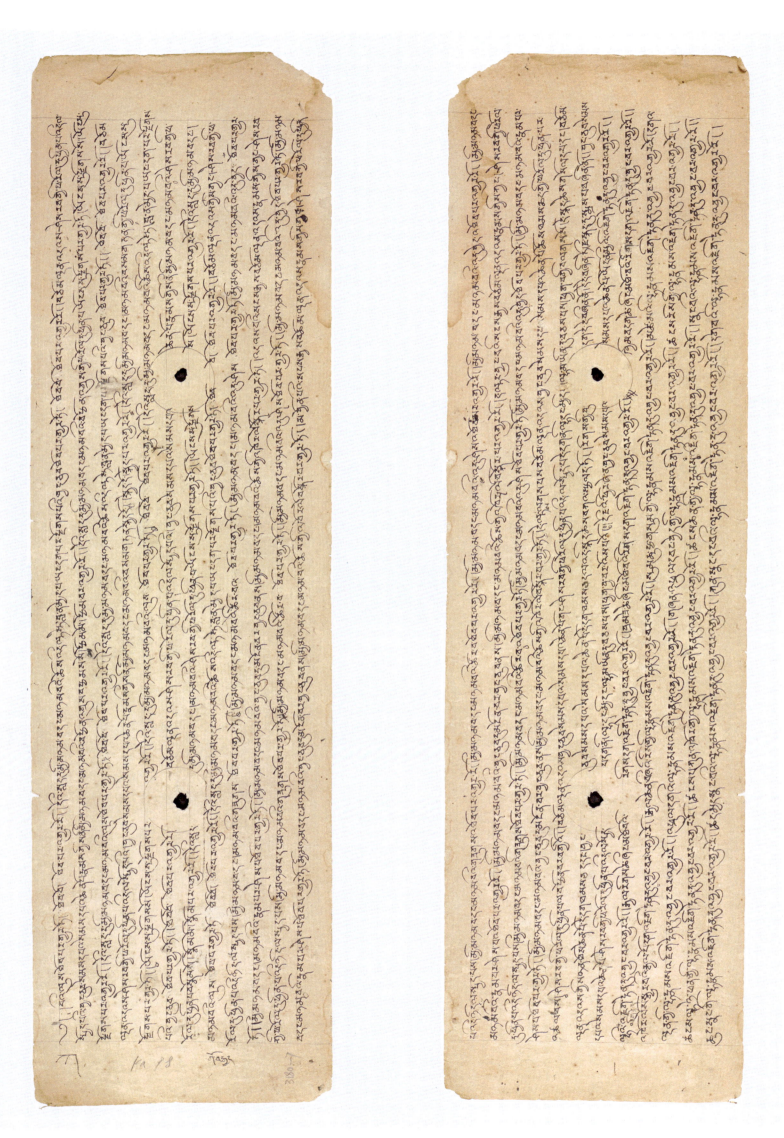

敦博 Db.t.1193 (R-V)　　ཤེས་རབ་ཀྱི་ཕ་རོལ་ཏུ་ཕྱིན་པ་སྟོང་ཕྲག་བརྒྱལ་པ་དུམ་བུ་དང་པོ་བམ་པོ་བཅུ་གཉིས་སོ།།

十萬頌般若波羅蜜多經第一卷第十二品　　(10—7)

敦博 Db.t.1193 (R-V)　ཤེས་རབ་ཀྱི་ཕ་རོལ་ཏུ་ཕྱིན་པ་སྟོང་ཕྲག་བརྒྱད་པ་དུམ་བུ་དང་པོ་བམ་པོ་བཅུ་གཉིས་སོ།།

十萬頌般若波羅蜜多經第一卷第十二品　　(10—8)

118

敦博 Db.t.1193 (R-V)　　ཤེས་རབ་ཀྱི་ཕ་རོལ་དུ་ཕྱིན་པ་སྟོང་ཕྲག་བརྒྱད་པ་ལས་བུ་དང་པོ་བམ་པོ་བཅུ་གཉིས་སོ།།

十萬頌般若波羅蜜多經第一卷第十二品　　(10—9)

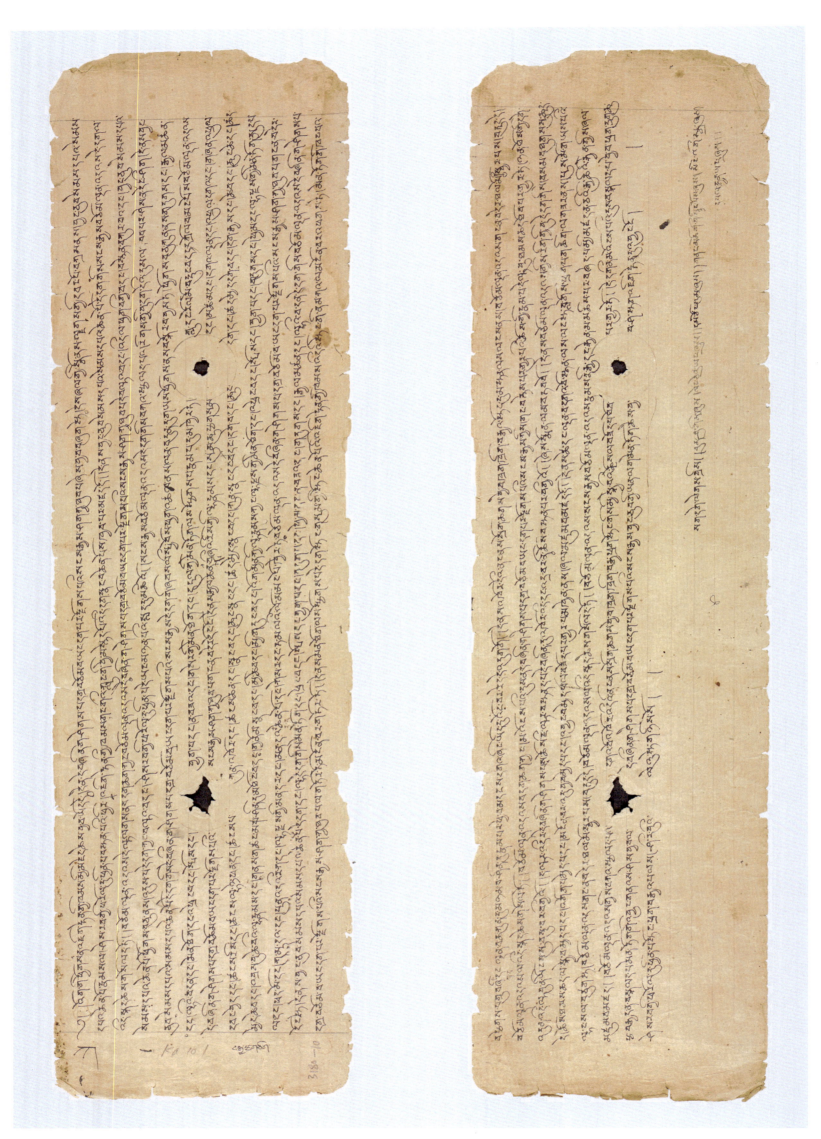

敦博 Db.t.1193 (R-V)　ཤེས་རབ་ཀྱི་ཕ་རོལ་ཏུ་ཕྱིན་པ་སྟོང་ཕྲག་བརྒྱ་པ་དུམ་བུ་དང་པོ་བམ་པོ་བཅུ་གཉིས་སོ།།

十萬頌般若波羅蜜多經第一卷第十二品　　(10—10)

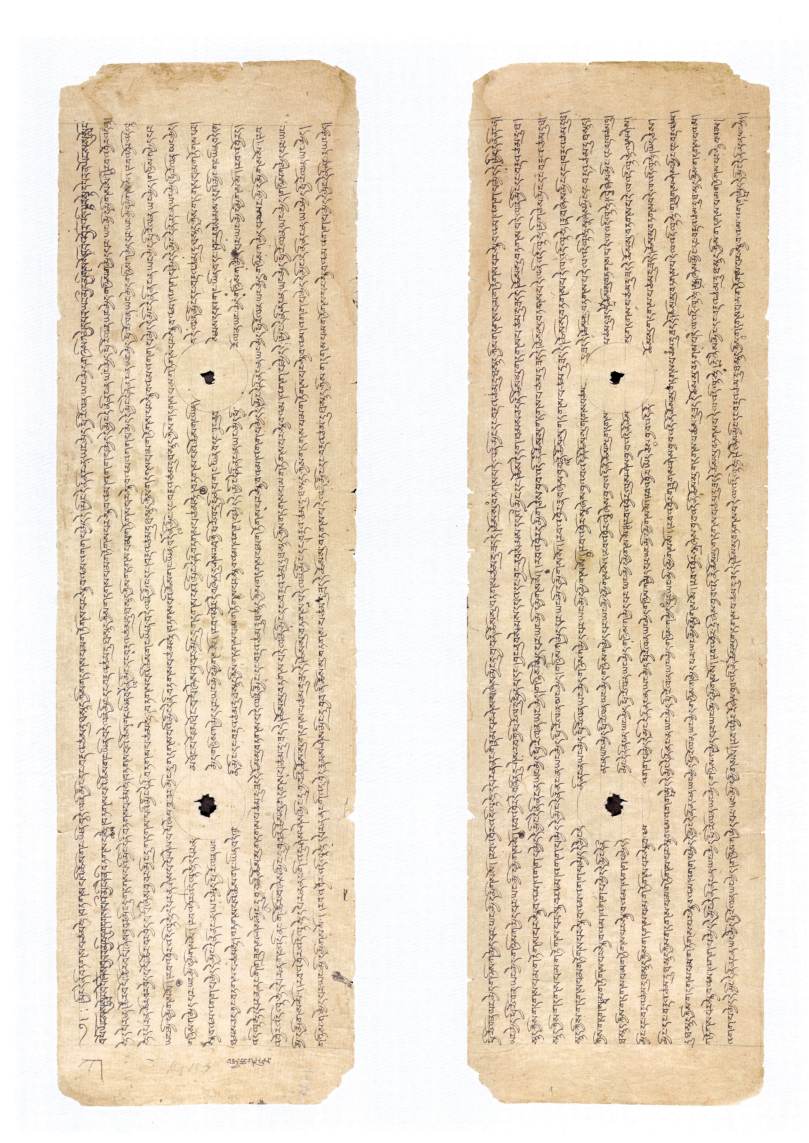

敦博 Db.t.1194 (R-V)　ཤེས་རབ་ཀྱི་ཕ་རོལ་དུ་ཕྱིན་པ་སྟོང་ཕྲག་བརྒྱ་པ།
十萬頌般若波羅蜜多經　　(6—1)

敦博 Db.t.1194 (R-V)　ཤེས་རབ་ཀྱི་ཕ་རོལ་ཏུ་ཕྱིན་པ་སྟོང་ཕྲག་བརྒྱ་པ།
十萬頌般若波羅蜜多經　　　(6—2)

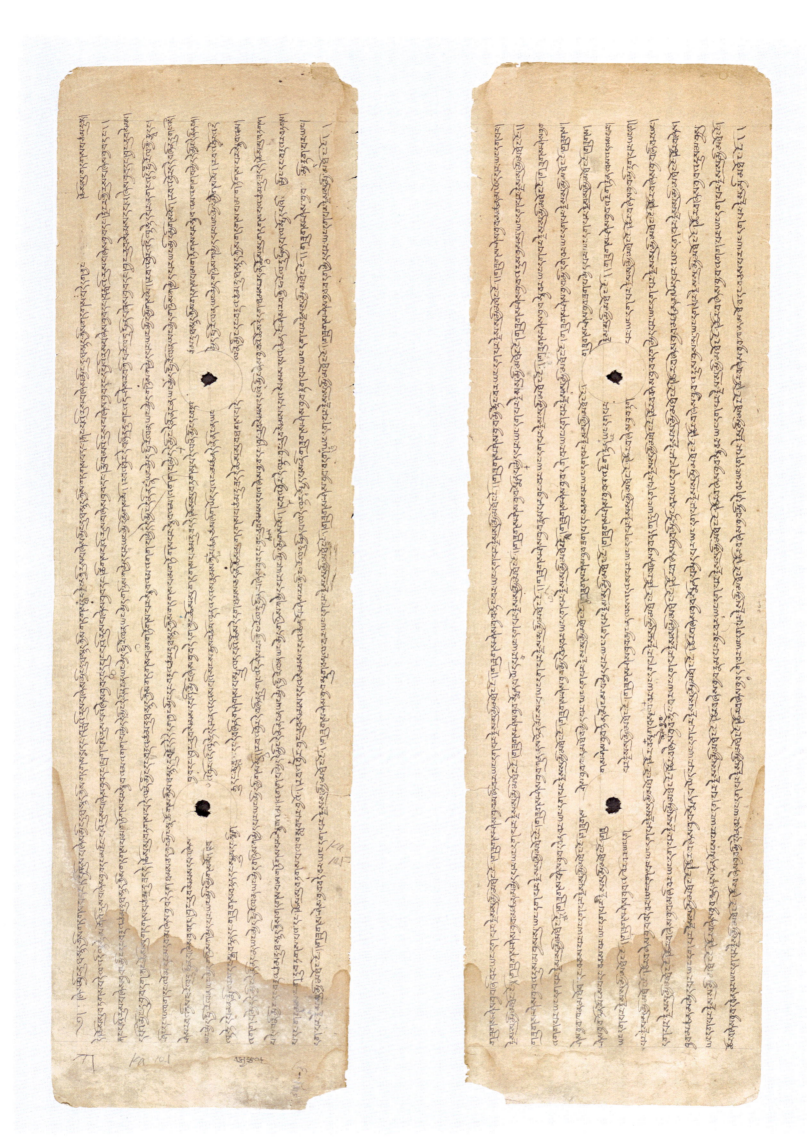

敦博 Db.t.1194 (R-V)　ཤེས་རབ་ཀྱི་ཕ་རོལ་དུ་ཕྱིན་པ་སྟོང་ཕྲག་བརྒྱ་པ།
十萬頌般若波羅蜜多經　　(6—3)

敦博 Db.t.1194 (R-V) ཤེས་རབ་ཀྱི་ཕ་རོལ་དུ་ཕྱིན་པ་སྟོང་ཕྲག་བརྒྱ་པ།
十萬頌般若波羅蜜多經　　(6—4)

124

敦博 Db.t.1194 (R-V)　ཤེས་རབ་ཀྱི་ཕ་རོལ་ཏུ་ཕྱིན་པ་སྟོང་ཕྲག་བརྒྱ་པ།
十萬頌般若波羅蜜多經　　(6—5)

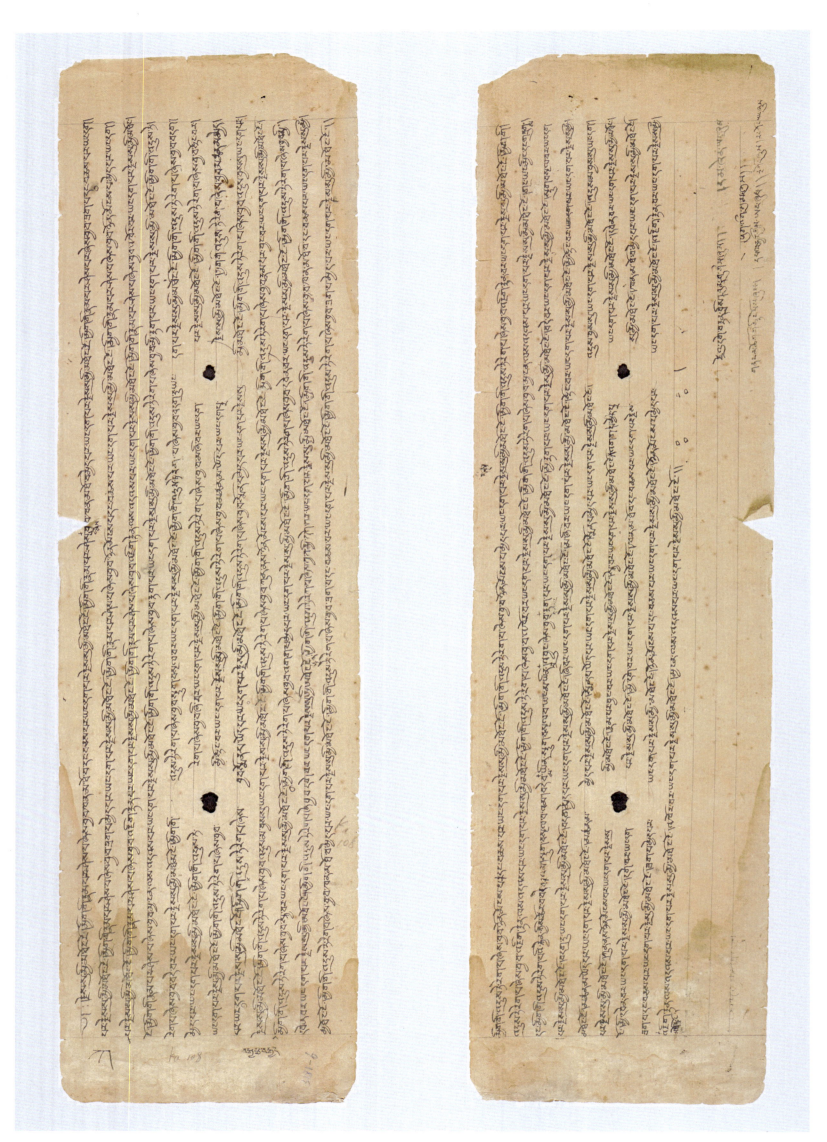

敦博 Db.t.1195 (R-V)　ཤེས་རབ་ཀྱི་ཕ་རོལ་ཏུ་ཕྱིན་པ་སྟོང་ཕྲག་བརྒྱ་པ་དུམ་བུ་དང་པོ་བམ་པོ་བཅུ་བཞི་པོ༎

十萬頌般若波羅蜜多經第一卷第十四品　　(7—1)

敦博 Db.t.1195 (R-V)　ཤེས་རབ་ཀྱི་ཕ་རོལ་ཏུ་ཕྱིན་པ་སྟོང་ཕྲག་བརྒྱ་པ་དུམ་བུ་དང་པོ་བམ་པོ་བཅུ་བཞི་པོ།།

十萬頌般若波羅蜜多經第一卷第十四品　　(7—2)

128

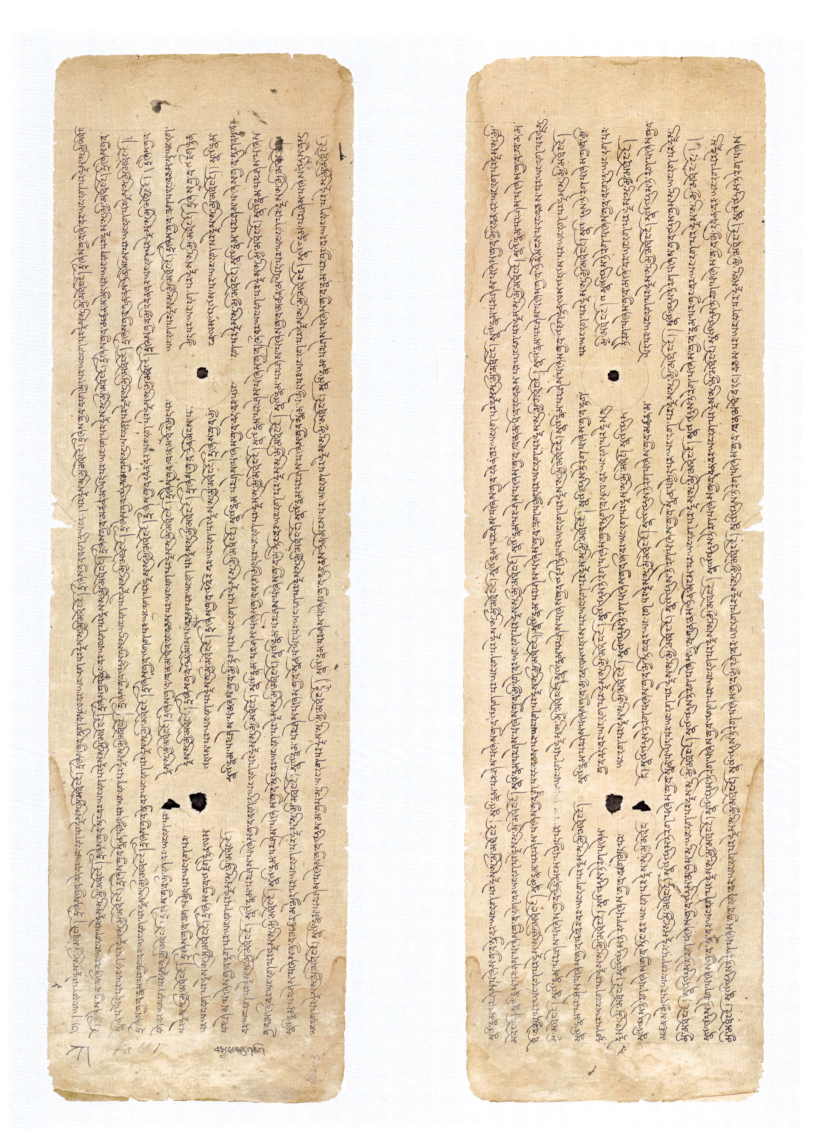

敦博 Db.t.1195 (R-V) ཤེས་རབ་ཀྱི་ཕ་རོལ་དུ་ཕྱིན་པ་སྟོང་ཕྲག་བརྒྱ་པ་དུམ་བུ་དང་པོ་བམ་པོ་བཅུ་བཞི་པོ།།

十萬頌般若波羅蜜多經第一卷第十四品　　(7—3)

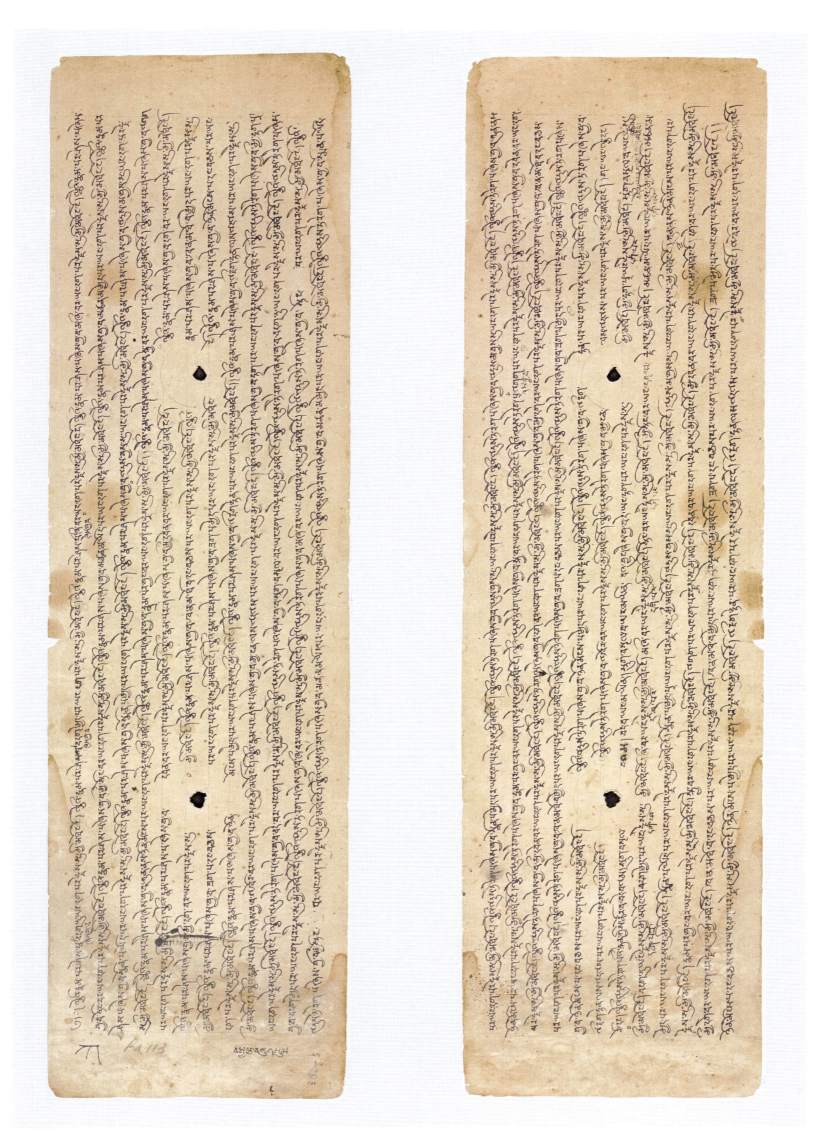

敦博 Db.t.1195 (R–V)　　ཤེས་རབ་ཀྱི་ཕ་རོལ་དུ་ཕྱིན་པ་སྟོང་ཕྲག་བརྒྱ་པ་དུམ་བུ་དང་པོ་བམ་པོ་བཅུ་བཞི་པོ།།

十萬頌般若波羅蜜多經第一卷第十四品　　(7—5)

131

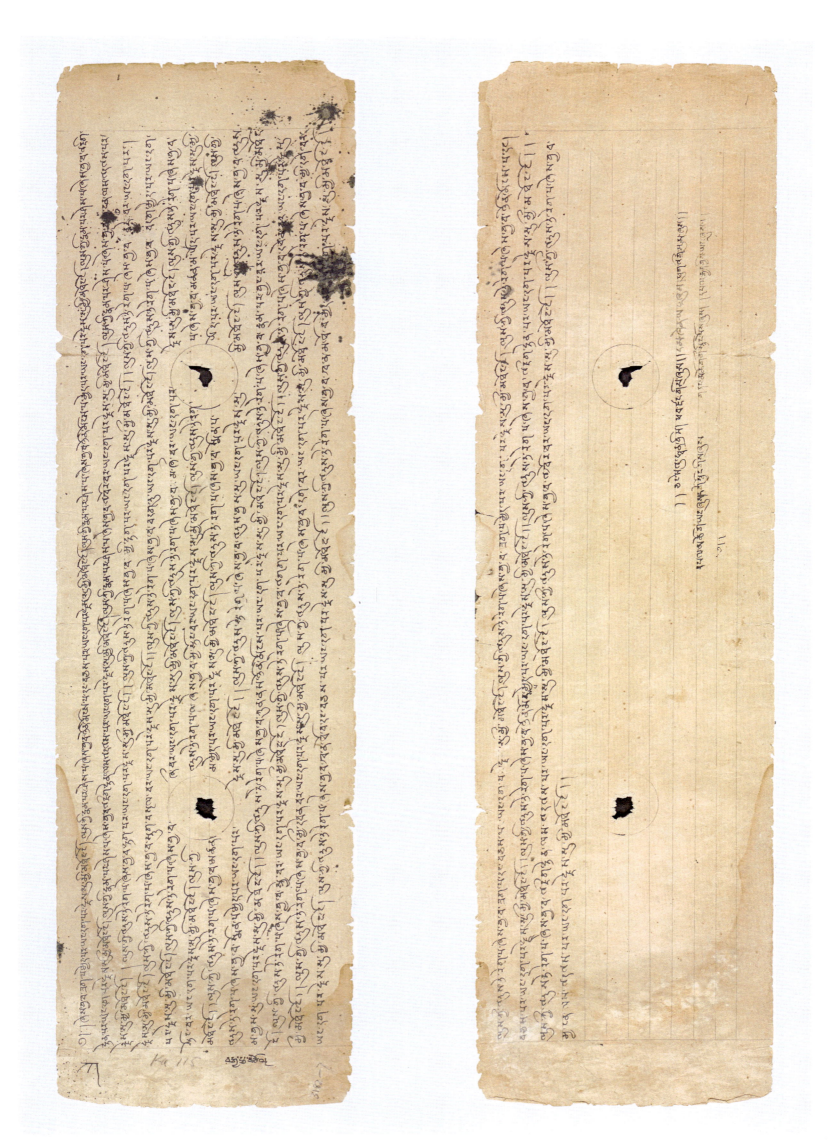

敦博 Db.t.1195 (R-V)　ཤེས་རབ་ཀྱི་ཕ་རོལ་ཏུ་ཕྱིན་པ་སྟོང་ཕྲག་བརྒྱ་པ་དུམ་བུ་དང་པོ་བམ་པོ་བཅུ་བཞི་འོ།།

十萬頌般若波羅蜜多經第一卷第十四品　　(7—7)

133

敦博 Db.t.1196 (R-V)　ཤེས་རབ་ཀྱི་ཕ་རོལ་དུ་ཕྱིན་པ་སྟོང་ཕྲག་བརྒྱ་པ་དུམ་བུ་དང་པོ་བམ་པོ་བཅུ་ལྔའོ།།

十萬頌般若波羅蜜多經第一卷第十五品　　(7—1)

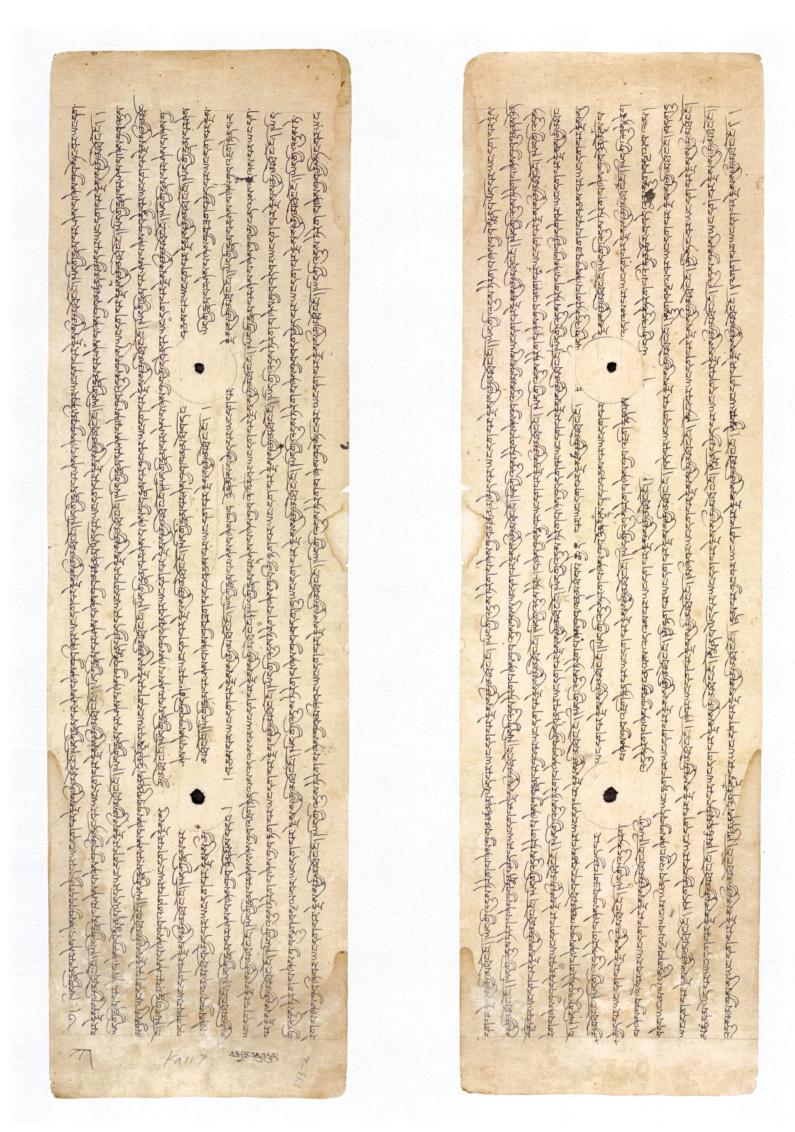

敦博 Db.t.1196 (R-V)　　ཤེས་རབ་ཀྱི་ཕ་རོལ་ཏུ་ཕྱིན་པ་སྟོང་ཕྲག་བརྒྱ་པ་དུམ་བུ་དང་པོ་བམ་པོ་བཅོ་ལྔའོ།།

十萬頌般若波羅蜜多經第一卷第十五品　　(7—2)

敦博 Db.t.1196 (R-V)　ཤེས་རབ་ཀྱི་ཕ་རོལ་དུ་ཕྱིན་པ་སྟོང་ཕྲག་བརྒྱ་པ་དུམ་བུ་དང་པོ་བམ་པོ་བཅོ་ལྔའོ།།

十萬頌般若波羅蜜多經第一卷第十五品　　(7—3)

敦博 Db.t.1196 (R-V)　ཤེས་རབ་ཀྱི་ཕ་རོལ་དུ་ཕྱིན་པ་སྟོང་ཕྲག་བརྒྱ་པ་དུམ་བུ་དང་པོ་བམ་པོ་བཅོ་ལྔའོ།།

十萬頌般若波羅蜜多經第一卷第十五品　　(7—4)

137

敦博 Db.t.1196 (R-V) ཤེས་རབ་ཀྱི་ཕ་རོལ་དུ་ཕྱིན་པ་སྟོང་ཕྲག་བརྒྱ་པ་དུམ་བུ་དང་པོ་བམ་པོ་བཅོ་ལྔའོ།།

十萬頌般若波羅蜜多經第一卷第十五品　　(7—5)

138

敦博 Db.t.1196 (R-V)　ཤེས་རབ་ཀྱི་ཕ་རོལ་ཏུ་ཕྱིན་པ་སྟོང་ཕྲག་བརྒྱ་པ་དུམ་བུ་དང་པོ་བམ་པོ་བཅོ་ལྔའོ།།

十萬頌般若波羅蜜多經第一卷第十五品　　(7—6)

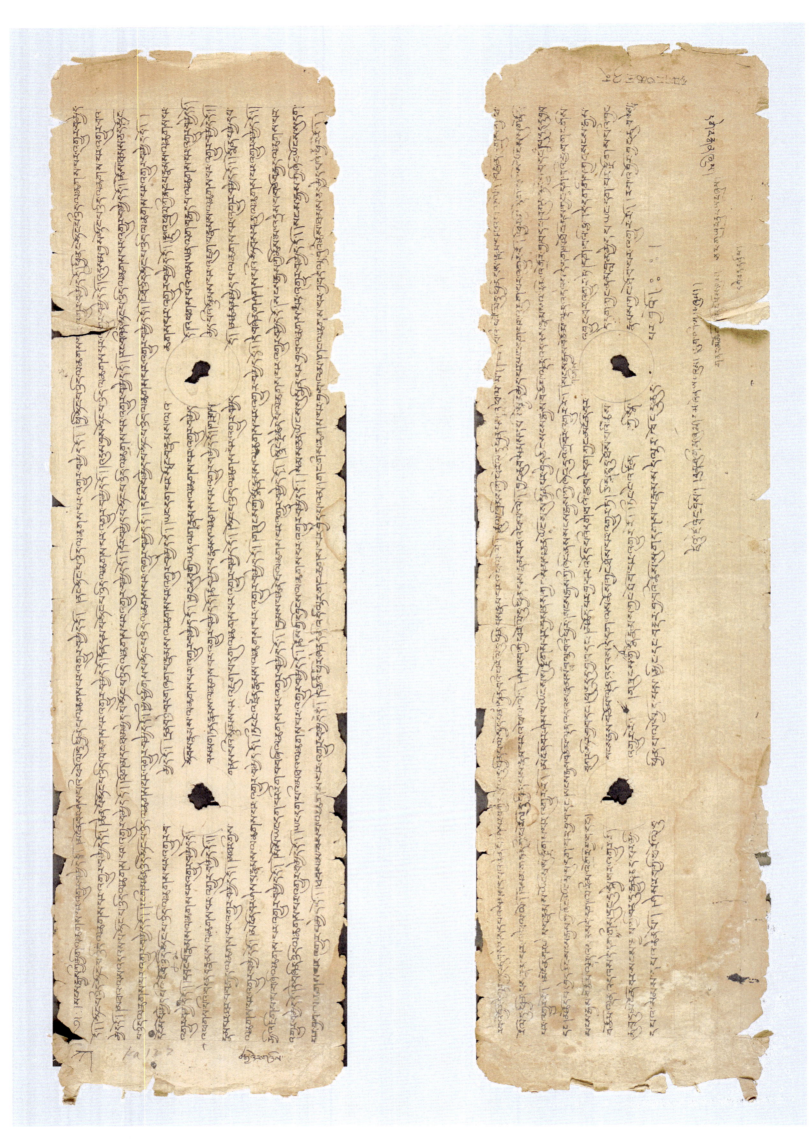

敦博 Db.t.1197 (R-V)　　ཤེས་རབ་ཀྱི་ཕ་རོལ་དུ་ཕྱིན་པ་སྟོང་ཕྲག་བརྒྱའ་པ་དུམ་བུ་དང་པོ་བམ་པོ་བཅུ་དྲུག་དང་བཅུ་
བདུན་ནོ།།

十萬頌般若波羅蜜多經第一卷第十六、十七品　　(12—1)

敦博 Db.t.1197 (R-V) ཤེས་རབ་ཀྱི་ཕ་རོལ་དུ་ཕྱིན་པ་སྟོང་ཕྲག་བརྒྱའ་པ་དུམ་བུ་དང་པོ་བམ་པོ་བཅུ་དྲུག་དང་བཅུ་
བདུན་ནོ།།

十萬頌般若波羅蜜多經第一卷第十六、十七品　　(12—2)

敦博 Db.t.1197 (R-V)　ཤེས་རབ་ཀྱི་ཕ་རོལ་ཏུ་ཕྱིན་པ་སྟོང་ཕྲག་བརྒྱ་པ་དུམ་བུ་དང་པོ་བམ་པོ་བཅུ་དྲུག་དང་བཅུ་
བདུན་ནོ།།

十萬頌般若波羅蜜多經第一卷第十六、十七品　　（12—3）

敦博 Db.t.1197 (R-V)　ཤེས་རབ་ཀྱི་ཕ་རོལ་ཏུ་ཕྱིན་པ་སྟོང་ཕྲག་བརྒྱའི་པ་དུམ་བུ་དང་པོ་བམ་པོ་བཅུ་དྲུག་དང་བཅུ་
བདུན་ནོ།།

十萬頌般若波羅蜜多經第一卷第十六、十七品　　(12—4)

敦博 Db.t.1197 (R-V) ཤེས་རབ་ཀྱི་ཕ་རོལ་དུ་ཕྱིན་པ་སྟོང་ཕྲག་བརྒྱའི་པ་དུམ་བུ་དང་པོ་བམ་པོ་བཅུ་དྲུག་དང་བཅུ་
བདུན་ནོ།།

敦博 Db.t.1197 (R-V)   ཤེས་རབ་ཀྱི་ཕ་རོལ་དུ་ཕྱིན་པ་སྟོང་ཕྲག་བརྒྱའི་པ་དུམ་བུ་དང་པོ་བམ་པོ་བཅུ་དྲུག་དང་བཅུ་
བདུན་ནོ།།

十萬頌般若波羅蜜多經第一卷第十六、十七品   (12—7)

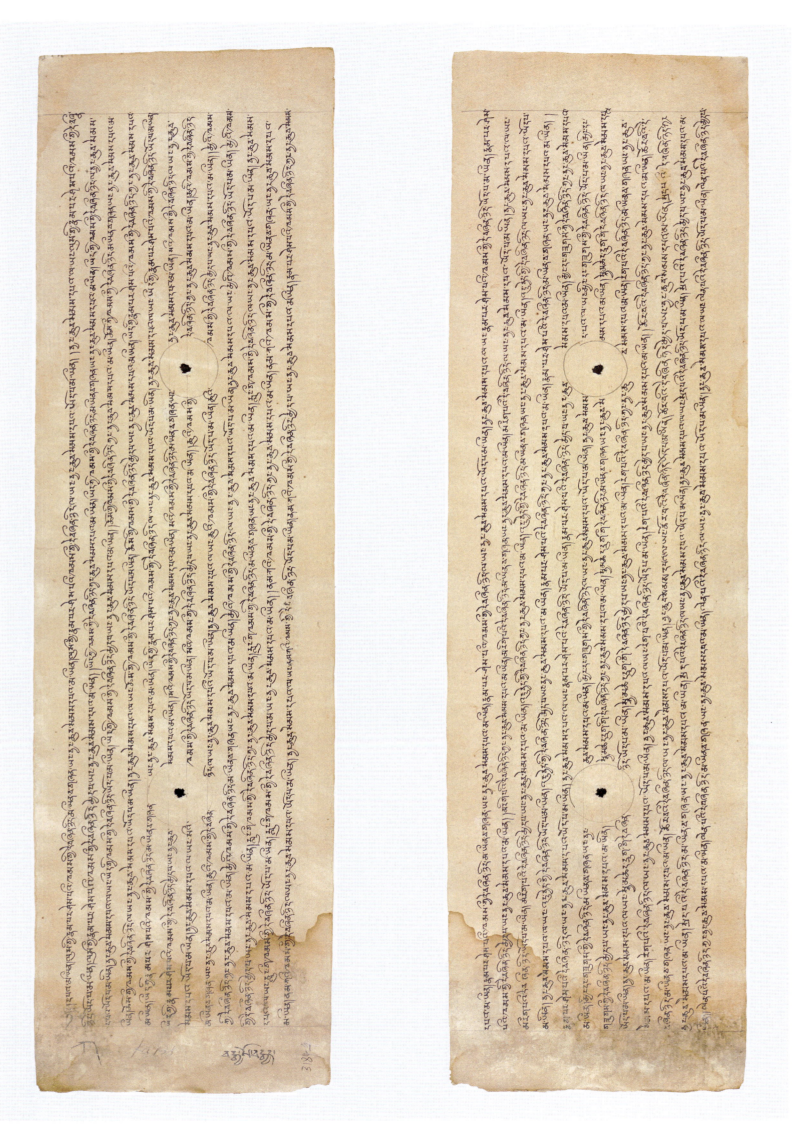

敦博 Db.t.1197 (R-V)　　ཤེས་རབ་ཀྱི་ཕ་རོལ་ཏུ་ཕྱིན་པ་སྟོང་ཕྲག་བརྒྱའ་པ་དུམ་བུ་དང་པོ་བམ་པོ་བཅུ་དྲུག་དང་བཅུ་བདུན་ནོ།།

十萬頌般若波羅蜜多經第一卷第十六、十七品　　(12—9)

敦博 Db.t.1197 (R-V)　ཤེས་རབ་ཀྱི་ཕ་རོལ་ཏུ་ཕྱིན་པ་སྟོང་ཕྲག་བརྒྱའ་པ་དུམ་བུ་དང་པོ་བམ་པོ་བཅུ་དྲུག་དང་བཅུ་
བདུན་ནོ།།

十萬頌般若波羅蜜多經第一卷第十六、十七品　　(12—10)

敦博 Db.t.1197 (R-V)　　ཤེས་རབ་ཀྱི་ཕ་རོལ་དུ་ཕྱིན་པ་སྟོང་ཕྲག་བརྒྱའི་པ་དུམ་བུ་དང་པོ་བམ་པོ་བཅུ་དྲུག་དང་བཅུ་བདུན་ནོ།།

敦博 Db.t.1197 (R-V)　ཤེས་རབ་ཀྱི་ཕ་རོལ་དུ་ཕྱིན་པ་སྟོང་ཕྲག་བརྒྱན་པ་དུམ་བུ་དང་པོ་བམ་པོ་བཅུ་དྲུག་དང་བཅུ་
བདུན་ནོ།།

十萬頌般若波羅蜜多經第一卷第十六、十七品　　（12—12）

敦博 Db.t.1198 (R-V)　　ཤེས་རབ་ཀྱི་ཕ་རོལ་ཏུ་ཕྱིན་པ་སྟོང་ཕྲག་བརྒྱ་པ།
十萬頌般若波羅蜜多經　　　(2—1)

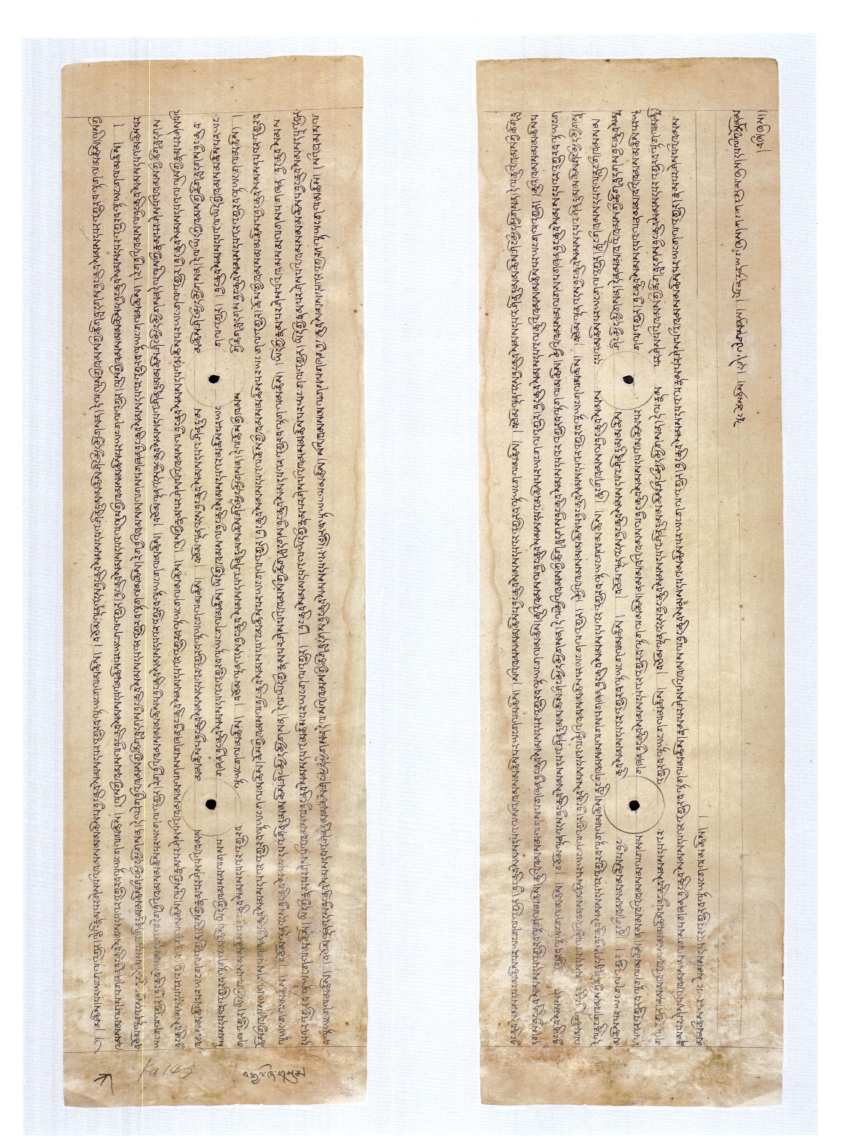

敦博 Db.t.1198 (R-V)　ཤེས་རབ་ཀྱི་ཕ་རོལ་ཏུ་ཕྱིན་པ་སྟོང་ཕྲག་བརྒྱ་པ།

十萬頌般若波羅蜜多經　　(2—2)

154

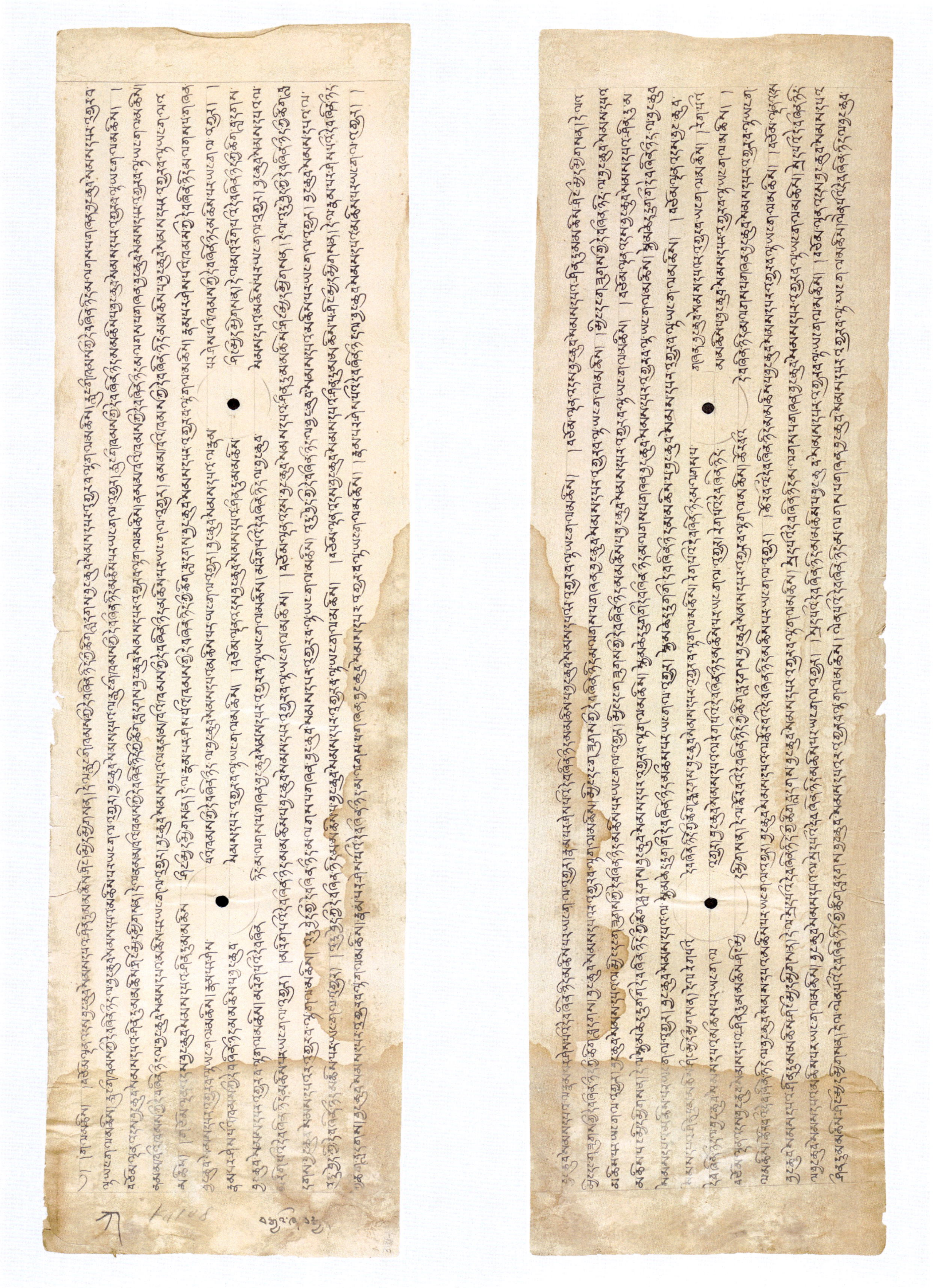

敦博 Db.t.1199 (R-V)　ཤེས་རབ་ཀྱི་ཕ་རོལ་ཏུ་ཕྱིན་པ་སྟོང་ཕྲག་བརྒྱ་པ་དུམ་བུ་དང་པོ་བམ་པོ་བཅུ་དགུ་དང་ཉི་ཤུ་པ།།
十萬頌般若波羅蜜多經第一卷第十九、二十品　(8—1)

敦博 Db.t.1199 (R-V) ཤེས་རབ་ཀྱི་ཕ་རོལ་དུ་ཕྱིན་པ་སྟོང་ཕྲག་བརྒྱ་པ་དུམ་བུ་དང་པོ་བམ་པོ་བཅུ་དགུ་དང་ཉི་ཤུའོ།།

十萬頌般若波羅蜜多經第一卷第十九、二十品　　(8—2)

敦博 Db.t.1199 (R-V)　　ཤེས་རབ་ཀྱི་ཕ་རོལ་དུ་ཕྱིན་པ་སྟོང་ཕྲག་བརྒྱ་པ་དུམ་བུ་དང་པོ་བམ་པོ་བཅུ་དགུ་དང་ཉི་ཤུའོ།།

十萬頌般若波羅蜜多經第一卷第十九、二十品　　　(8—3)

敦博 Db.t.1199 (R-V)　ཤེས་རབ་ཀྱི་ཕ་རོལ་ཏུ་ཕྱིན་པ་སྟོང་ཕྲག་བརྒྱ་པ་དུམ་བུ་དང་པོ་བམ་པོ་བཅུ་དགུ་དང་ཉི་ཤུ་འོ།།

十萬頌般若波羅蜜多經第一卷第十九、二十品　　(8—4)

158

敦博 Db.t.1199 (R-V)　ཤེས་རབ་ཀྱི་ཕ་རོལ་དུ་ཕྱིན་པ་སྟོང་ཕྲག་བརྒྱའི་པ་དུམ་བུ་དང་པོ་བམ་པོ་བཅུ་དགུ་དང་ནི་ཉི་ཤུའོ།།

十萬頌般若波羅蜜多經第一卷第十九、二十品　　(8—6)

敦博 Db.t.1199 (R-V)　ཤེས་རབ་ཀྱི་ཕ་རོལ་དུ་ཕྱིན་པ་སྟོང་ཕྲག་བརྒྱད་པ་དུམ་བུ་དང་པོ་བམ་པོ་བཅུ་དགུ་དང་ཉི་ཤུ་པའོ།།
十萬頌般若波羅蜜多經第一卷第十九、二十品　　(8—7)

敦博 Db.t.1199 (R-V)　ཤེས་རབ་ཀྱི་ཕ་རོལ་དུ་ཕྱིན་པ་སྟོང་ཕྲག་བརྒྱ་པ་དུམ་བུ་དང་པོ་བམ་པོ་བཅུ་དགུ་དང་ཉི་ཤུ་འོ།།

十萬頌般若波羅蜜多經第一卷第十九、二十品　　(8—8)

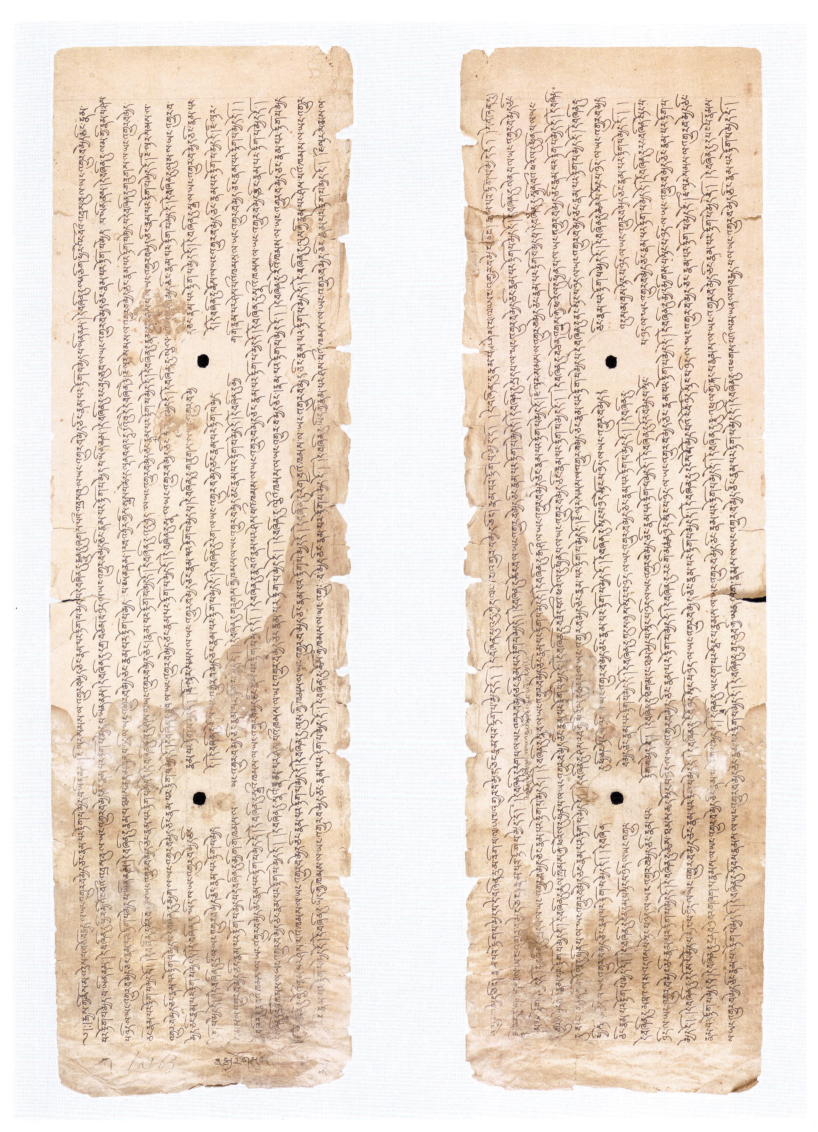

敦博 Db.t.1200 (R-V)　ཤེས་རབ་ཀྱི་ཕ་རོལ་ཏུ་ཕྱིན་པ་སྟོང་ཕྲག་བརྒྱ་པ།
十萬頌般若波羅蜜多經

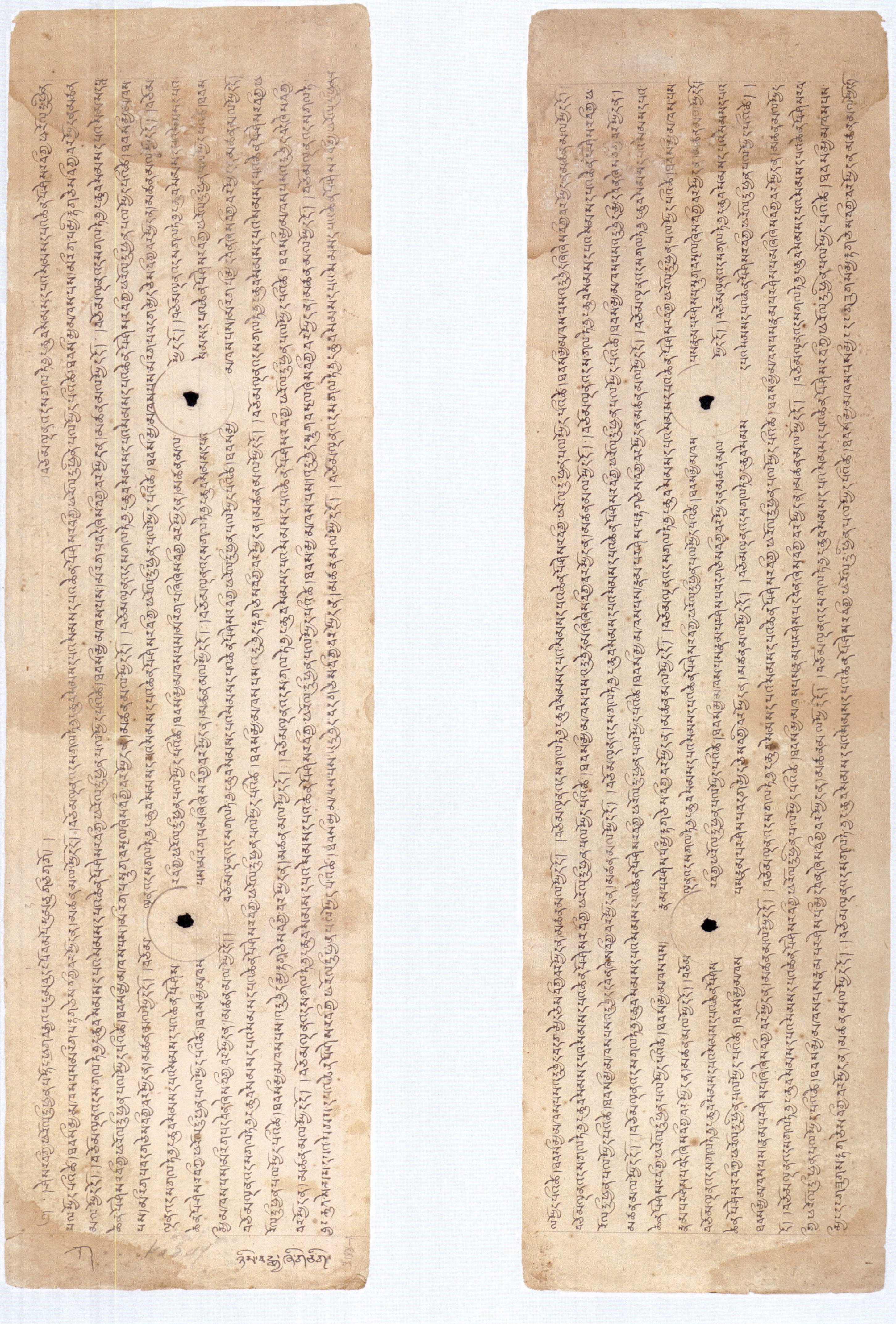

敦博 Db.t.1201 (R-V) ཤེས་རབ་ཀྱི་ཕ་རོལ་ཏུ་ཕྱིན་པ་སྟོང་ཕྲག་བརྒྱའ་པ་དུམ་བུ་དང་པོ་བམ་པོ་སུམ་ཅུ་གཅིག་གོ་||

十萬頌般若波羅蜜多經第一卷第三十一品 (2—1)

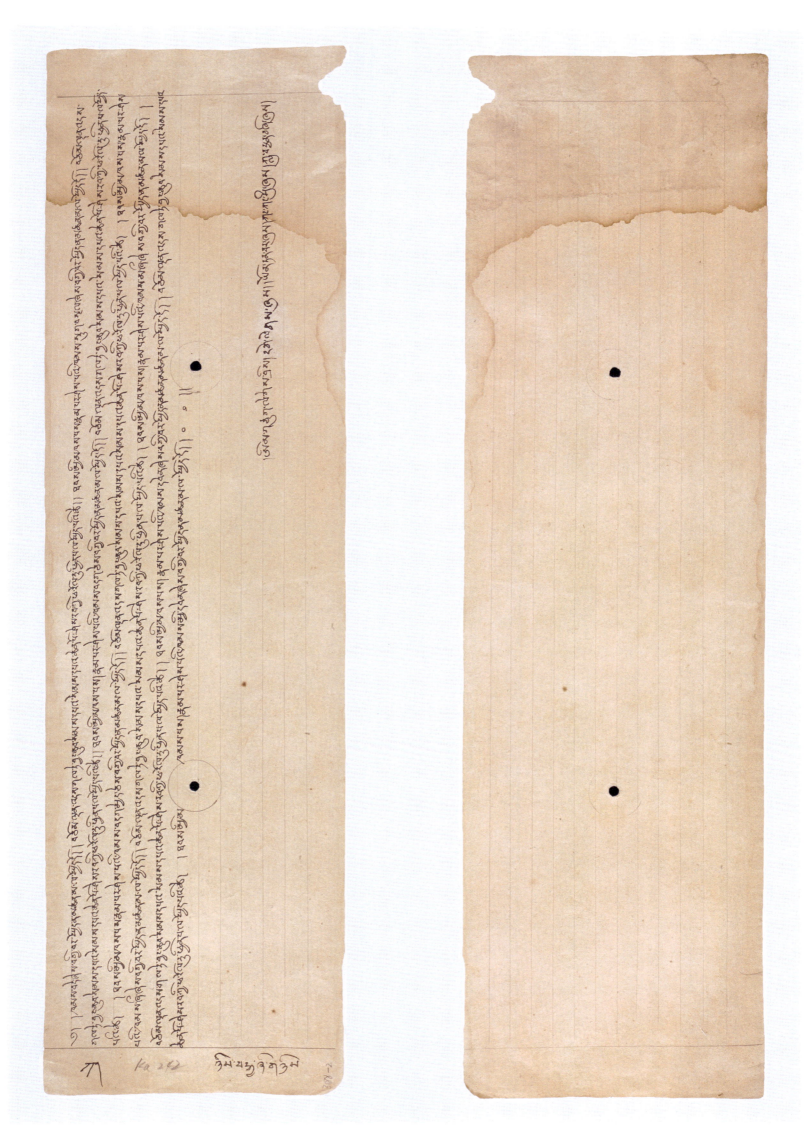

敦博 Db.t.1201 (R-V)　　ཤེས་རབ་ཀྱི་ཕ་རོལ་ཏུ་ཕྱིན་པ་སྟོང་ཕྲག་བརྒྱ་པ་དུམ་བུ་དང་པོ་བམ་པོ་སུམ་ཅུ་གཅིག་གོ།།

敦博 Db.t.1202 (R-V)　ཤེས་རབ་ཀྱི་ཕ་རོལ་དུ་ཕྱིན་པ་སྟོང་ཕྲག་བརྒྱ་པ།

十萬頌般若波羅蜜多經

166

敦博 Db.t.1203 (R-V)　　ཤེས་རབ་ཀྱི་ཕ་རོལ་དུ་ཕྱིན་པ་སྟོང་ཕྲག་བརྒྱ་པ་དུམ་བུ་དང་པོ་བམ་པོ་སུམ་ཅུ་གཅིག་དང་སུམ་
ཅུ་གཉིས་དང་སུམ་ཅུ་གསུམ་མོ།།

十萬頌般若波羅蜜多經第一卷第三十一、三十二、三十三品　　（16—1）

敦博 Db.t.1203 (R-V) ཤེས་རབ་ཀྱི་ཕ་རོལ་དུ་ཕྱིན་པ་སྟོང་ཕྲག་བརྒྱ་པ་དུམ་བུ་དང་པོ་བམ་པོ་སུམ་ཅུ་གཅིག་དང་སུམ་
ཅུ་གཉིས་དང་སུམ་ཅུ་གསུམ་མོ།།

十萬頌般若波羅蜜多經第一卷第三十一、三十二、三十三品　　(16—2)

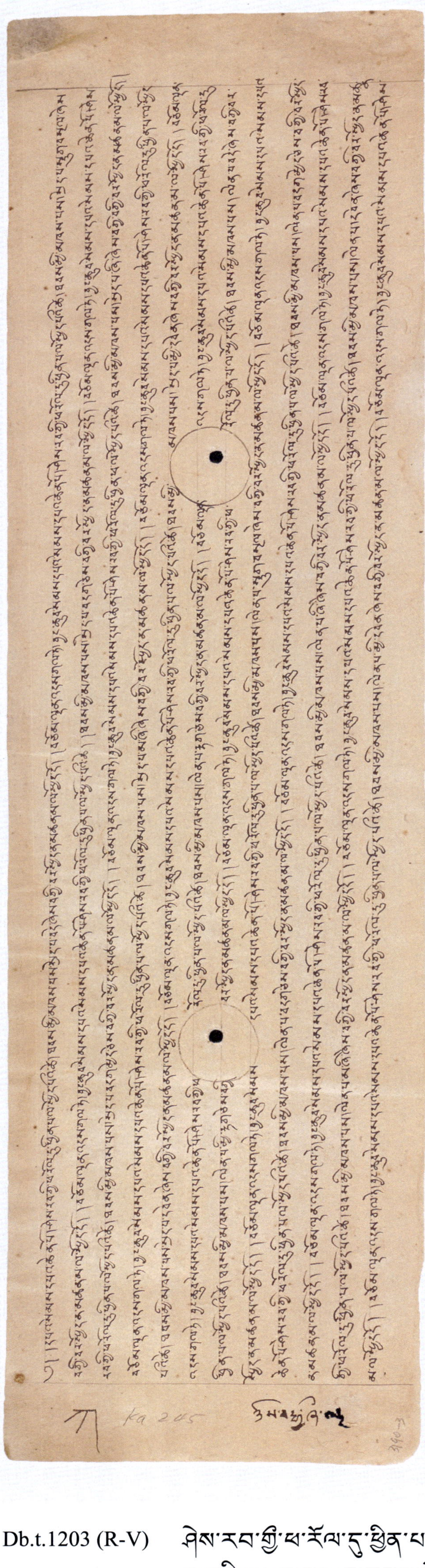

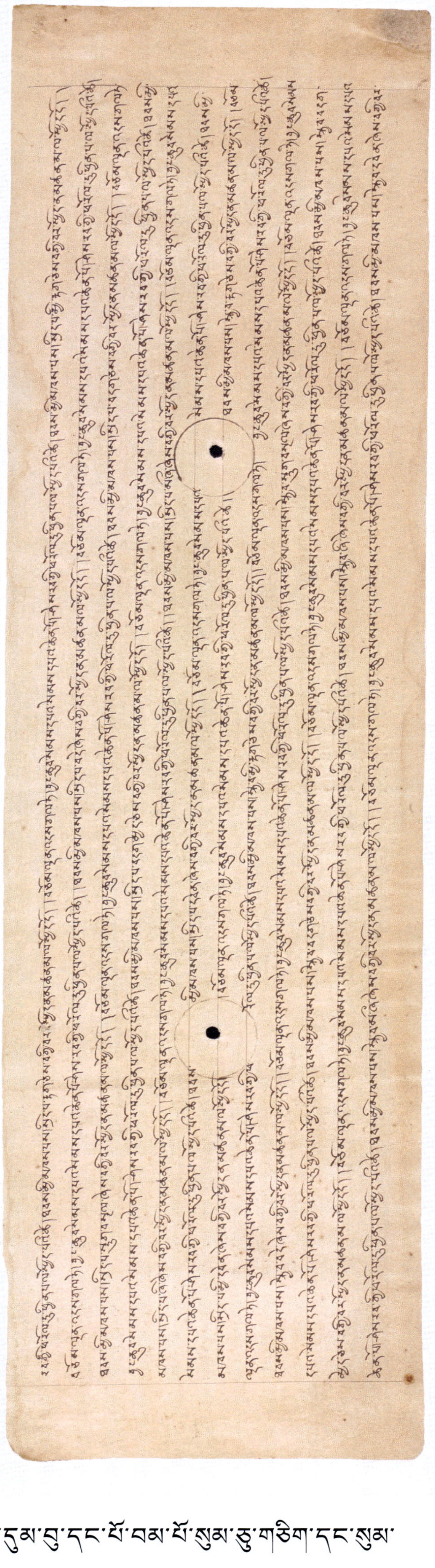

敦博 Db.t.1203 (R-V) ཤེས་རབ་ཀྱི་ཕ་རོལ་ཏུ་ཕྱིན་པ་སྟོང་ཕྲག་བརྒྱ་པ་དུམ་བུ་དང་པོ་བམ་པོ་སུམ་ཅུ་གཅིག་དང་སུམ་ཅུ་གཉིས་དང་སུམ་ཅུ་གསུམ་མོ།།

十萬頌般若波羅蜜多經第一卷第三十一、三十二、三十三品　(16—3)

敦博 Db.t.1203 (R-V)　ཤེས་རབ་ཀྱི་ཕ་རོལ་ཏུ་ཕྱིན་པ་སྟོང་ཕྲག་བརྒྱ་པ་དུམ་བུ་དང་པོ་བམ་པོ་སུམ་ཅུ་གཅིག་དང་སུམ་
ཅུ་གཉིས་དང་སུམ་ཅུ་གསུམ་མོ།།

170

十萬頌般若波羅蜜多經第一卷第三十一、三十二、三十三品　　(16—4)

敦博 Db.t.1203 (R-V)　　ཤེས་རབ་ཀྱི་ཕ་རོལ་ཏུ་ཕྱིན་པ་སྟོང་ཕྲག་བརྒྱ་པ་དུམ་བུ་དང་པོ་བམ་པོ་སུམ་ཅུ་གཅིག་དང་སུམ་
ཅུ་གཉིས་དང་སུམ་ཅུ་གསུམ་མོ།།

十萬頌般若波羅蜜多經第一卷第三十一、三十二、三十三品　　　(16—5)

敦博 Db.t.1203 (R-V) ཤེས་རབ་ཀྱི་ཕ་རོལ་དུ་ཕྱིན་པ་སྟོང་ཕྲག་བརྒྱ་པ་དུམ་བུ་དང་པོ་བམ་པོ་སུམ་ཅུ་གཅིག་དང་སུམ་
ཅུ་གཉིས་དང་སུམ་ཅུ་གསུམ་མོ།།

十萬頌般若波羅蜜多經第一卷第三十一、三十二、三十三品　　(16—6)

敦博 Db.t.1203 (R-V)　　ཤེས་རབ་ཀྱི་ཕ་རོལ་ཏུ་ཕྱིན་པ་སྟོང་ཕྲག་བརྒྱ་པ་དུམ་བུ་དང་པོ་བམ་པོ་སུམ་ཅུ་གཅིག་དང་སུམ་
ཅུ་གཉིས་དང་སུམ་ཅུ་གསུམ་མོ།།

十萬頌般若波羅蜜多經第一卷第三十一、三十二、三十三品　　(16—7)

ཤེས་རབ་ཀྱི་ཕ་རོལ་ཏུ་ཕྱིན་པ་སྟོང་ཕྲག་བརྒྱ་པ་དུམ་བུ་དང་པོ་བམ་པོ་སུམ་ཅུ་གཅིག་དང་སུམ་
ཅུ་གཉིས་དང་སུམ་ཅུ་གསུམ་མོ།།

ཤེས་རབ་ཀྱི་ཕ་རོལ་དུ་ཕྱིན་པ་སྟོང་ཕྲག་བརྒྱ་པ་དུམ་བུ་དང་པོ་བམ་པོ་སུམ་ཅུ་གཅིག་དང་སུམ་
ཅུ་གཉིས་དང་སུམ་ཅུ་གསུམ་མོ།།

十萬頌般若波羅蜜多經第一卷第三十一、三十二、三十三品　　（16—9）

175

ཤེས་རབ་ཀྱི་ཕ་རོལ་དུ་ཕྱིན་པ་སྟོང་ཕྲག་བརྒྱ་པ་དུམ་བུ་དང་པོ་བམ་པོ་སུམ་ཅུ་གཅིག་དང་སུམ་ཅུ་གཉིས་དང་སུམ་ཅུ་གསུམ་མོ།།

十萬頌般若波羅蜜多經第一卷第三十一、三十二、三十三品　　(16—10)

敦博 Db.t.1203 (R-V) ཤེས་རབ་ཀྱི་ཕ་རོལ་ཏུ་ཕྱིན་པ་སྟོང་ཕྲག་བརྒྱ་པ་དུམ་བུ་དང་པོ་བམ་པོ་སུམ་ཅུ་གཅིག་དང་སུམ་
ཅུ་གཉིས་དང་སུམ་ཅུ་གསུམ་མོ།།

十萬頌般若波羅蜜多經第一卷第三十一、三十二、三十三品　　(16—11)

敦博 Db.t.1203 (R-V)　ཤེས་རབ་ཀྱི་ཕ་རོལ་དུ་ཕྱིན་པ་སྟོང་ཕྲག་བརྒྱ་པ་དུམ་བུ་དང་པོ་བམ་པོ་སུམ་ཅུ་གཅིག་དང་སུམ་
ཅུ་གཉིས་དང་སུམ་ཅུ་གསུམ་མོ།།

十萬頌般若波羅蜜多經第一卷第三十一、三十二、三十三品　　(16—12)

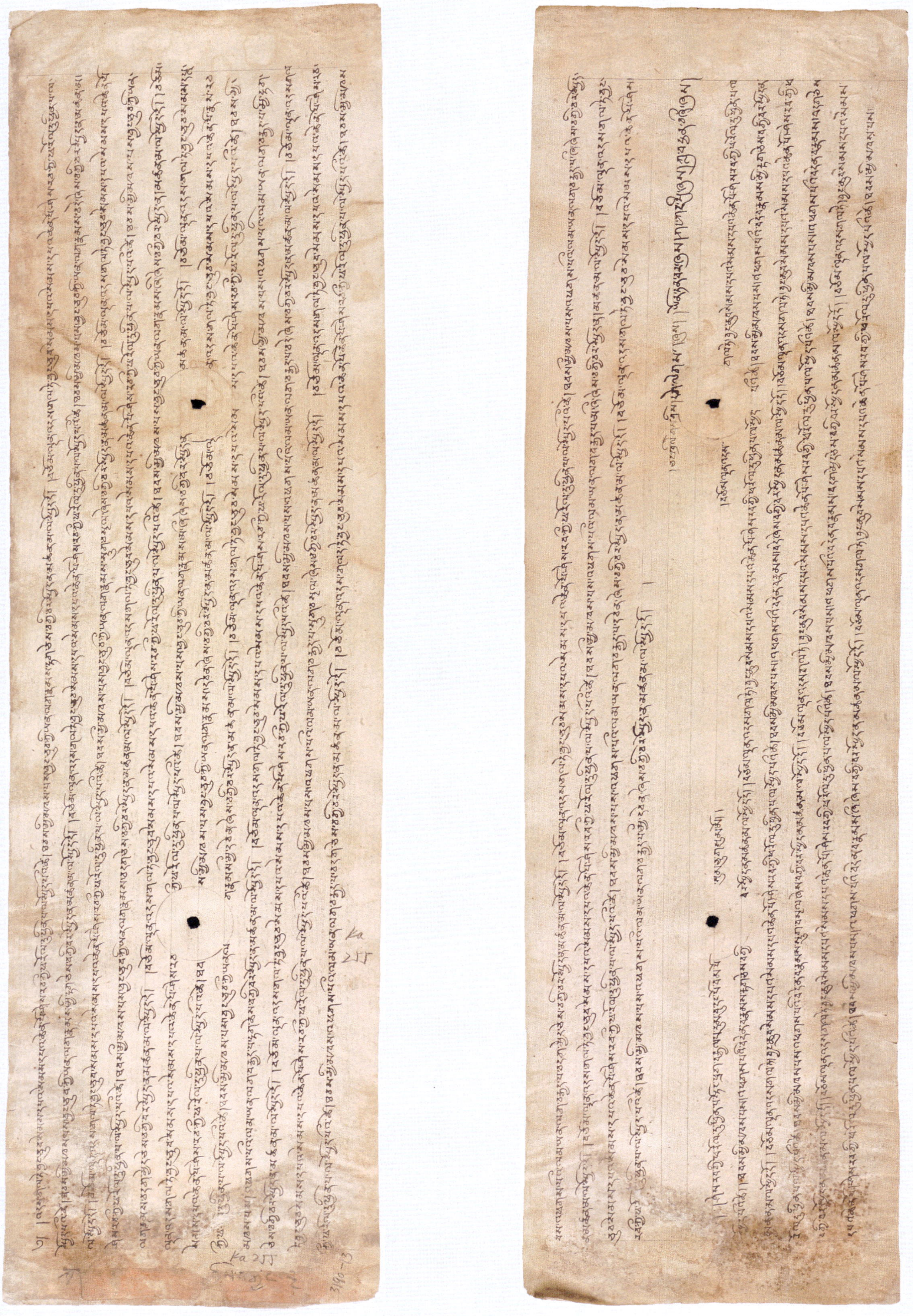

敦博 Db.t.1203 (R-V) ཤེས་རབ་ཀྱི་ཕ་རོལ་ཏུ་ཕྱིན་པ་སྟོང་ཕྲག་བརྒྱ་པ་དུམ་བུ་དང་པོ་བམ་པོ་སུམ་ཅུ་གཅིག་དང་སུམ་ཅུ་གཉིས་དང་སུམ་ཅུ་གསུམ་མོ།།

十萬頌般若波羅蜜多經第一卷第三十一、三十二、三十三品 (16—13)

ཤེས་རབ་ཀྱི་ཕ་རོལ་ཏུ་ཕྱིན་པ་སྟོང་ཕྲག་བརྒྱ་པ་དུམ་བུ་དང་པོ་བམ་པོ་སུམ་ཅུ་གཅིག་དང་སུམ་ཅུ་གཉིས་དང་སུམ་ཅུ་གསུམ་མོ།།

敦博 Db.t.1203 (R-V)　ཤེས་རབ་ཀྱི་ཕ་རོལ་ཏུ་ཕྱིན་པ་སྟོང་ཕྲག་བརྒྱ་པ་དུམ་བུ་དང་པོ་བ�མ་པོ་སུམ་ཅུ་གཅིག་དང་སུམ་
ཅུ་གཉིས་དང་སུམ་ཅུ་གསུམ་མོ།།

十萬頌般若波羅蜜多經第一卷第三十一、三十二、三十三品　　　(16—15)

敦博 Db.t.1203 (R-V) ཤེས་རབ་ཀྱི་ཕ་རོལ་དུ་ཕྱིན་པ་སྟོང་ཕྲག་བརྒྱ་པ་དུམ་བུ་དང་པོ་བམ་པོ་སུམ་ཅུ་གཅིག་དང་སུམ་
ཅུ་གཉིས་དང་སུམ་ཅུ་གསུམ་མོ།།

十萬頌般若波羅蜜多經第一卷第三十一、三十二、三十三品　　(16—16)

敦博 Db.t.1204 (R-V)　ཤེས་རབ་ཀྱི་ཕ་རོལ་ཏུ་ཕྱིན་པ་སྟོང་ཕྲག་བརྒྱའ་པ་དུམ་བུ་དང་པོ་བམ་པོ་སུམ་ཅུ་བཞི་དང་སུ་ཏུ་ལྔ་འོ།།

十萬頌般若波羅蜜多經第一卷第三十四、三十五品　　(9—1)　　*183*

敦博 Db.t.1204 (R-V)　ཤེས་རབ་ཀྱི་ཕ་རོལ་དུ་ཕྱིན་པ་སྟོང་ཕྲག་བརྒྱའ་པ་དུམ་བུ་དང་པོ་བམ་པོ་སུམ་ཅུ་བཞི་དང་སུ་ཅུ་ལྔ་འོ།།

ཤེས་རབ་ཀྱི་ཕ་རོལ་དུ་ཕྱིན་པ་སྟོང་ཕྲག་བརྒྱའི་པ་དུམ་བུ་དང་པོ་བམ་པོ་སུམ་ཅུ་བཞི་དང་སུམ་ཅུ་
ལ་འོ།།

敦博 Db.t.1204 (R-V)

ཤེས་རབ་ཀྱི་ཕ་རོལ་དུ་ཕྱིན་པ་སྟོང་ཕྲག་བརྒྱའི་པ་དུམ་བུ་དང་པོ་བམ་པོ་སུམ་ཅུ་བཞི་དང་སོ་ཅུ་ལྔ་འོ།།

敦博 Db.t.1204 (R-V)　ཤེས་རབ་ཀྱི་ཕ་རོལ་དུ་ཕྱིན་པ་སྟོང་ཕྲག་བརྒྱ་པ་དུམ་བུ་དང་པོ་བམ་པོ་སུམ་ཅུ་བཞི་དང་སུ་ཅུ་
ལྔ་འོ།།

十萬頌般若波羅蜜多經第一卷第三十四、三十五品　　　(9—7)

189

ཤེས་རབ་ཀྱི་ཕ་རོལ་དུ་ཕྱིན་པ་སྟོང་ཕྲག་བརྒྱའ་པ་དུམ་བུ་དང་པོ་བམ་པོ་སུམ་ཅུ་བཞི་དང་སོ་ལྔ་འོ།།

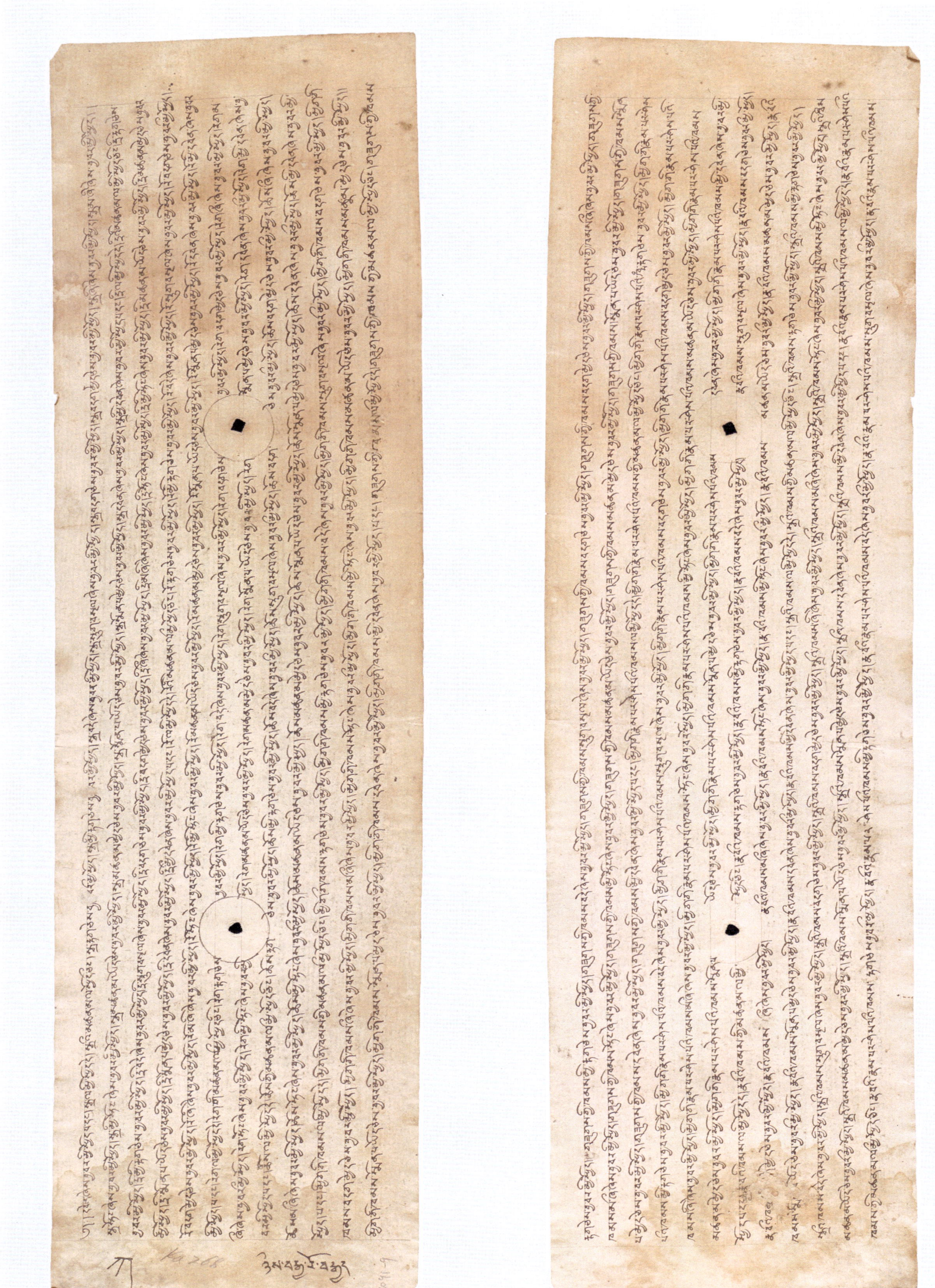

敦博 Db.t.1204 (R-V) ཤེས་རབ་ཀྱི་ཕ་རོལ་ཏུ་ཕྱིན་པ་སྟོང་ཕྲག་བརྒྱ་པ་དུམ་བུ་དང་པོ་བམ་པོ་སུམ་ཅུ་བཞི་དང་སུམ་ཅུ་ལྔ་པོ།།
十萬頌般若波羅蜜多經第一卷第三十四、三十五品 (9—9)

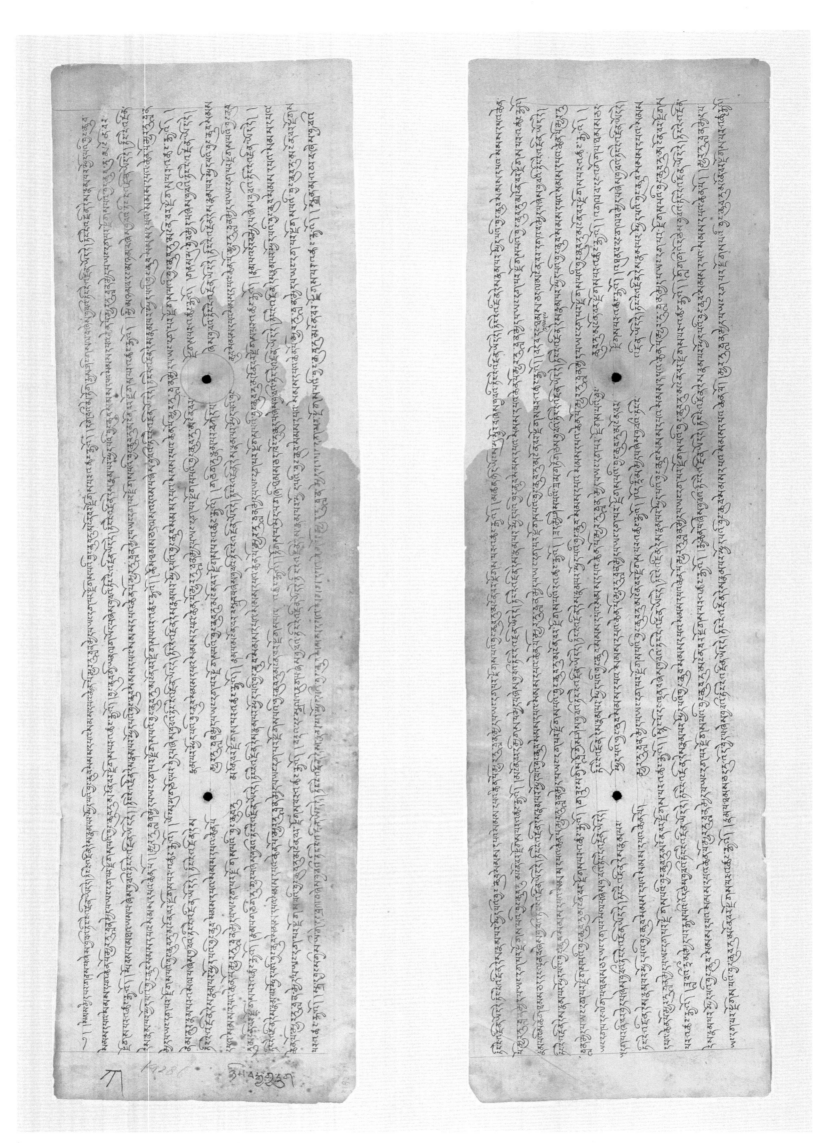

敦博 Db.t.1205 (R-V)　ཤེས་རབ་ཀྱི་ཕ་རོལ་དུ་ཕྱིན་པ་སྟོང་ཕྲག་བརྒྱ་པ།

十萬頌般若波羅蜜多經　　(2—1)

192

敦博 Db.t.1205 (R-V)　ཤེས་རབ་ཀྱི་ཕ་རོལ་དུ་ཕྱིན་པ་སྟོང་ཕྲག་བརྒྱ་པ།
十萬頌般若波羅蜜多經　　(2—2)

敦博 Db.t.1206 (R-V)　　ཤེས་རབ་ཀྱི་ཕ་རོལ་དུ་ཕྱིན་པ་སྟོང་ཕྲག་བརྒྱ་པ།
十萬頌般若波羅蜜多經　　　(2—1)

194

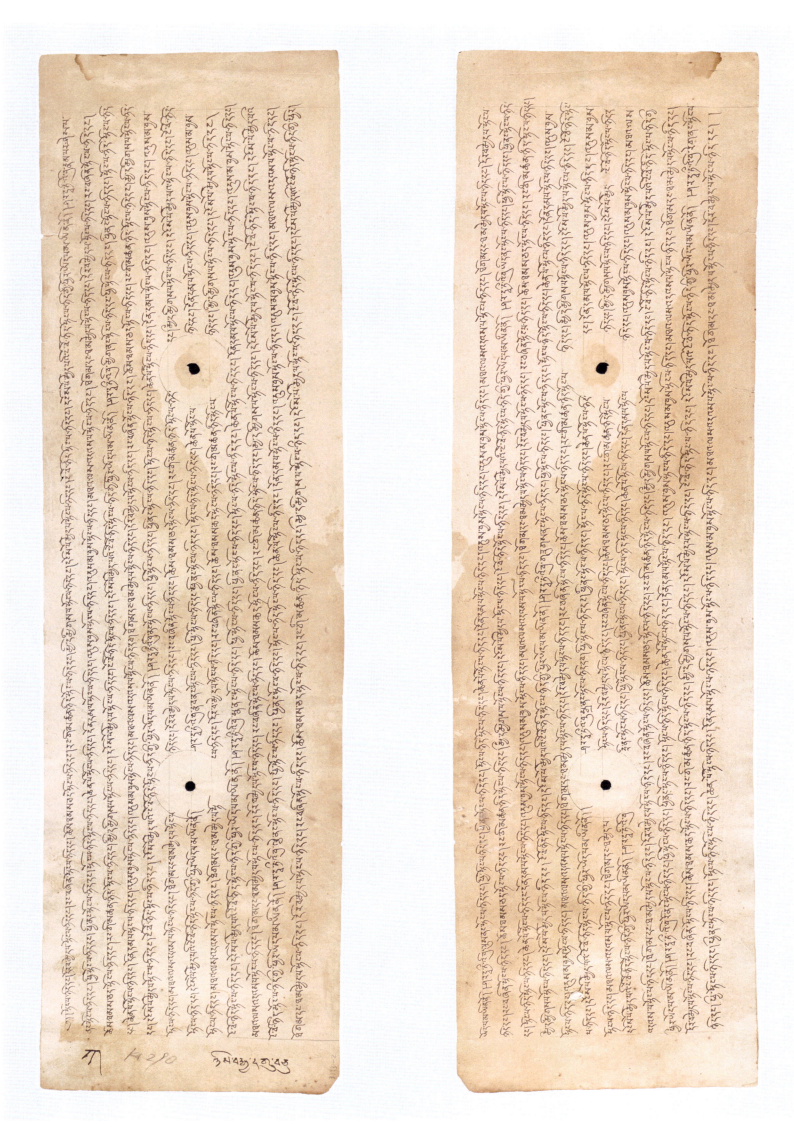

敦博 Db.t.1207 (R-V) ཤེས་རབ་ཀྱི་ཕ་རོལ་དུ་ཕྱིན་པ་སྟོང་ཕྲག་བརྒྱ་པ་དུམ་བུ་དང་པོ་བམ་པོ་སུམ་ཅུ་དགུ་འོ།།

十萬頌般若波羅蜜多經第一卷第三十九品　　(2—1)

196

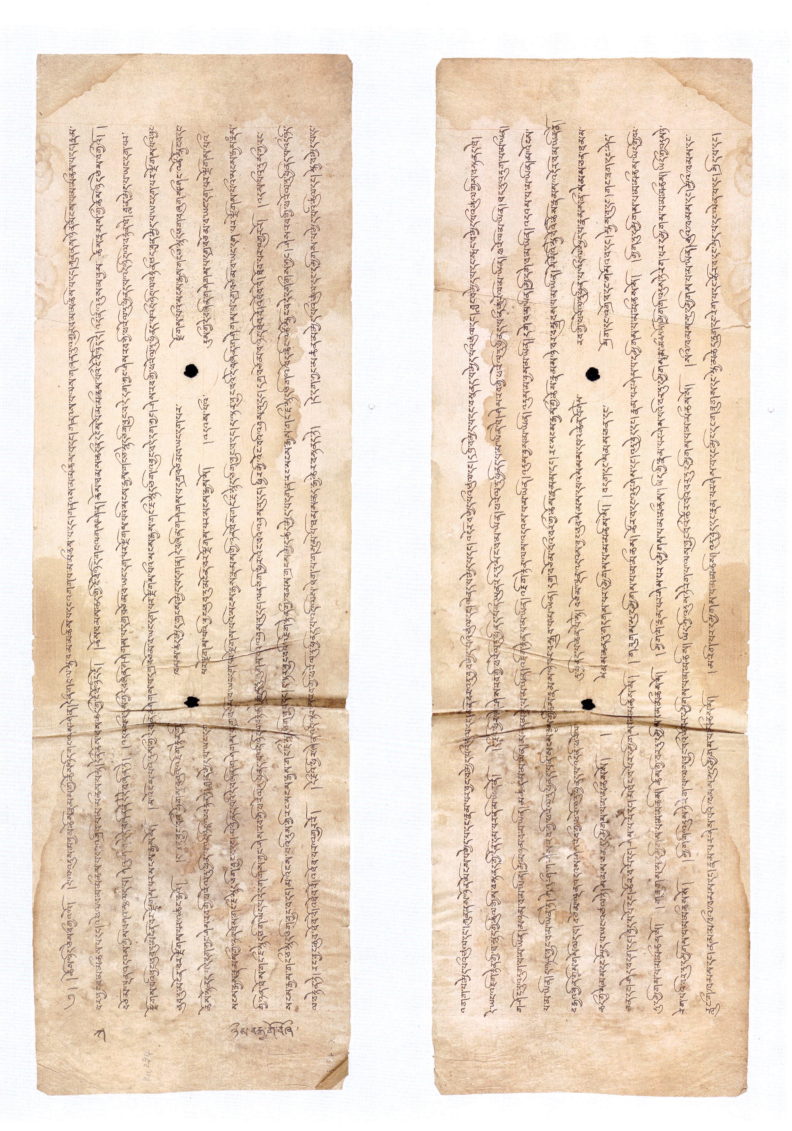

敦博 Db.t.1207 (R-V)　ཤེས་རབ་ཀྱི་ཕ་རོལ་དུ་ཕྱིན་པ་སྟོང་ཕྲག་བརྒྱ་པ་དུམ་བུ་དང་པོ་བམ་པོ་སུམ་ཅུ་དགུ་འོ།།

十萬頌般若波羅蜜多經第一卷第三十九品　　(2—2)

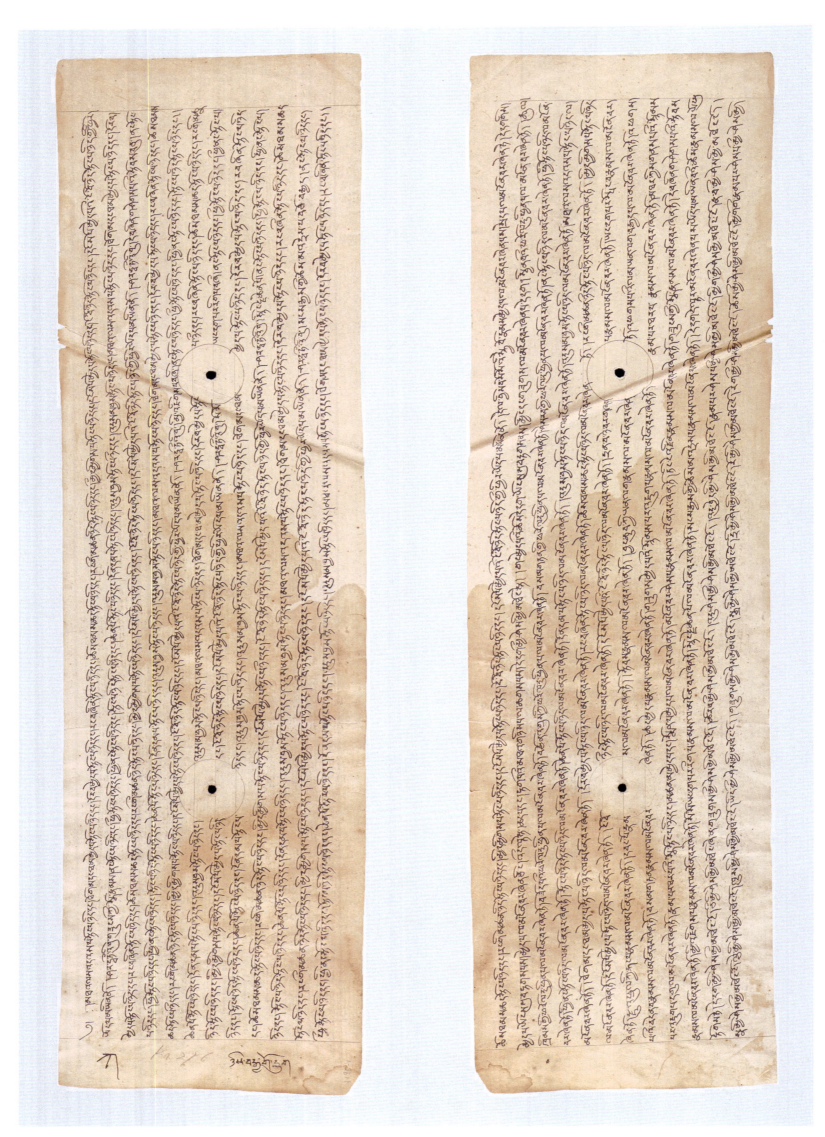

敦博 Db.t.1208 (R-V)　　ཤེས་རབ་ཀྱི་ཕ་རོལ་དུ་ཕྱིན་པ་སྟོང་ཕྲག་བརྒྱ་པ།

十萬頌般若波羅蜜多經　　　(3—1)

198

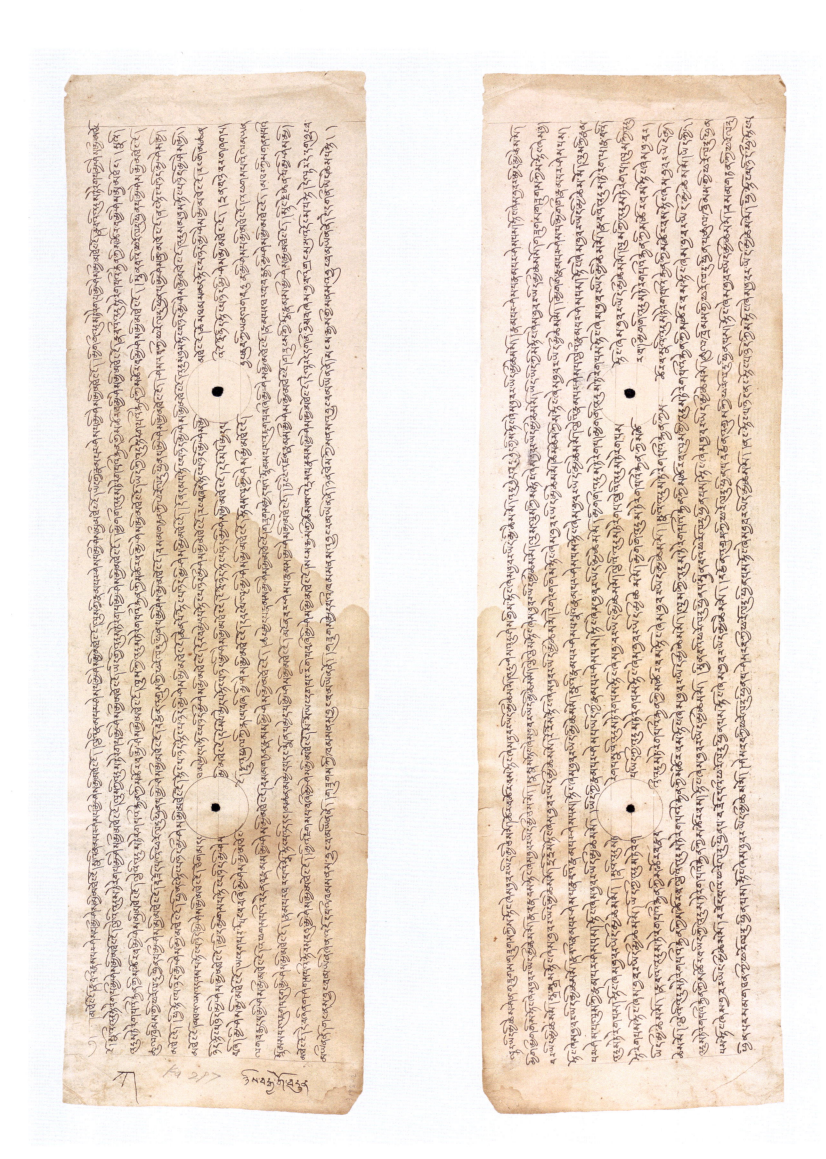

敦博 Db.t.1208 (R-V)　ཤེས་རབ་ཀྱི་ཕ་རོལ་དུ་ཕྱིན་པ་སྟོང་ཕྲག་བརྒྱ་པ།
十萬頌般若波羅蜜多經　　(3—2)

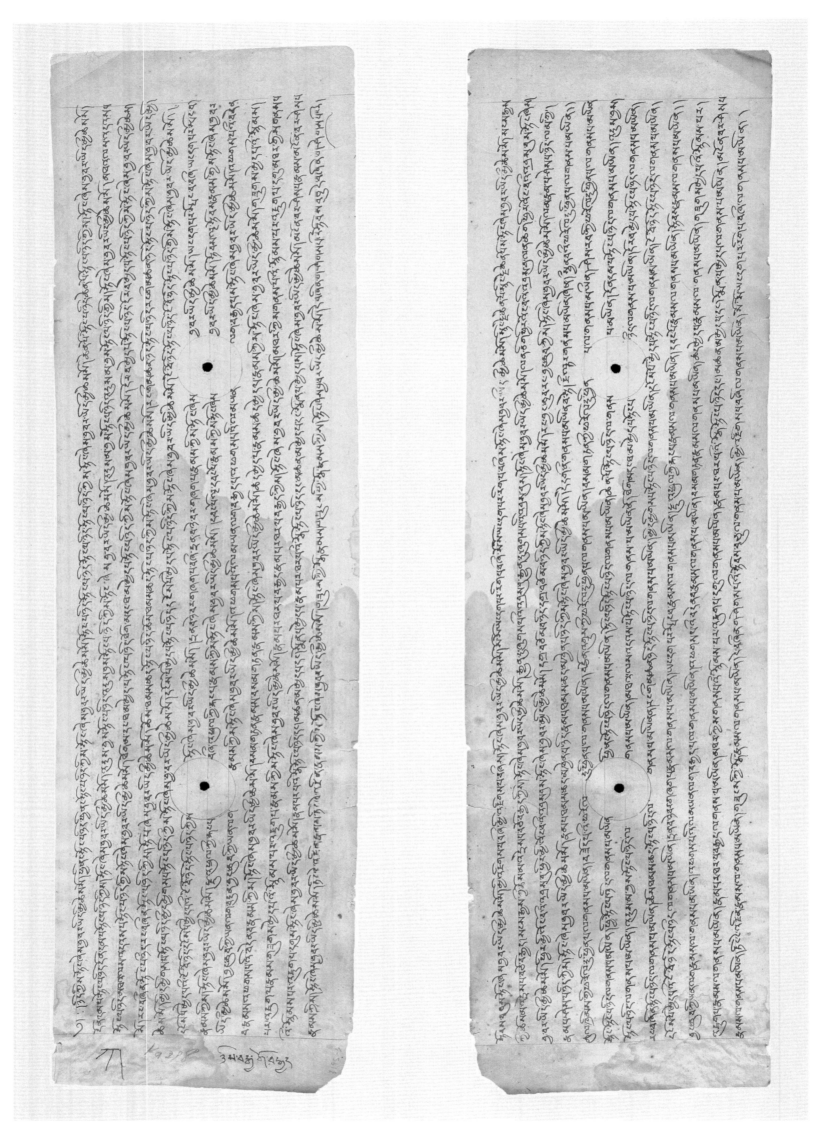

敦博 Db.t.1208 (R-V)　　ཤེས་རབ་ཀྱི་ཕ་རོལ་ཏུ་ཕྱིན་པ་སྟོང་ཕྲག་བརྒྱ་པ།
十萬頌般若波羅蜜多經　　　(3—3)

200

敦博 Db.t.1209 (R-V)　　ཤེས་རབ་ཀྱི་ཕ་རོལ་དུ་ཕྱིན་པ་སྟོང་ཕྲག་བརྒྱ་པ།
十萬頌般若波羅蜜多經　　　(6—1)

敦博 Db.t.1209 (R-V)　ཤེས་རབ་ཀྱི་ཕ་རོལ་དུ་ཕྱིན་པ་སྟོང་ཕྲག་བརྒྱ་པ།

十萬頌般若波羅蜜多經　　(6—2)

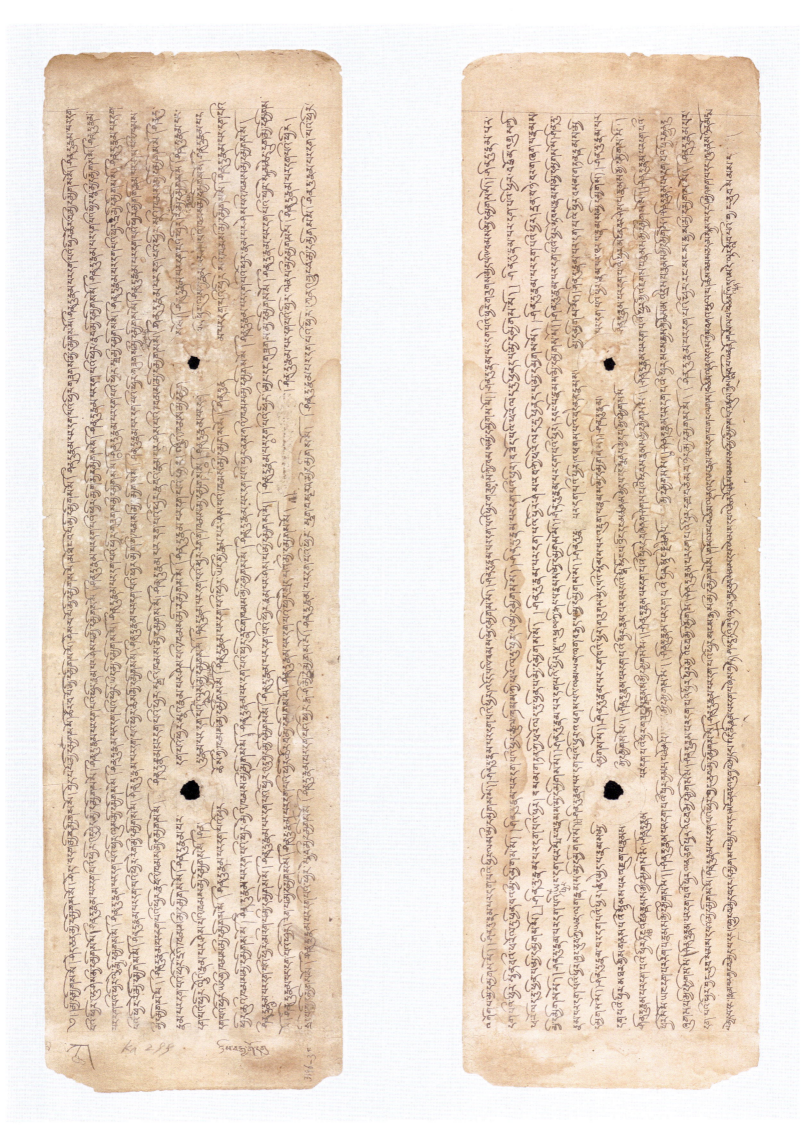

敦博 Db.t.1209 (R-V)　ཤེས་རབ་ཀྱི་ཕ་རོལ་དུ་ཕྱིན་པ་སྟོང་ཕྲག་བརྒྱ་པ།

十萬頌般若波羅蜜多經　　(6—3)

敦博 Db.t.1209 (R-V)　ཤེས་རབ་ཀྱི་ཕ་རོལ་ཏུ་ཕྱིན་པ་སྟོང་ཕྲག་བརྒྱ་པ།

十萬頌般若波羅蜜多經　　(6—5)

敦博 Db.t.1209 (R-V)　ཤེས་རབ་ཀྱི་པ་རོལ་དུ་ཕྱིན་པ་སྟོང་ཕྲག་བརྒྱ་པ།
十萬頌般若波羅蜜多經　　(6—6)

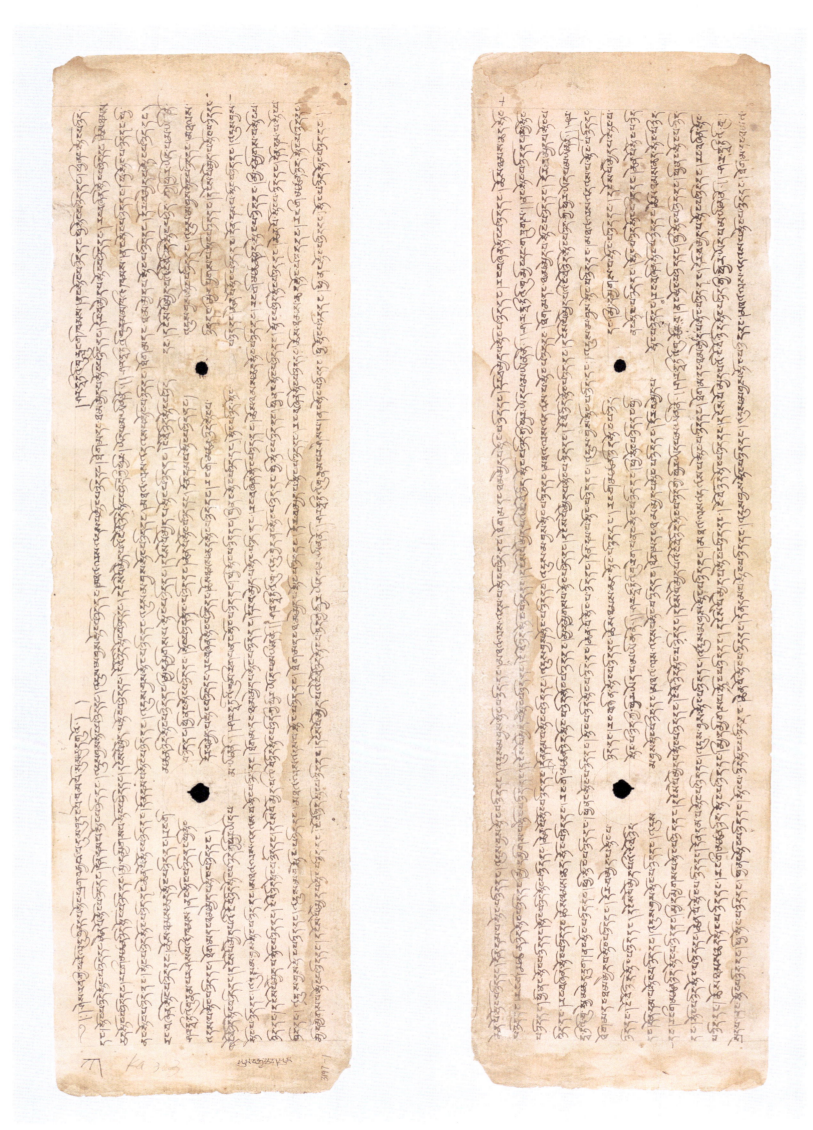

敦博 Db.t.1210 (R-V)　　ཤེས་རབ་ཀྱི་ཕ་རོལ་ཏུ་ཕྱིན་པ་སྟོང་ཕྲག་བརྒྱའ་པ་དུམ་བུ་དང་པོ་བམ་པོ་སུམ་ཅུ་དགུཔའོ།།

十萬頌般若波羅蜜多經第一卷第三十九品　　(9—1)

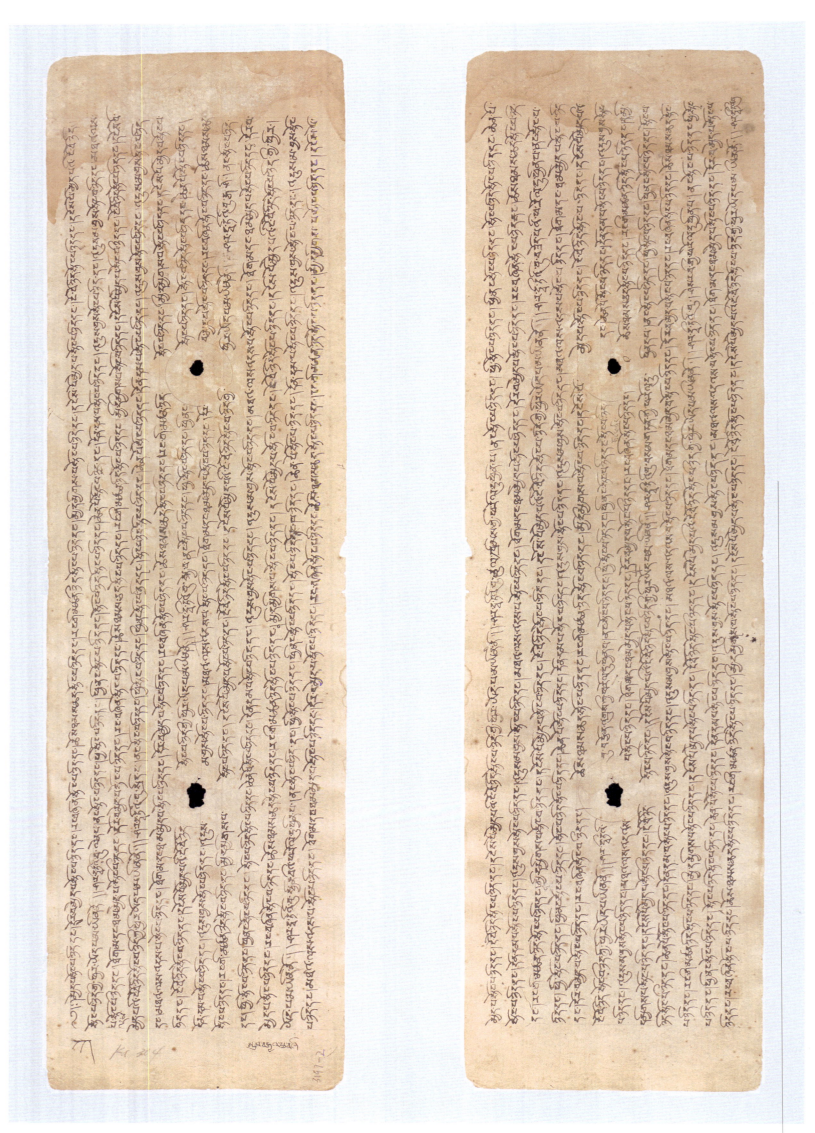

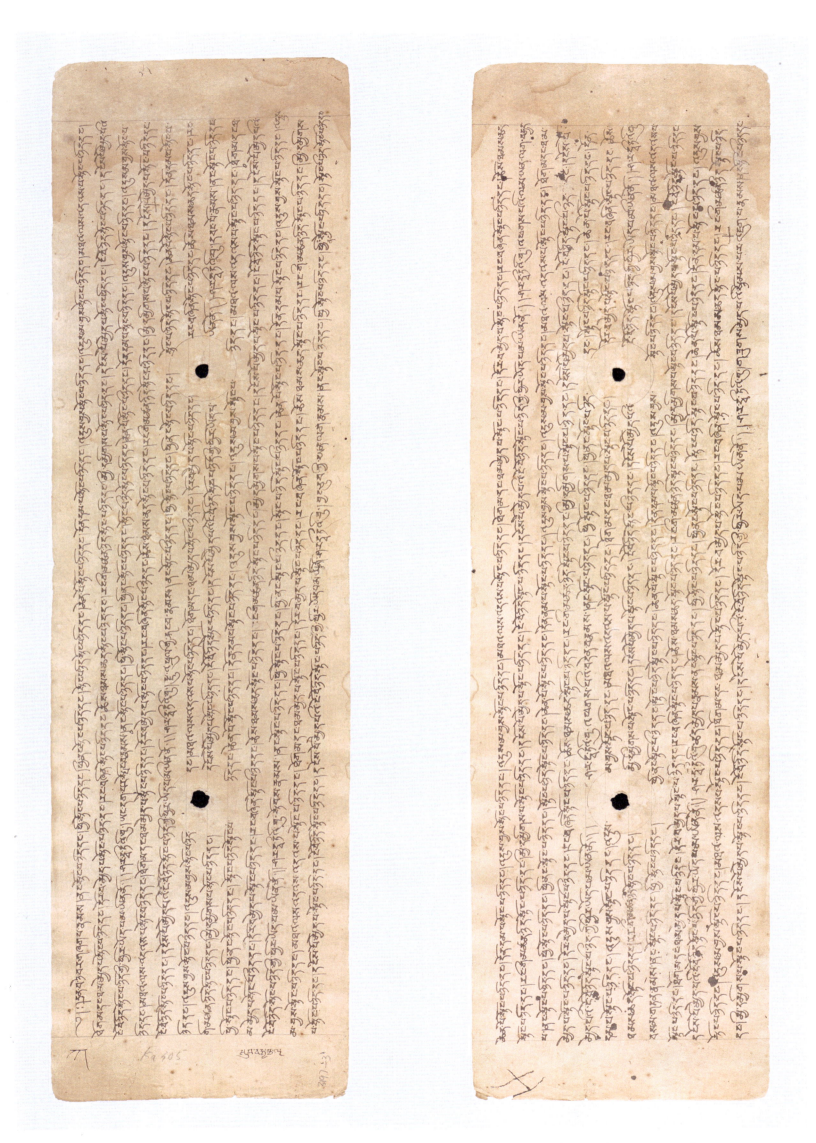

敦博 Db.t.1210 (R-V)　ཤེས་རབ་ཀྱི་ཕ་རོལ་དུ་ཕྱིན་པ་སྟོང་ཕྲག་བརྒྱ་པ་དུམ་བུ་དང་པོ་བམ་པོ་སུམ་ཅུ་དགུའོ།།

十萬頌般若波羅蜜多經第一卷第三十九品　　(9—3)

敦博 Db.t.1210 (R-V) ཤེས་རབ་ཀྱི་ཕ་རོལ་ཏུ་ཕྱིན་པ་སྟོང་ཕྲག་བརྒྱའ་པ་དུམ་བུ་དང་པོ་བམ་པོ་སུམ་ཅུ་དགུའོ།།
十萬頌般若波羅蜜多經第一卷第三十九品   (9—4)

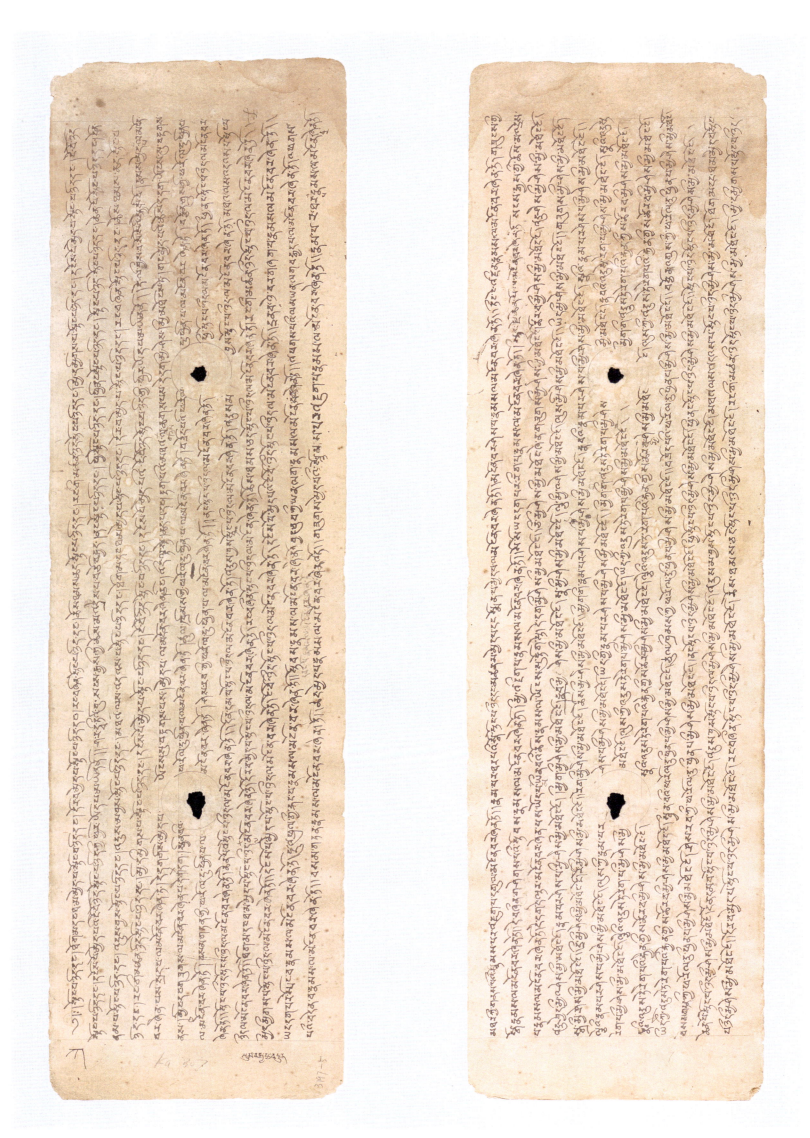

敦博 Db.t.1210 (R-V)　　ཤེས་རབ་ཀྱི་ཕ་རོལ་དུ་ཕྱིན་པ་སྟོང་ཕྲག་བརྒྱ་པ་དུམ་བུ་དང་པོ་བམ་པོ་སུམ་ཅུ་དགུ་འོ།།
十萬頌般若波羅蜜多經第一卷第三十九品　　　(9—5)

敦博 Db.t.1210 (R-V) ཤེས་རབ་ཀྱི་ཕ་རོལ་དུ་ཕྱིན་པ་སྟོང་ཕྲག་བརྒྱ་པ་དུམ་བུ་དང་པོ་བམ་པོ་ཁུམ་ཅུ་དགུའོ།།

十萬頌般若波羅蜜多經第一卷第三十九品　　(9—6)

212

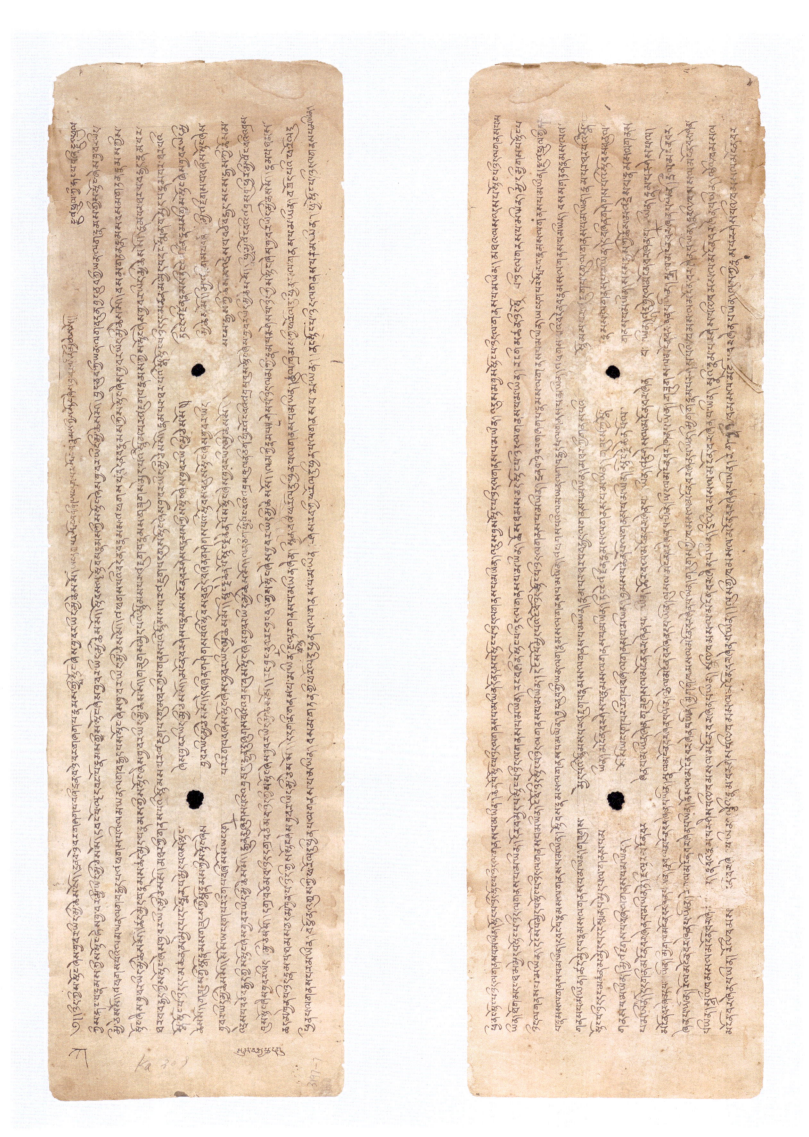

敦博 Db.t.1210 (R-V) ཤེས་རབ་ཀྱི་ཕ་རོལ་དུ་ཕྱིན་པ་སྟོང་ཕྲག་བརྒྱའ་པ་དུམ་བུ་དང་པོ་བམ་པོ་སུམ་ཅུ་དགུའོ།།

十萬頌般若波羅蜜多經第一卷第三十九品　　(9—7)

213

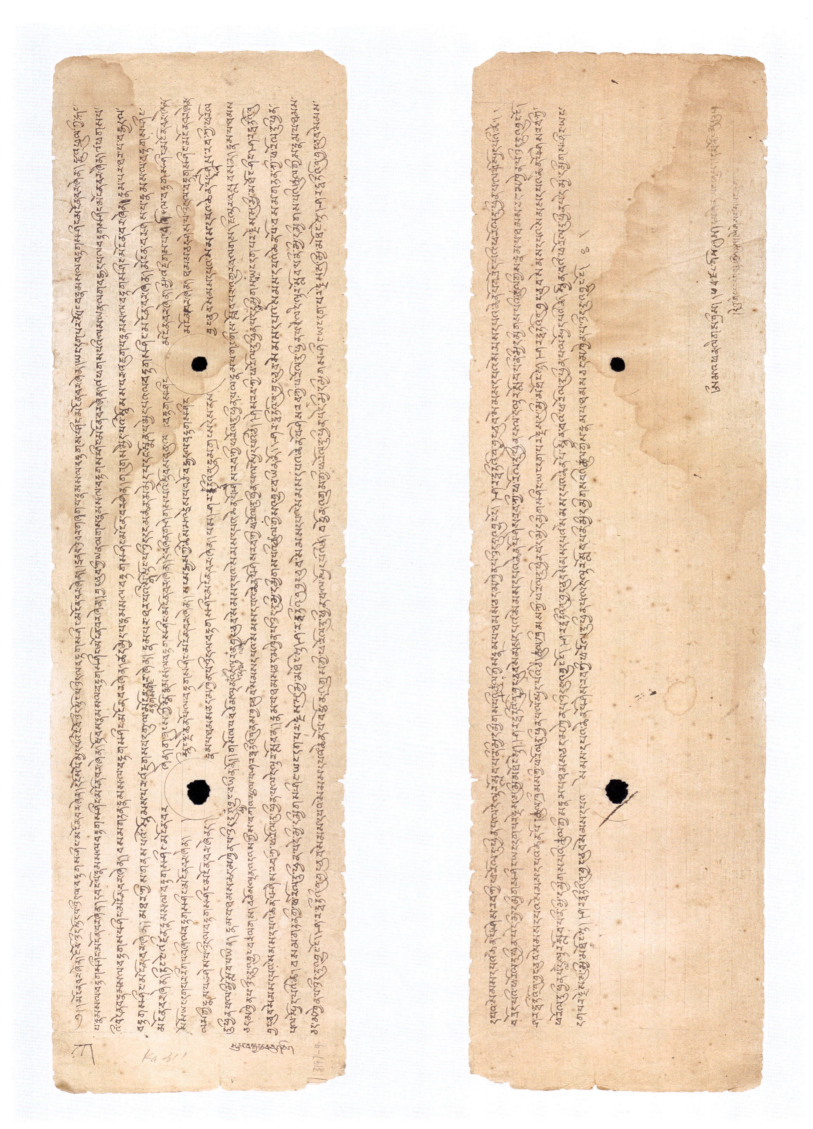

敦博 Db.t.1210 (R-V)　ཤེས་རབ་ཀྱི་ཕ་རོལ་ཏུ་ཕྱིན་པ་སྟོང་ཕྲག་བརྒྱའ་པ་དུམ་བུ་དང་པོ་བམ་པོ་སུམ་ཅུ་དགུའོ།།

十萬頌般若波羅蜜多經第一卷第三十九品　　(9—9)

215

敦博 Db.t.1211 (R-V) ཤེས་རབ་ཀྱི་ཕ་རོལ་ཏུ་ཕྱིན་པ་སྟོང་ཕྲག་བརྒྱན་པ་དུམ་བུ་དང་པོ་བམ་པོ་བཞི་བཅུ་འོ།།

十萬頌般若波羅蜜多經第一卷第四十品　　(7—1)

敦博 Db.t.1211 (R-V)　ཤེས་རབ་ཀྱི་ཕ་རོལ་ཏུ་ཕྱིན་པ་སྟོང་ཕྲག་བརྒྱ་པ་དུམ་བུ་དང་པོ་བམ་པོ་བཞི་བཅུ་པའོ།།

十萬頌般若波羅蜜多經第一卷第四十品　　(7—2)

敦博 Db.t.1211 (R-V)　ཤེས་རབ་ཀྱི་ཕ་རོལ་དུ་ཕྱིན་པ་སྟོང་ཕྲག་བརྒྱའ་པ་དུམ་བུ་དང་པོ་བམ་པོ་བཞི་བཅུ་པོ།།

十萬頌般若波羅蜜多經第一卷第四十品　　(7—3)

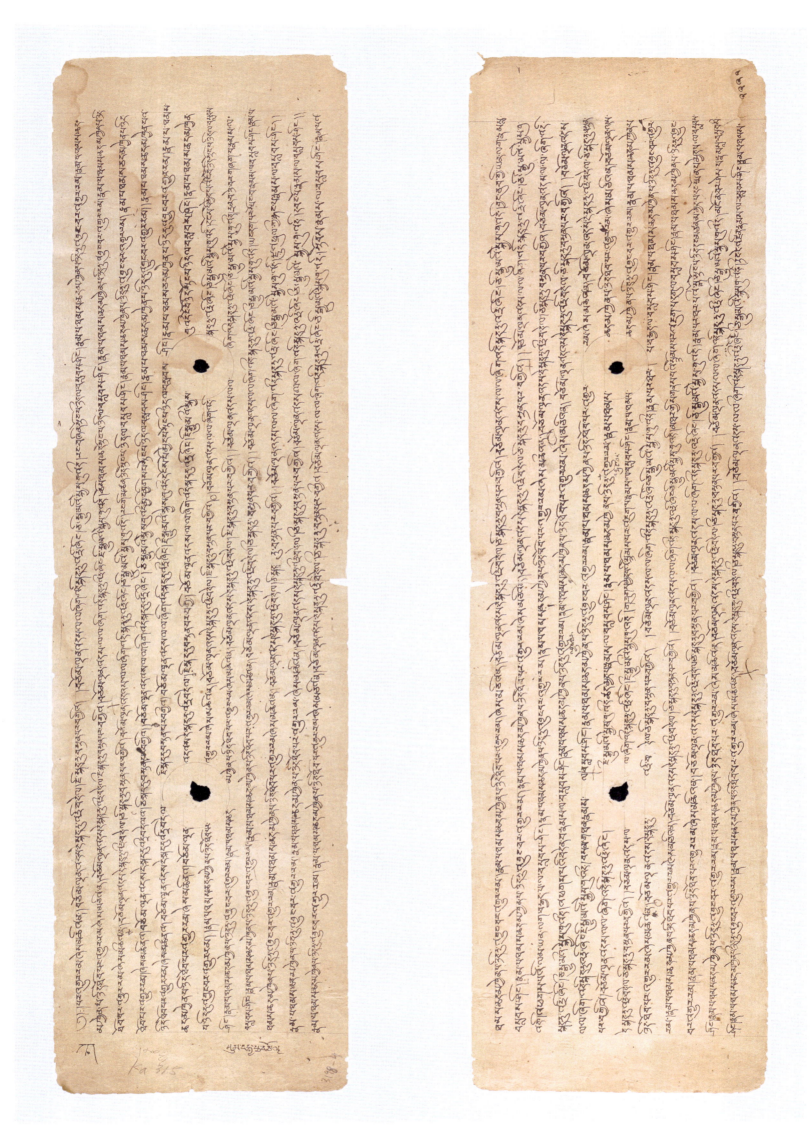

敦博 Db.t.1211 (R-V) ཤེས་རབ་ཀྱི་ཕ་རོལ་ཏུ་ཕྱིན་པ་སྟོང་ཕྲག་བརྒྱ་པ་དུམ་བུ་དང་པོ་བམ་པོ་བཞི་བཅུ་པའོ།།

十萬頌般若波羅蜜多經第一卷第四十品　　(7—4)

敦博 Db.t.1211 (R-V)　ཤེས་རབ་ཀྱི་ཕ་རོལ་དུ་ཕྱིན་པ་སྟོང་ཕྲག་བརྒྱའ་པ་དུམ་བུ་དང་པོ་བམ་པོ་བཞི་བཅུའོ།།

十萬頌般若波羅蜜多經第一卷第四十品　　(7—5)

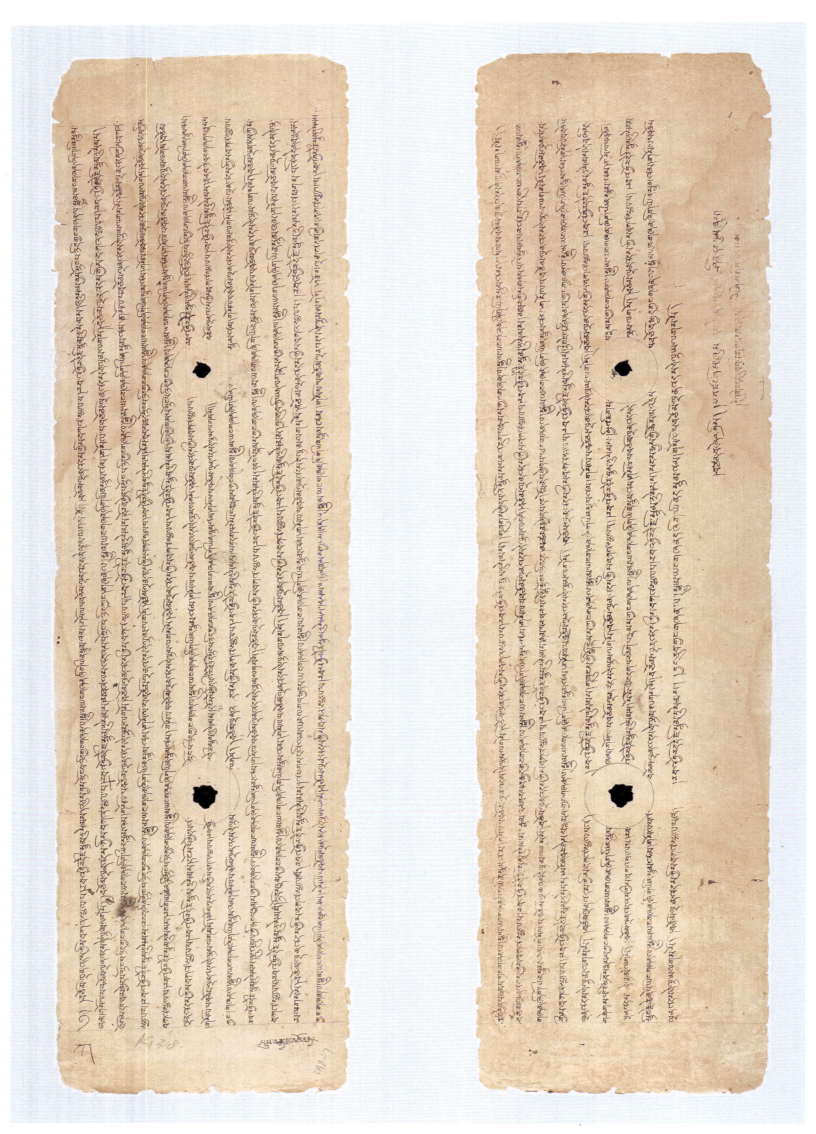

敦博 Db.t.1211 (R-V)　ཤེས་རབ་ཀྱི་ཕ་རོལ་དུ་ཕྱིན་པ་སྟོང་ཕྲག་བརྒྱ་པ་དུམ་བུ་དང་པོ་བམ་པོ་བཞི་བཅུའོ།།

十萬頌般若波羅蜜多經第一卷第四十品　　(7—7)

222

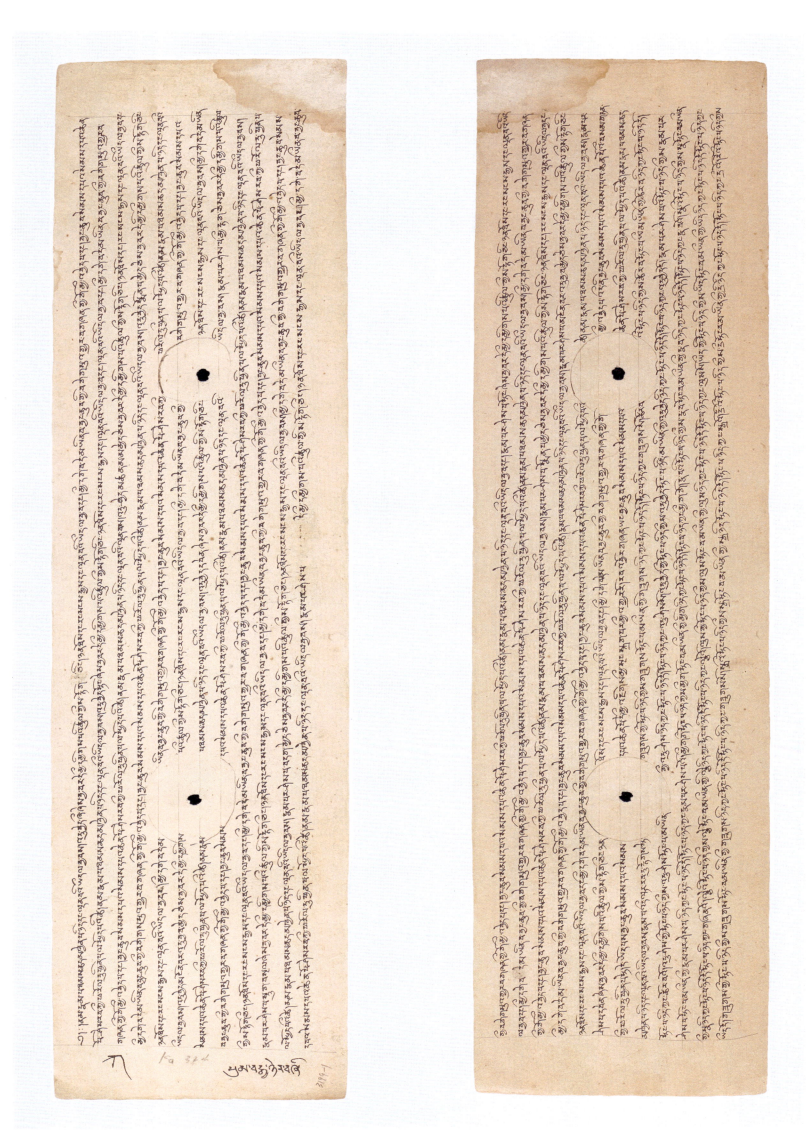

敦博 Db.t.1212 (R-V)　ཤེས་རབ་ཀྱི་ཕ་རོལ་ཏུ་ཕྱིན་པ་སྟོང་ཕྲག་བརྒྱ་པ།

十萬頌般若波羅蜜多經　　(3—1)

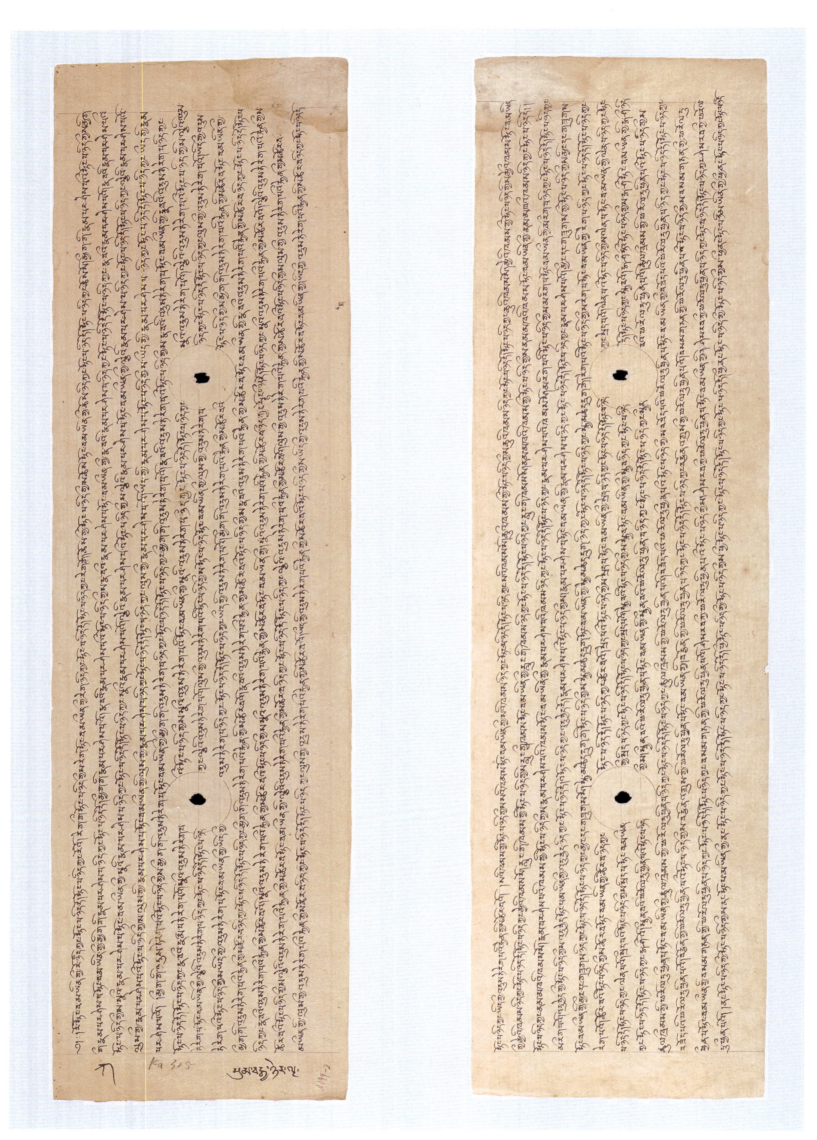

敦博 Db.t.1212 (R-V) ཤེས་རབ་ཀྱི་ཕ་རོལ་དུ་ཕྱིན་པ་སྟོང་ཕྲག་བརྒྱ་པ།

十萬頌般若波羅蜜多經 (3—2)

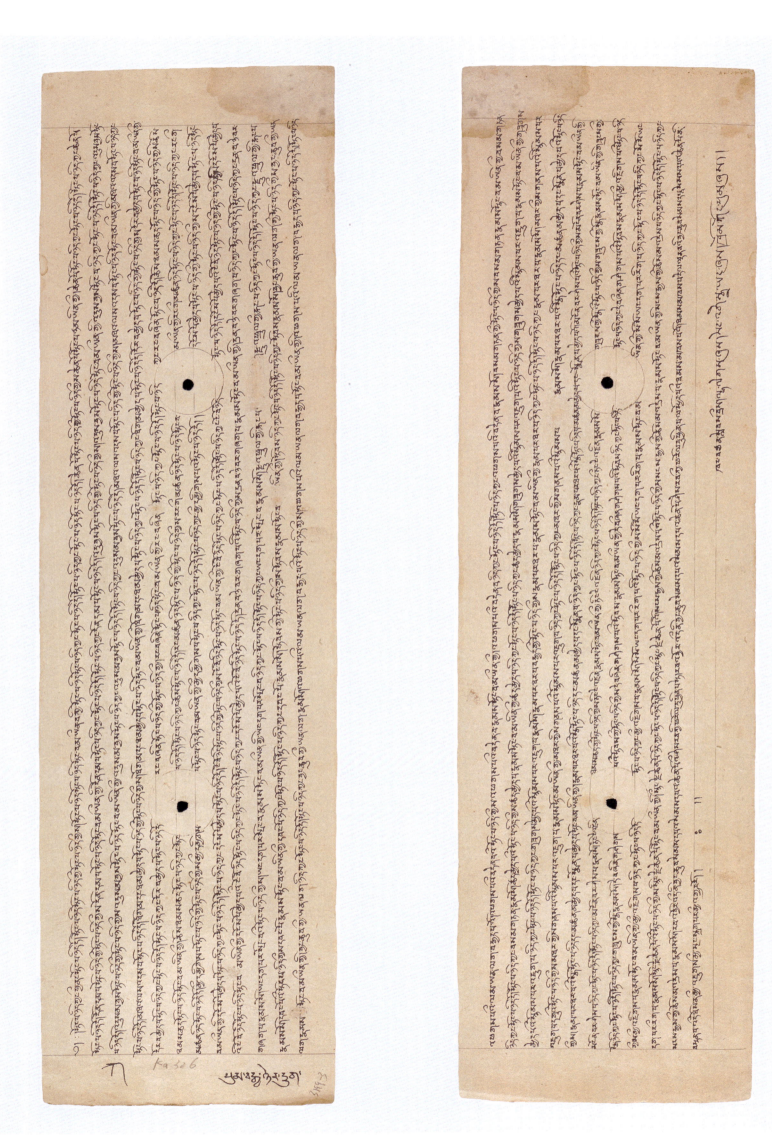

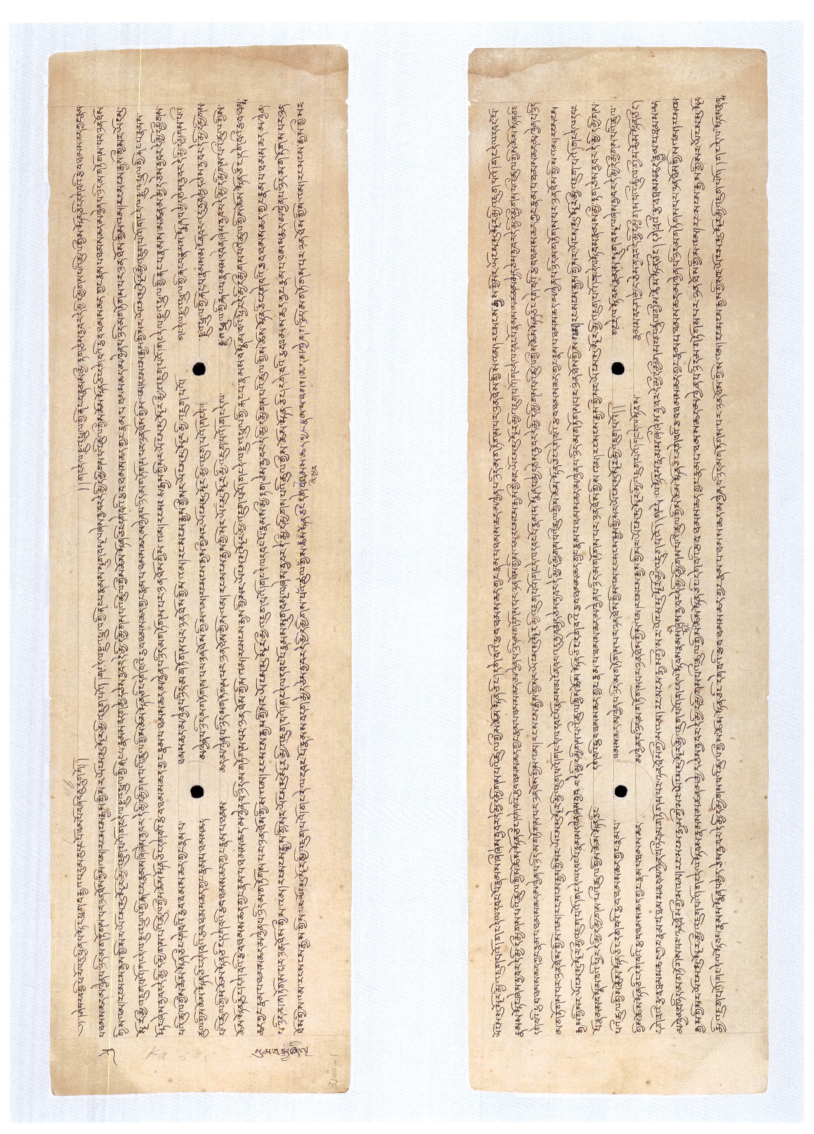

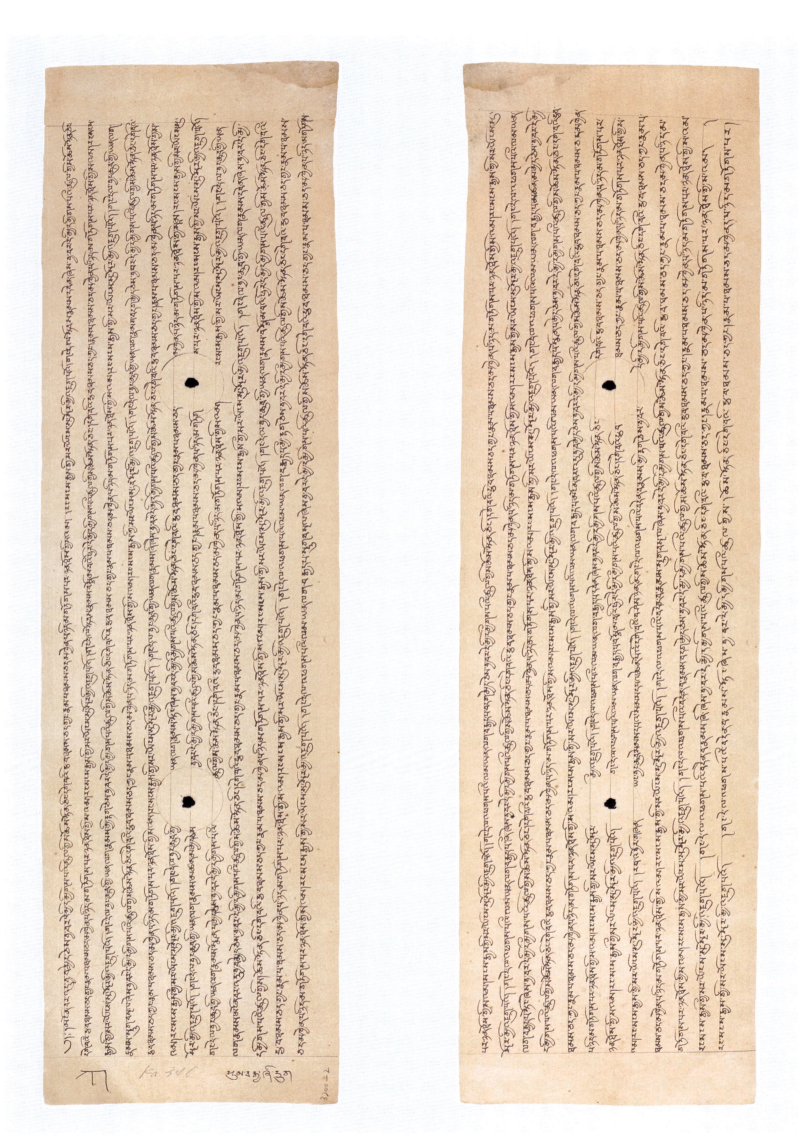

敦博 Db.t.1213 (R-V)　ཤེས་རབ་ཀྱི་ཕ་རོལ་དུ་ཕྱིན་པ་སྟོང་ཕྲག་བརྒྱ་པ་དུམ་བུ་དང་པོ་བམ་པོ་བཞི་བཅུ་རྩ་དྲུག་གོ།།

十萬頌般若波羅蜜多經第一卷第四十六品　　(7—2)

敦博 Db.t.1213 (R-V) ཤེས་རབ་ཀྱི་ཕ་རོལ་དུ་ཕྱིན་པ་སྟོང་ཕྲག་བརྒྱའི་དུམ་བུ་དང་པོ་བམ་པོ་བཞི་བཅུ་དྲུག་གོ །།

十萬頌般若波羅蜜多經第一卷第四十六品　　(7—3)

敦博 Db.t.1213 (R-V) ཤེས་རབ་ཀྱི་ཕ་རོལ་དུ་ཕྱིན་པ་སྟོང་ཕྲག་བརྒྱ་པ་དུམ་བུ་དང་པོ་བམ་པོ་བཞི་བཅུ་རྩ་དྲུག་གོ།།

十萬頌般若波羅蜜多經第一卷第四十六品　　(7—4)

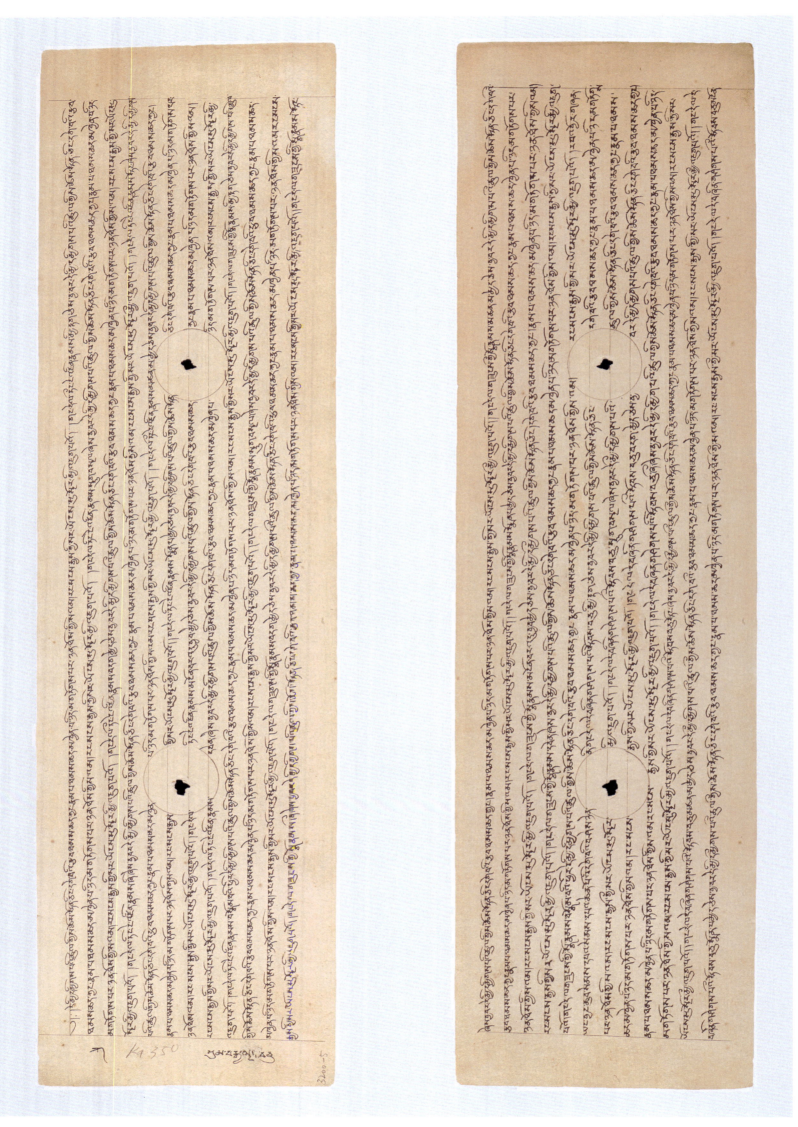

敦博 Db.t.1213 (R-V)　ཤེས་རབ་ཀྱི་ཕ་རོལ་ཏུ་ཕྱིན་པ་སྟོང་ཕྲག་བརྒྱ་པ་དུམ་བུ་དང་པོ་བམ་པོ་བཞི་བཅུ་རྩ་དྲུག་གོ།།

十萬頌般若波羅蜜多經第一卷第四十六品　　(7—5)

敦博 Db.t.1213 (R-V) ཤེས་རབ་ཀྱི་ཕ་རོལ་ཏུ་ཕྱིན་པ་སྟོང་ཕྲག་བརྒྱ་པ་དུམ་བུ་དང་པོ་བམ་པོ་བཞི་བཅུ་རྩ་དྲུག་གོ།།
十萬頌般若波羅蜜多經第一卷第四十六品　　(7—6)

231

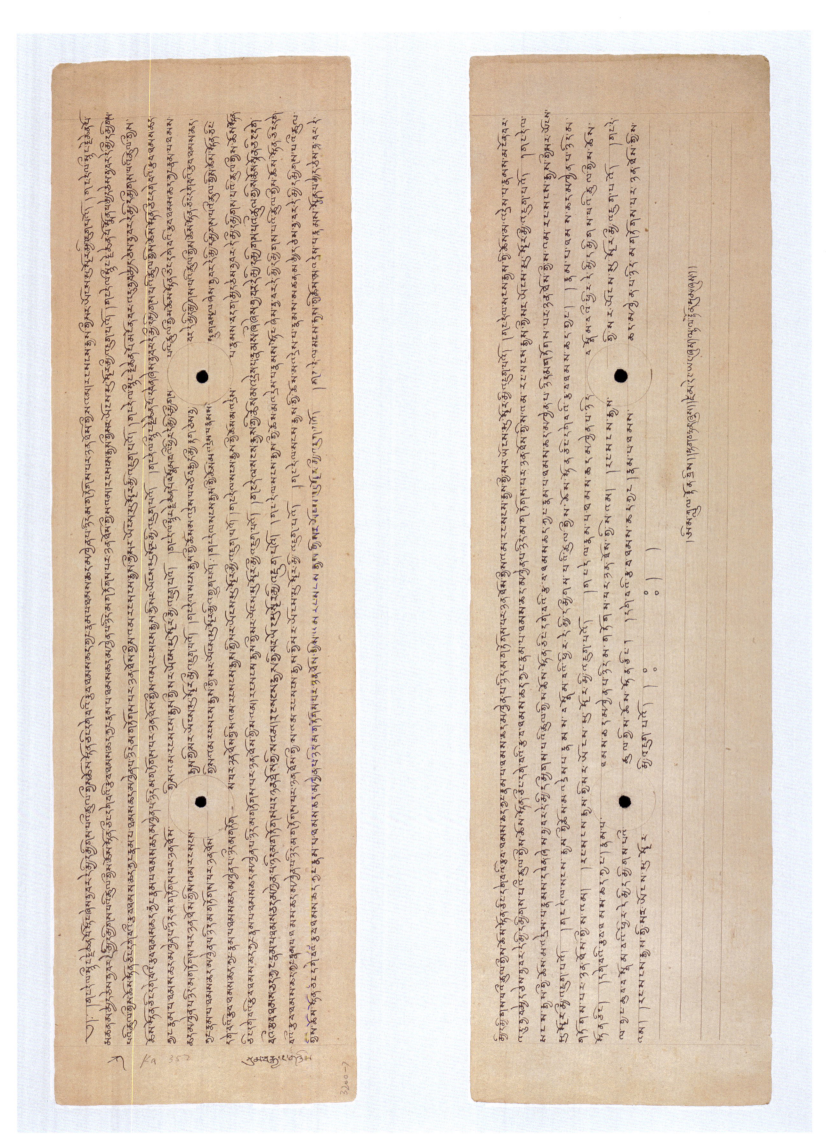

敦博 Db.t.1213 (R-V)　ཤེས་རབ་ཀྱི་ཕ་རོལ་ཏུ་ཕྱིན་པ་སྟོང་ཕྲག་བརྒྱད་པ་དུམ་བུ་དང་པོ་བམ་པོ་བཞི་བཅུ་རྩ་དྲུག་གོ།།
十萬頌般若波羅蜜多經第一卷第四十六品　　(7—7)

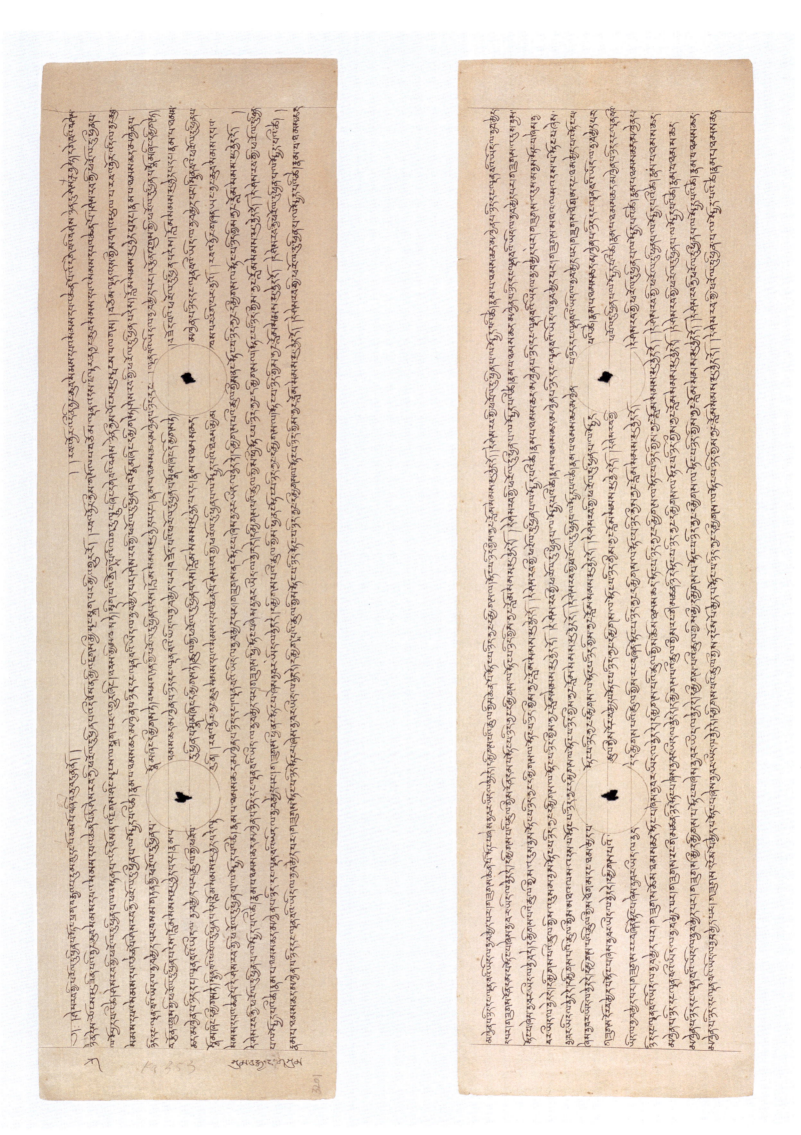

敦博 Db.t.1214 (R-V) ཤེས་རབ་ཀྱི་ཕ་རོལ་ཏུ་ཕྱིན་པ་སྟོང་ཕྲག་བརྒྱ་པ་དུམ་བུ་དང་པོ་བམ་པོ་བཞི་བཅུ་བདུན་ནོ།།

十萬頌般若波羅蜜多經第一卷第四十七品

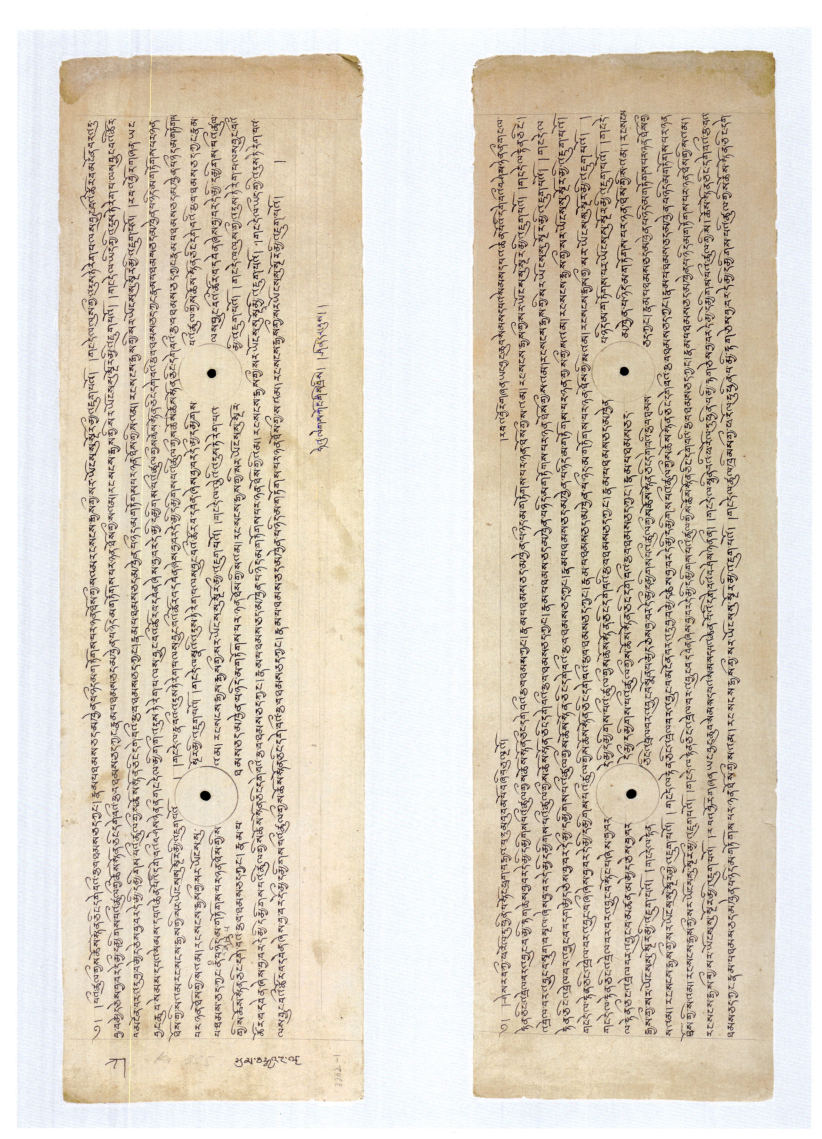

敦博 Db.t.1215 (R-V)　ཤེས་རབ་ཀྱི་ཕ་རོལ་དུ་ཕྱིན་པ་སྟོང་ཕྲག་བརྒྱའ་པ་དུམ་བུ་བམ་པོ་བཞི་བཅུ་བཞི་དང་བཞི་བཅུ་ལྔ་འོ།།

十萬頌般若波羅蜜多經第四十四、四十五品　　(4—1)

敦博 Db.t.1215 (R-V)　ཤེས་རབ་ཀྱི་ཕ་རོལ་དུ་ཕྱིན་པ་སྟོང་ཕྲག་བརྒྱ་བ་དུམ་བུ་བམ་པོ་བཞི་བཅུ་བཞི་དང་བཞི་བཅུ་ལྔའོ།།

十萬頌般若波羅蜜多經第四十四、四十五品　　(4—2)

敦博 Db.t.1215 (R-V)　ཤེས་རབ་ཀྱི་ཕ་རོལ་དུ་ཕྱིན་པ་སྟོང་ཕྲག་བརྒྱན་པ་དུམ་བུ་བམ་པོ་བཞི་བཅུ་བཞི་དང་བཞི་བཅུ་ལྔའོ།།

十萬頌般若波羅蜜多經第四十四、四十五品　　(4—3)

236

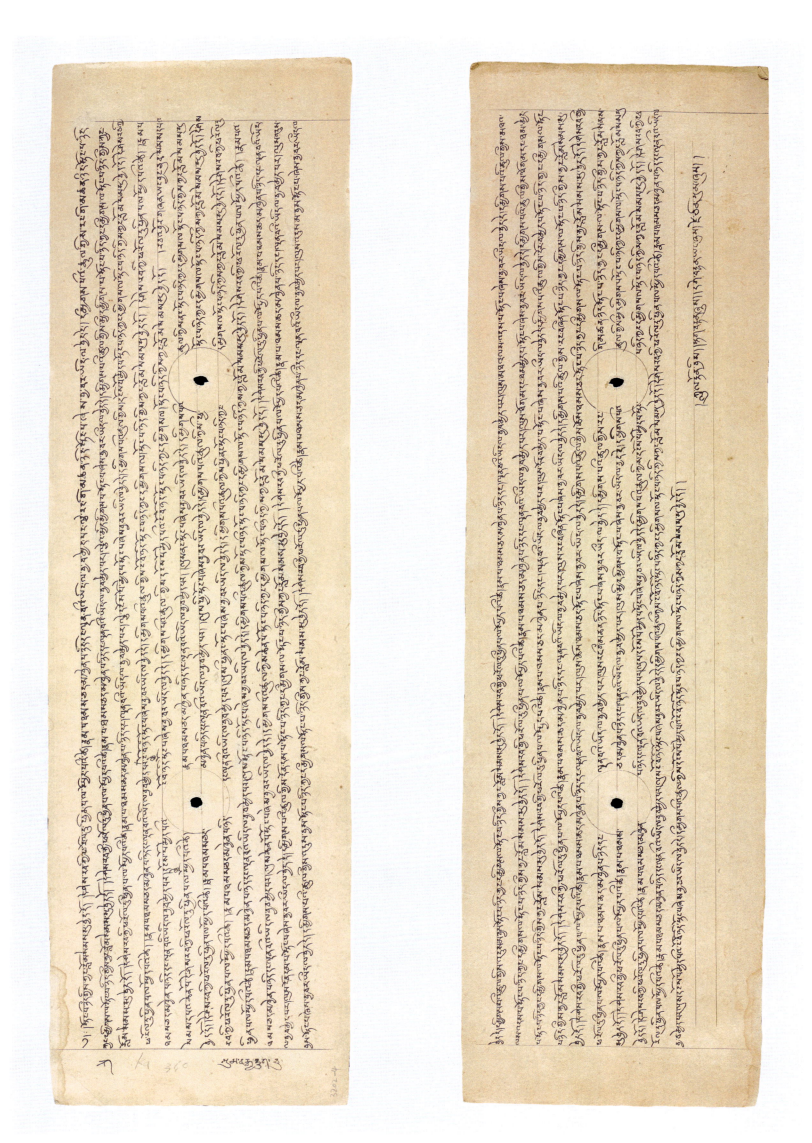

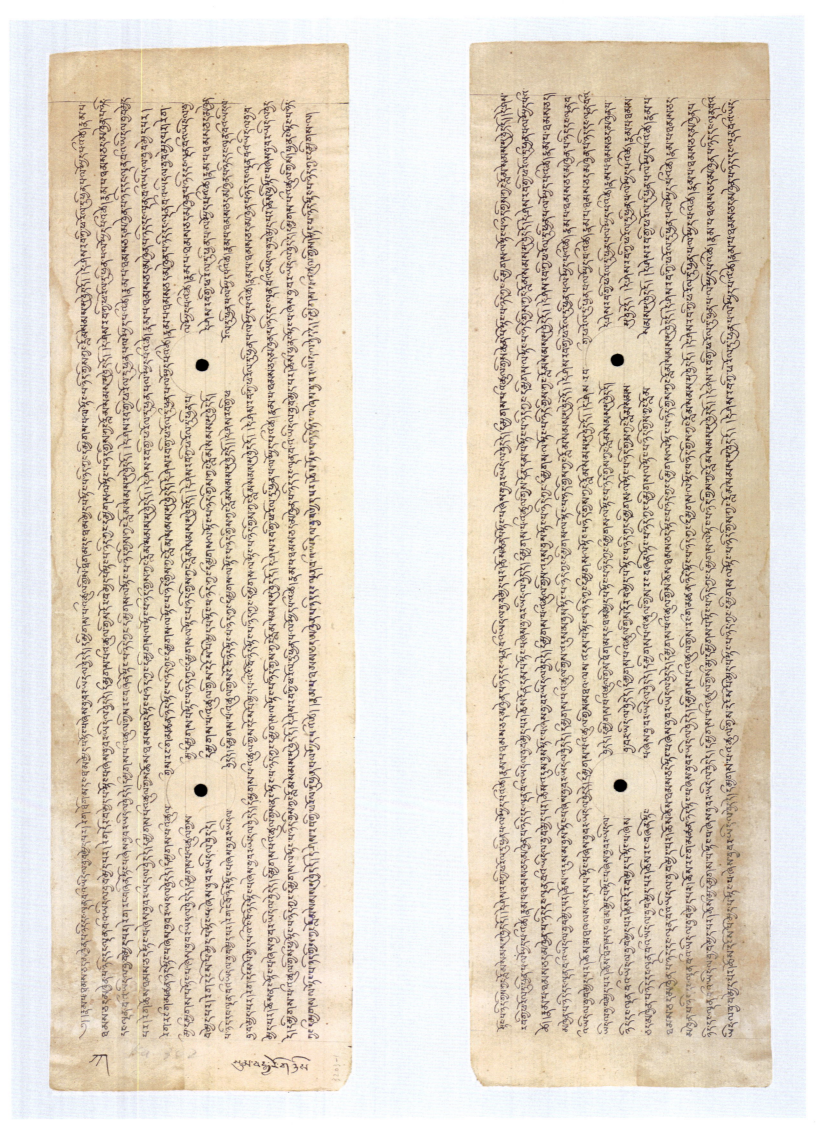

敦博 Db.t.1216 (R-V) ཤེས་རབ་ཀྱི་ཕ་རོལ་དུ་ཕྱིན་པ་སྟོང་ཕྲག་བརྒྱའ་པ་དུམ་བུ་དང་པོ་བམ་པོ་བཞི་བཅུ་བརྒྱད་དང་
བཞི་བཅུ་དགུ་འོ།།

十萬頌般若波羅蜜多經第一卷第四十八、四十九品　　(3—1)

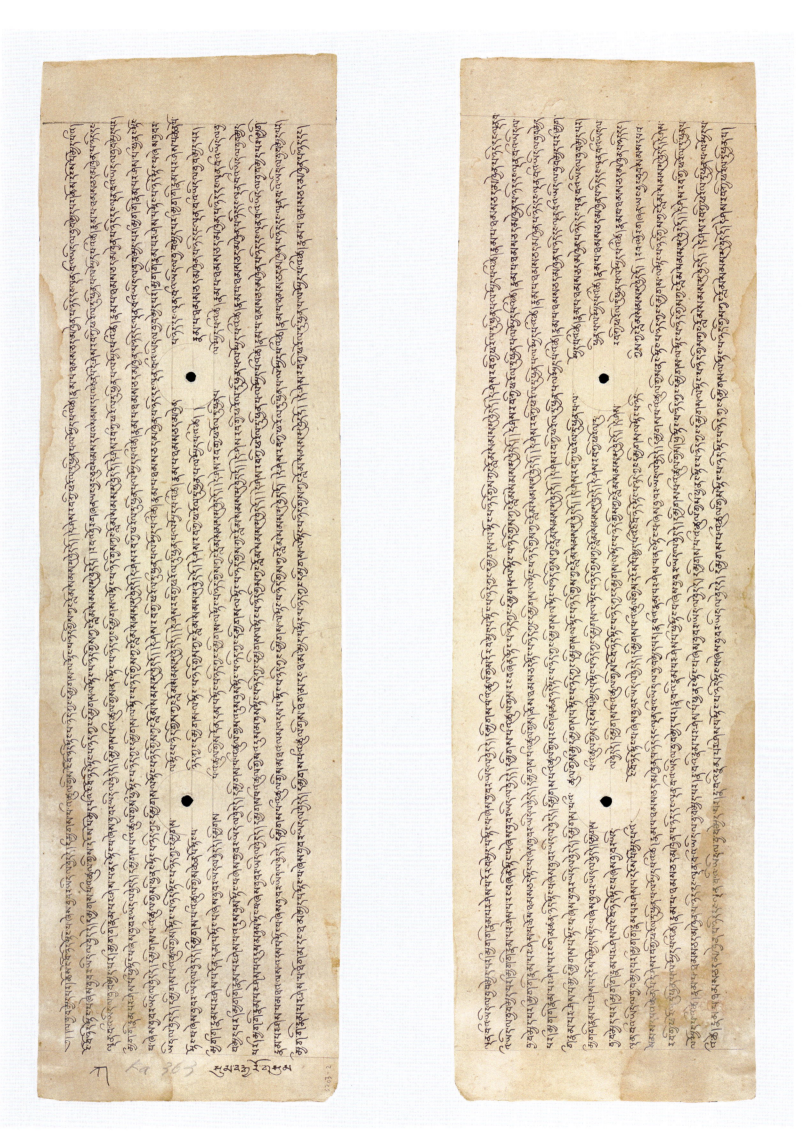

敦博 Db.t.1216 (R-V)　ཤེས་རབ་ཀྱི་ཕ་རོལ་ཏུ་ཕྱིན་པ་སྟོང་ཕྲག་བརྒྱ་པ་དུམ་བུ་དང་པོ་བམ་པོ་བཞི་བཅུ་བརྒྱད་དང་
བཞི་བཅུ་དགུ་འོ།།
十萬頌般若波羅蜜多經第一卷第四十八、四十九品　　(3—2)

239

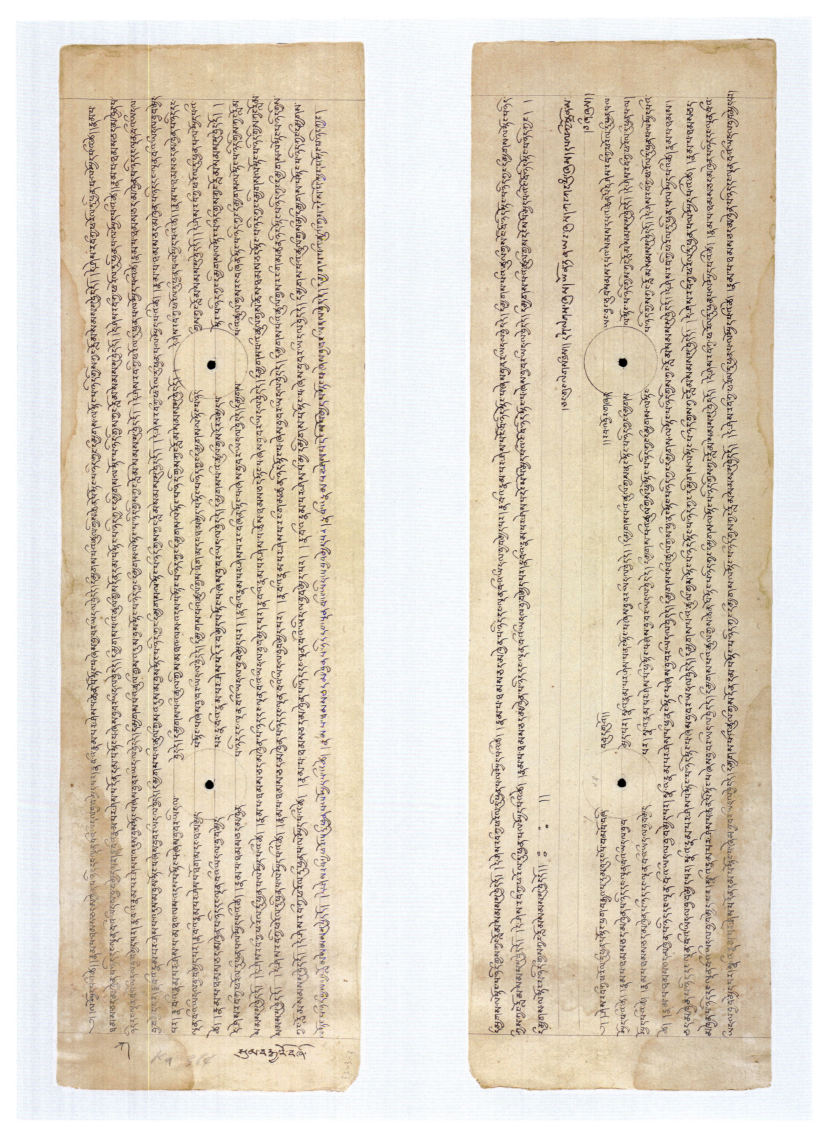

敦博 Db.t.1216 (R-V)

ཤེས་རབ་ཀྱི་ཕ་རོལ་དུ་ཕྱིན་པ་སྟོང་ཕྲག་བརྒྱ་པ་དུམ་བུ་དང་པོ་བམ་པོ་བཞི་བཅུ་བརྒྱད་དང་
བཞི་བཅུ་དགུའོ།།

十萬頌般若波羅蜜多經第一卷第四十八、四十九品　　(3—3)

敦博 Db.t.1217 (R-V)　　ཤེས་རབ་ཀྱི་ཕ་རོལ་དུ་ཕྱིན་པ་སྟོང་ཕྲག་བརྒྱའི་པ་དུམ་བུ་དང་པོ་བམ་ལྔ་བཅུ་དགུའོ།།

十萬頌般若波羅蜜多經第一卷第五十九品　　（4—1）

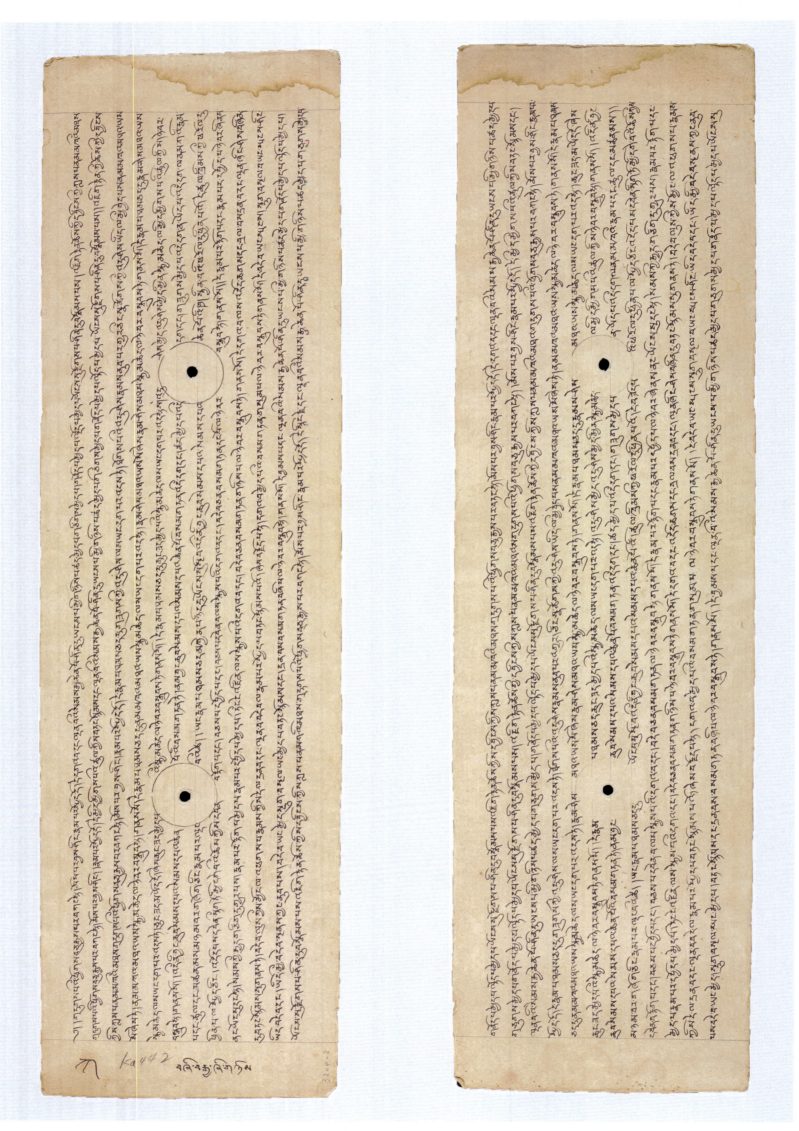

敦博 Db.t.1217 (R-V)　ཤེས་རབ་ཀྱི་ཕ་རོལ་ཏུ་ཕྱིན་པ་སྟོང་ཕྲག་བརྒྱ་པ་དུམ་བུ་དང་པོ་བམ་ལྔ་བཅུ་དགུའོ།།

敦博 Db.t.1217 (R-V)　　ཤེས་རབ་ཀྱི་ཕ་རོལ་ཏུ་ཕྱིན་པ་སྟོང་ཕྲག་བརྒྱ་པ་དུམ་བུ་དང་པོ་བམ་ལྔ་བཅུ་དགུ་འོ།།
十萬頌般若波羅蜜多經第一卷第五十九品　　(4—3)

敦博 Db.t.1217 (R-V)　ཤེས་རབ་ཀྱི་ཕ་རོལ་དུ་ཕྱིན་པ་སྟོང་ཕྲག་བརྒྱ་པ་དུམ་བུ་དང་པོ་བམ་ལྔ་བཅུ་དགུ་འོ།།

十萬頌般若波羅蜜多經第一卷第五十九品　　(4—4)

敦博 Db.t.1218 (R-V)

ཤེས་རབ་ཀྱི་ཕ་རོལ་དུ་ཕྱིན་པ་སྟོང་ཕྲག་བརྒྱའ་པ་དུམ་བུ་དང་པོ་བམ་པོ་ལྔ་བཅུ་དགུ་དང་དྲུག་ཅུ་འོ།།

十萬頌般若波羅蜜多經第一卷第五十九、六十品　　(13—1)

245

敦博 Db.t.1218 (R-V)　　　ཤེས་རབ་ཀྱི་ཕ་རོལ་ཏུ་ཕྱིན་པ་སྟོང་ཕྲག་བརྒྱའ་པ་དུམ་བུ་དང་པོ་བམ་པོ་ལྔ་བཅུ་དགུ་དང་དྲུག་ཅུ་འོ།།

十萬頌般若波羅蜜多經第一卷第五十九、六十品　　　(13—2)

ཤེས་རབ་ཀྱི་ཕ་རོལ་ཏུ་ཕྱིན་པ་སྟོང་ཕྲག་བརྒྱ་པ་དུམ་བུ་དང་པོ་བམ་པོ་ལྔ་བཅུ་དགུ་དང་དྲུག་ཅུ་འོ།།

十萬頌般若波羅蜜多經第一卷第五十九、六十品　　(13—3)

ཤེས་རབ་ཀྱི་ཕ་རོལ་དུ་ཕྱིན་པ་སྟོང་ཕྲག་བརྒྱད་པ་དུམ་བུ་དང་པོ་བམ་པོ་ལྔ་བཅུ་དགུ་དང་དྲུག་ཅུ་འོ།།

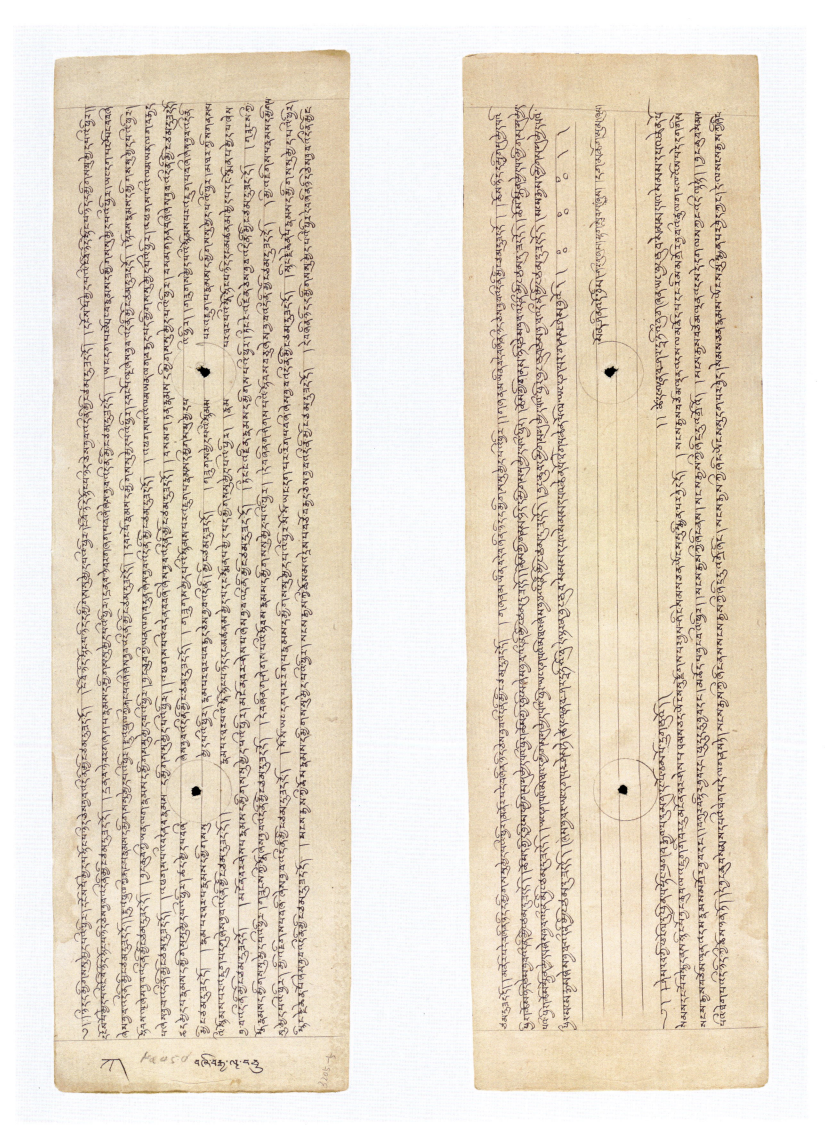

敦博 Db.t.1218 (R-V)　　ཤེས་རབ་ཀྱི་ཕ་རོལ་ཏུ་ཕྱིན་པ་སྟོང་ཕྲག་བརྒྱའ་པ་དུམ་བུ་དང་པོ་བམ་པོ་ལྔ་བཅུ་དགུ་དང་དྲུག་ཅུ་འོ།།

十萬頌般若波羅蜜多經第一卷第五十九、六十品　　　(13—5)

敦博 Db.t.1218 (R-V)

ཤེས་རབ་ཀྱི་ཕ་རོལ་དུ་ཕྱིན་པ་སྟོང་ཕྲག་བརྒྱ་པ་དུམ་བུ་དང་པོ་བམ་པོ་ལྔ་བཅུ་དགུ་དང་དྲུག་
ཅུ་འོ།།

十萬頌般若波羅蜜多經第一卷第五十九、六十品　　(13—6)

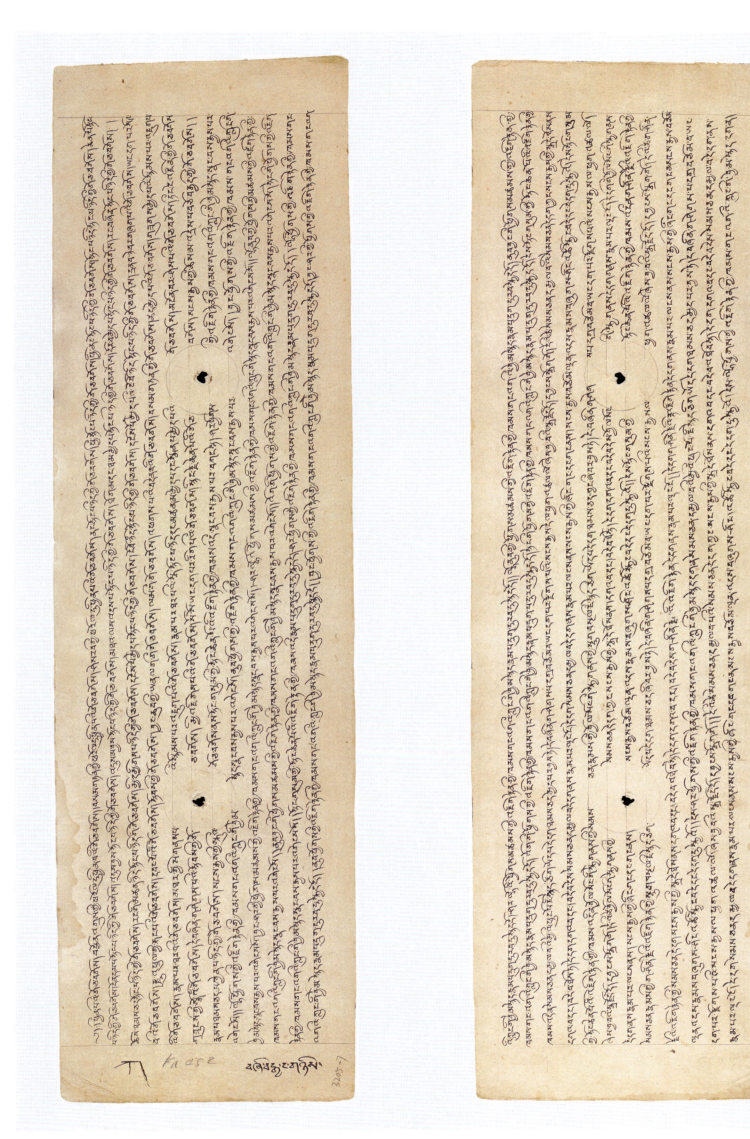

敦博 Db.t.1218 (R-V)

ཤེས་རབ་ཀྱི་ཕ་རོལ་ཏུ་ཕྱིན་པ་སྟོང་ཕྲག་བརྒྱ་པ་དུམ་བུ་དང་པོ་བམ་པོ་ལྔ་བཅུ་དགུ་དང་དྲུག་ཅུ་འོ།།

十萬頌般若波羅蜜多經第一卷第五十九、六十品　　(13—7)

敦博 Db.t.1218 (R-V) ཤེས་རབ་ཀྱི་ཕ་རོལ་དུ་ཕྱིན་པ་སྟོང་ཕྲག་བརྒྱ་པ་དུམ་བུ་དང་པོ་བམ་པོ་ལྔ་བཅུ་དགུ་དང་དྲུག་
ཅུ་པའོ།།

十萬頌般若波羅蜜多經第一卷第五十九、六十品　　(13—8)

敦博 Db.t.1218 (R-V)　　ཤེས་རབ་ཀྱི་ཕ་རོལ་ཏུ་ཕྱིན་པ་སྟོང་ཕྲག་བརྒྱའ་པ་དུམ་བུ་དང་པོ་བམ་པོ་ལྔ་བཅུ་དགུ་དང་དྲུག་ཅུ་འོ།།

十萬頌般若波羅蜜多經第一卷第五十九、六十品　　(13—9)

敦博 Db.t.1218 (R-V) ཤེས་རབ་ཀྱི་ཕ་རོལ་དུ་ཕྱིན་པ་སྟོང་ཕྲག་བརྒྱ་པ་དུམ་བུ་དང་པོ་བམ་པོ་ལྔ་བཅུ་དགུ་དང་དྲུག

ཅུ་འོ༎

十萬頌般若波羅蜜多經第一卷第五十九、六十品　　(13—10)

敦博 Db.t.1218 (R-V)　ཤེས་རབ་ཀྱི་ཕ་རོལ་ཏུ་ཕྱིན་པ་སྟོང་ཕྲག་བརྒྱ་པ་དུམ་བུ་དང་པོ་བམ་པོ་ལྔ་བཅུ་དགུ་དང་དྲུག་
ཅུ་པའོ།།

十萬頌般若波羅蜜多經第一卷第五十九、六十品　　（13—11）

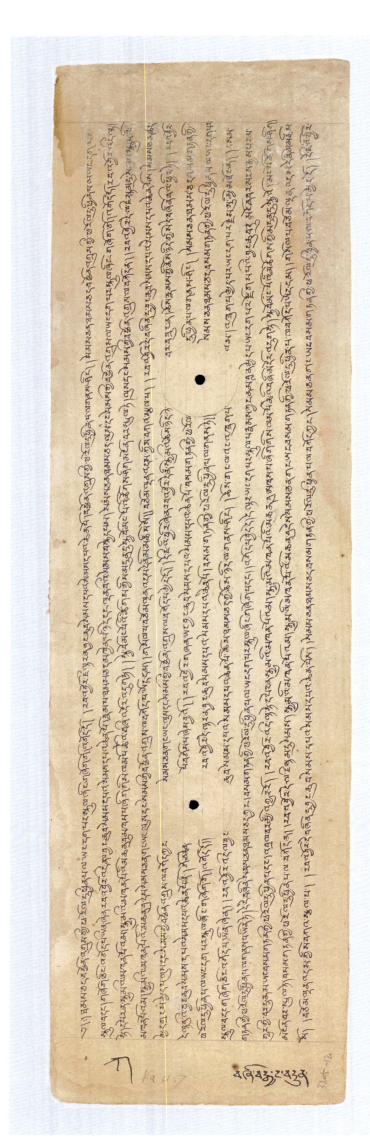
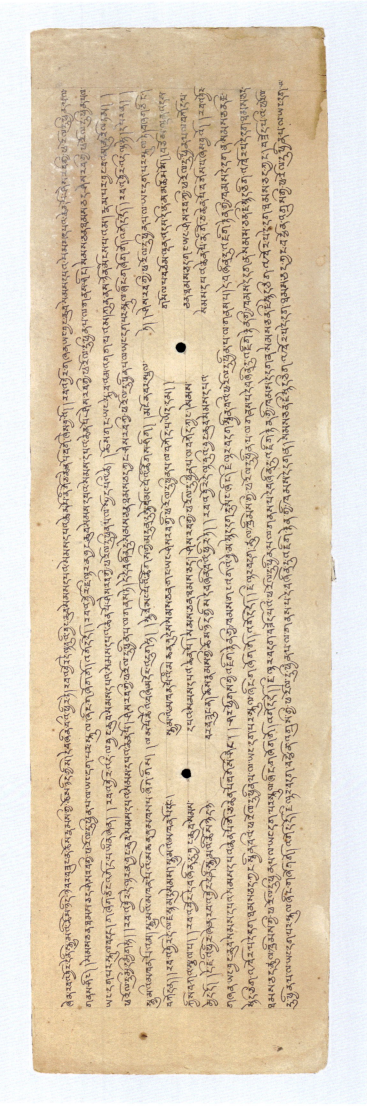

ཤེས་རབ་ཀྱི་ཕ་རོལ་ཏུ་ཕྱིན་པ་སྟོང་ཕྲག་བརྒྱའ་པ་དུམ་བུ་དང་པོ་བམ་པོ་ལྔ་བཅུ་དགུ་དང་དྲུག་ཅུ་འོ།།

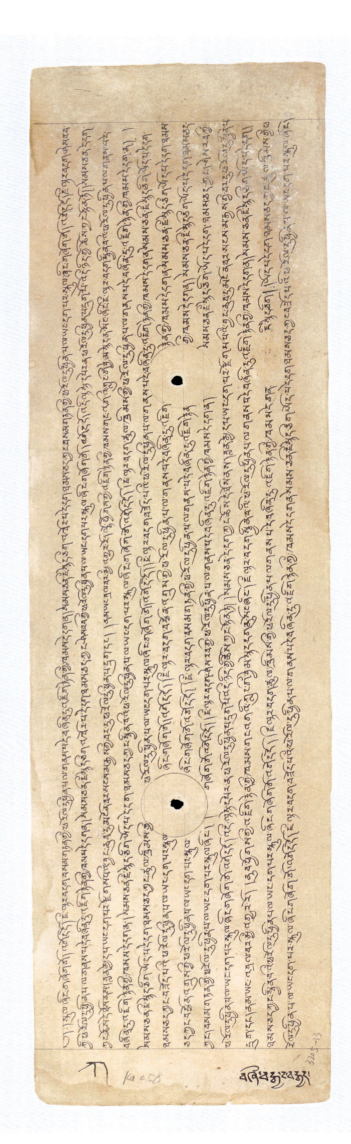
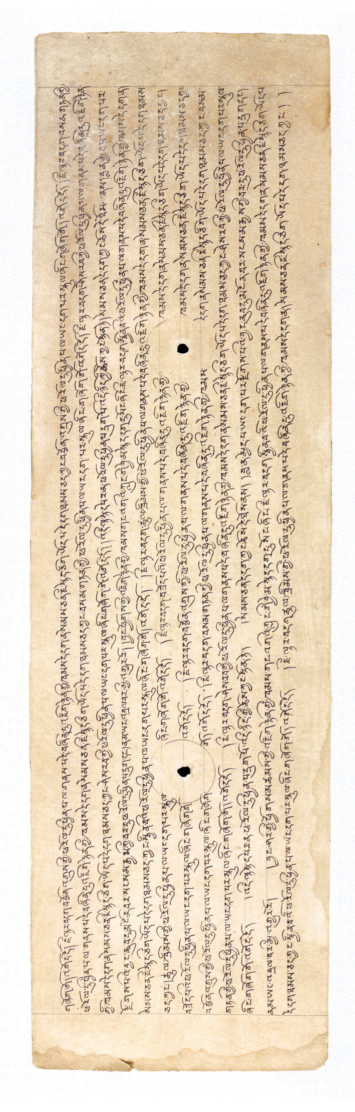

敦博 Db.t.1218 (R-V) ཤེས་རབ་ཀྱི་ཕ་རོལ་ཏུ་ཕྱིན་པ་སྟོང་ཕྲག་བརྒྱ་པ་དུམ་བུ་དང་པོ་བམ་པོ་ལྔ་བཅུ་དགུ་དང་དྲུག་ཅུ་འོ།།

十萬頌般若波羅蜜多經第一卷第五十九、六十品 (13—13)

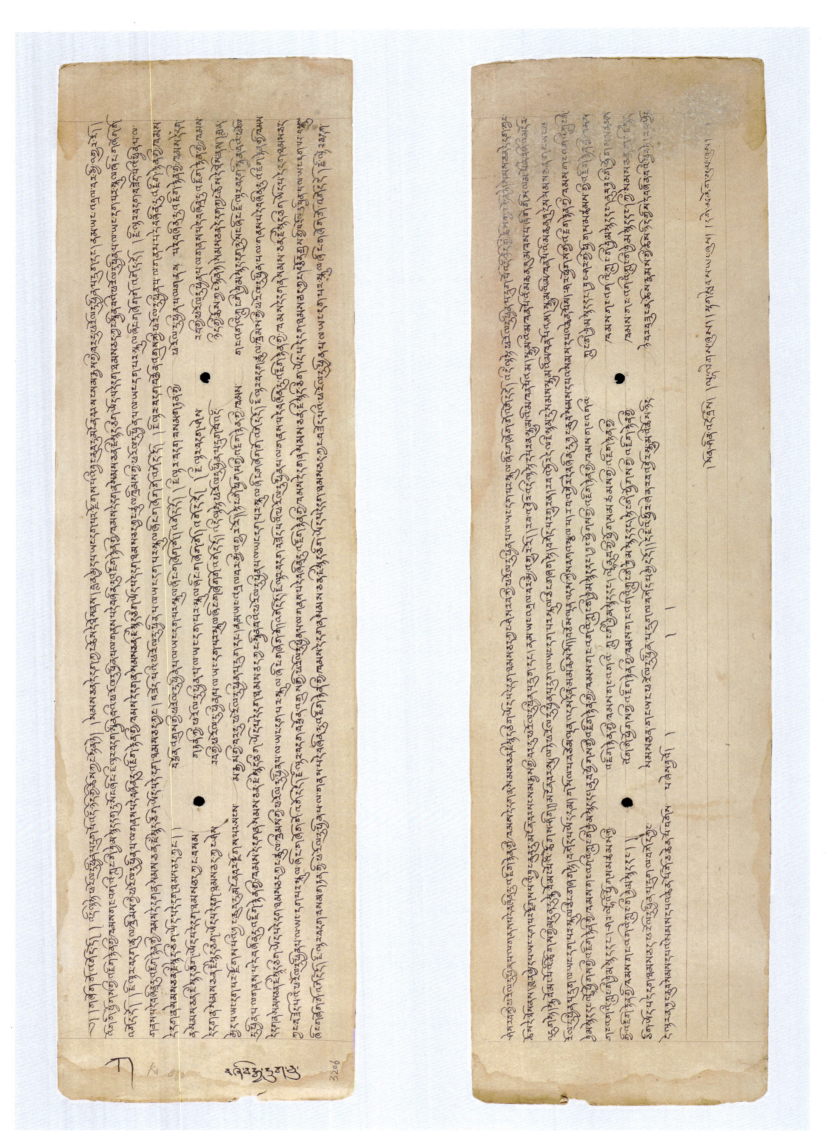

敦博 Db.t.1219 (R-V) ཤེས་རབ་ཀྱི་ཕ་རོལ་དུ་ཕྱིན་པ་སྟོང་ཕྲག་བརྒྱ་པ།
十萬頌般若波羅蜜多經

敦博 Db.t.1220 (R-V)　ཤེས་རབ་ཀྱི་ཕ་རོལ་དུ་ཕྱིན་པ་སྟོང་ཕྲག་བརྒྱ་པ་དུམ་བུ་དང་པོ་བམ་པོ་བདུན་ཅུ་གཅིག་གོ།།།
十萬頌般若波羅蜜多經第一卷第七十一品　　(9—1)

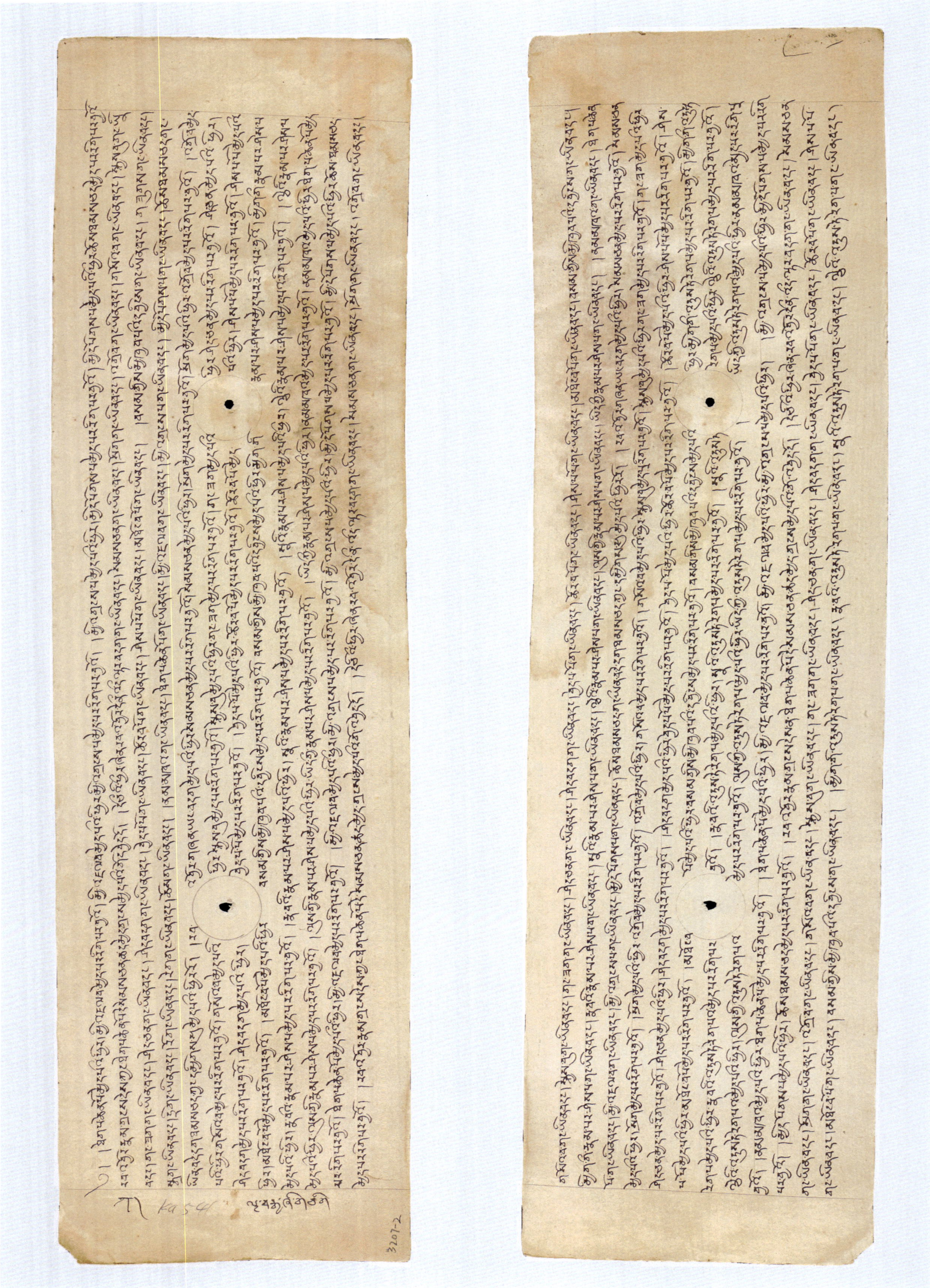

敦博 Db.t.1220 (R-V)　ཤེས་རབ་ཀྱི་ཕ་རོལ་ཏུ་ཕྱིན་པ་སྟོང་ཕྲག་བརྒྱ་པ་དུམ་བུ་དང་པོ་བམ་པོ་བདུན་ཅུ་གཅིག་གོ།།
十萬頌般若波羅蜜多經第一卷第七十一品　(9—2)

敦博 Db.t.1220 (R-V)　　ཤེས་རབ་ཀྱི་ཕ་རོལ་དུ་ཕྱིན་པ་སྟོང་ཕྲག་བརྒྱ་པ་དུམ་བུ་དང་པོ་བམ་པོ་བདུན་ཅུ་གཅིག་གོ།།།

十萬頌般若波羅蜜多經第一卷第七十一品　　（9—3）

敦博 Db.t.1220 (R-V) ཤེས་རབ་ཀྱི་ཕ་རོལ་དུ་ཕྱིན་པ་སྟོང་ཕྲག་བརྒྱ་པ་དུམ་བུ་དང་པོ་བམ་པོ་བདུན་ཅུ་གཅིག་གོ།།
十萬頌般若波羅蜜多經第一卷第七十一品 　　(9—4)

ཤེས་རབ་ཀྱི་ཕ་རོལ་དུ་ཕྱིན་པ་སྟོང་ཕྲག་བརྒྱ་པ་དུམ་བུ་དང་པོ་བམ་པོ་བདུན་ཅུ་གཅིག་གོ།།

十萬頌般若波羅蜜多經第一卷第七十一品　　(9—5)

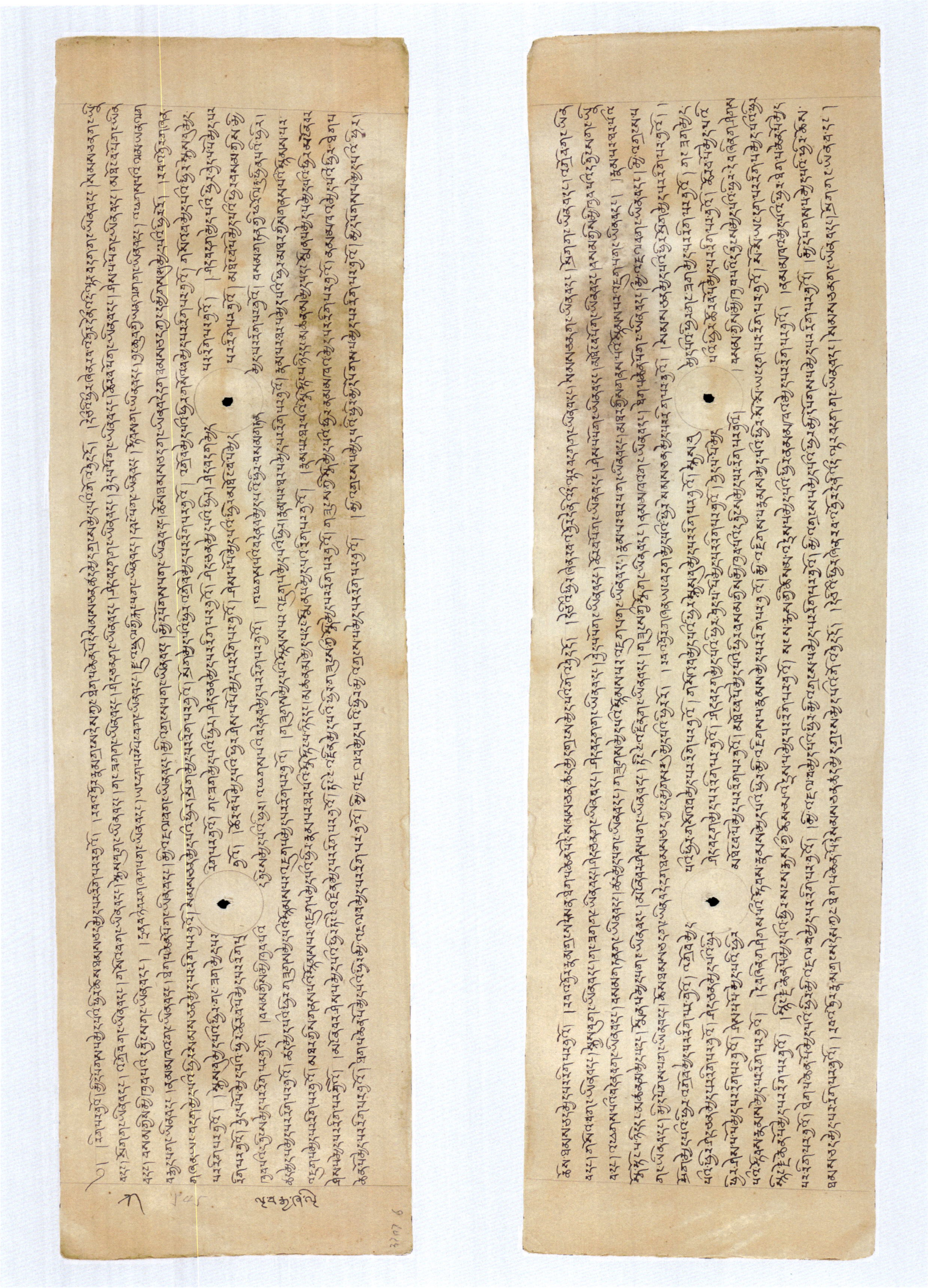

敦博 Db.t.1220 (R-V)　　ཤེས་རབ་ཀྱི་ཕ་རོལ་ཏུ་ཕྱིན་པ་སྟོང་ཕྲག་བརྒྱ་པ་དུམ་བུ་དང་པོ་བམ་པོ་བདུན་ཅུ་གཅིག་གོ།།
十萬頌般若波羅蜜多經第一卷第七十一品　　(9—6)

敦博 Db.t.1220 (R-V)　ཤེས་རབ་ཀྱི་ཕ་རོལ་དུ་ཕྱིན་པ་སྟོང་ཕྲག་བརྒྱ་པ་དུམ་བུ་དང་པོ་བམ་པོ་བདུན་ཅུ་གཅིག་གོ།།
十萬頌般若波羅蜜多經第一卷第七十一品　　(9—7)

敦博 Db.t.1220 (R-V)　　ཤེས་རབ་ཀྱི་པ་རོལ་དུ་ཕྱིན་པ་སྟོང་ཕྲག་བརྒྱ་པ་དུམ་བུ་དང་པོ་བམ་པོ་བདུན་ཅུ་གཅིག་གོ།།

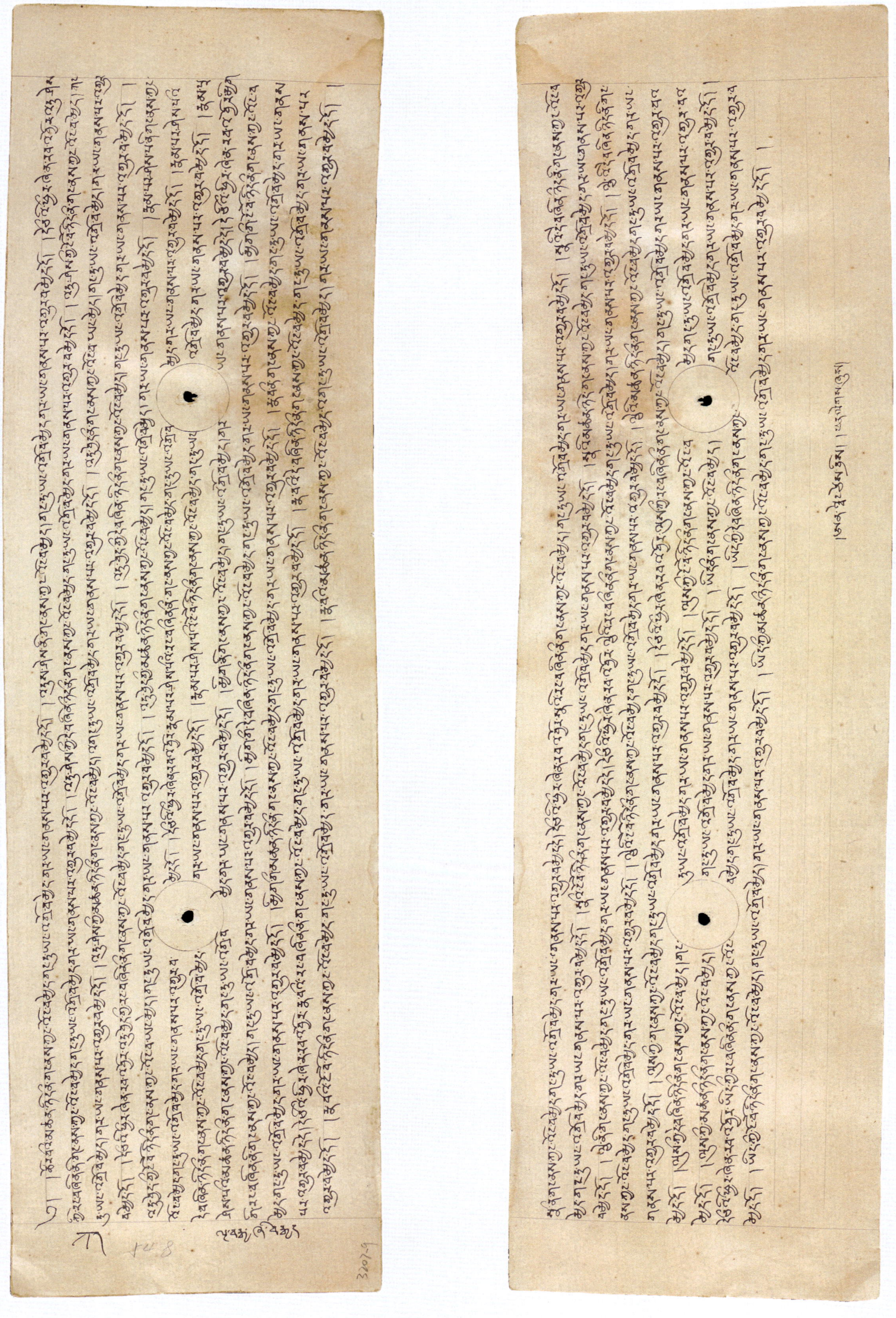

敦博 Db.t.1220 (R-V)　　ཤེས་རབ་ཀྱི་ཕ་རོལ་ཏུ་ཕྱིན་པ་སྟོང་ཕྲག་བརྒྱ་པ་དུམ་བུ་དང་པོ་བམ་པོ་བདུན་ཅུ་གཅིག་གོ།།

十萬頌般若波羅蜜多經第一卷第七十一品　　(9—9)

ཤེས་རབ་ཀྱི་ཕ་རོལ་ཏུ་ཕྱིན་པ་སྟོང་ཕྲག་བརྒྱ་པ་ཉམ་བུ་དང་པོ་བམ་པོ་བདུན་ཅུ་གཉིས་དང་བདུན་

ཅུ་གསུམ་མོ།།

敦博 Db.t.1221 (R-V)　ཤེས་རབ་ཀྱི་ཕ་རོལ་ཏུ་ཕྱིན་པ་སྟོང་ཕྲག་བརྒྱ་པ་དུམ་བུ་དང་པོ་བམ་པོ་བདུན་ཅུ་གཉིས་དང་བདུན་
ཅུ་གསུམ་མོ།།

十萬頌般若波羅蜜多經第一卷第七十二、七十三品　　　（9—2）

敦博 Db.t.1221 (R-V) ཤེས་རབ་ཀྱི་ཕ་རོལ་དུ་ཕྱིན་པ་སྟོང་ཕྲག་བརྒྱ་པ་དུམ་བུ་དང་པོ་བམ་པོ་བདུན་ཅུ་གཉིས་དང་བདུན་
ཅུ་གསུམ་མོ།།

270   十萬頌般若波羅蜜多經第一卷第七十二、七十三品   (9—3)

敦博 Db.t.1221 (R-V)　ཤེས་རབ་ཀྱི་ཕ་རོལ་ཏུ་ཕྱིན་པ་སྟོང་ཕྲག་བརྒྱ་པ་དུམ་བུ་དང་པོ་བམ་པོ་བདུན་ཅུ་གཉིས་དང་བདུན་
ཅུ་གསུམ་མོ།།

十萬頌般若波羅蜜多經第一卷第七十二、七十三品　　(9—4)

271

敦博 Db.t.1221 (R-V) ཤེས་རབ་ཀྱི་ཕ་རོལ་དུ་ཕྱིན་པ་སྟོང་ཕྲག་བརྒྱ་པ་དུམ་བུ་དང་པོ་བམ་པོ་བདུན་ཅུ་གཉིས་དང་བདུན་ཅུ་གསུམ་མོ།།

272 十萬頌般若波羅蜜多經第一卷第七十二、七十三品　　(9—5)

敦博 Db.t.1221 (R-V) ཤེས་རབ་ཀྱི་ཕ་རོལ་དུ་ཕྱིན་པ་སྟོང་ཕྲག་བརྒྱ་པ་དུམ་བུ་དང་པོ་བམ་པོ་བདུན་ཅུ་གཉིས་དང་བདུན་ཅུ་གསུམ་མོ།།

十萬頌般若波羅蜜多經第一卷第七十二、七十三品　　（9—6）

273

敦博 Db.t.1221 (R-V) ཤེས་རབ་ཀྱི་ཕ་རོལ་ཏུ་ཕྱིན་པ་སྟོང་ཕྲག་བརྒྱ་པ་དུམ་བུ་དང་པོ་བམ་པོ་བདུན་ཅུ་གཉིས་དང་བདུན་ཅུ་གསུམ་མོ།།

十萬頌般若波羅蜜多經第一卷第七十二、七十三品　　(9—7)

敦博 Db.t.1221 (R-V)　ཤེས་རབ་ཀྱི་ཕ་རོལ་ཏུ་ཕྱིན་པ་སྟོང་ཕྲག་བརྒྱ་པ་དུམ་བུ་དང་པོ་བམ་པོ་བདུན་ཅུ་གཉིས་དང་བདུན་
ཅུ་གསུམ་མོ།།
十萬頌般若波羅蜜多經第一卷第七十二、七十三品　　(9—8)

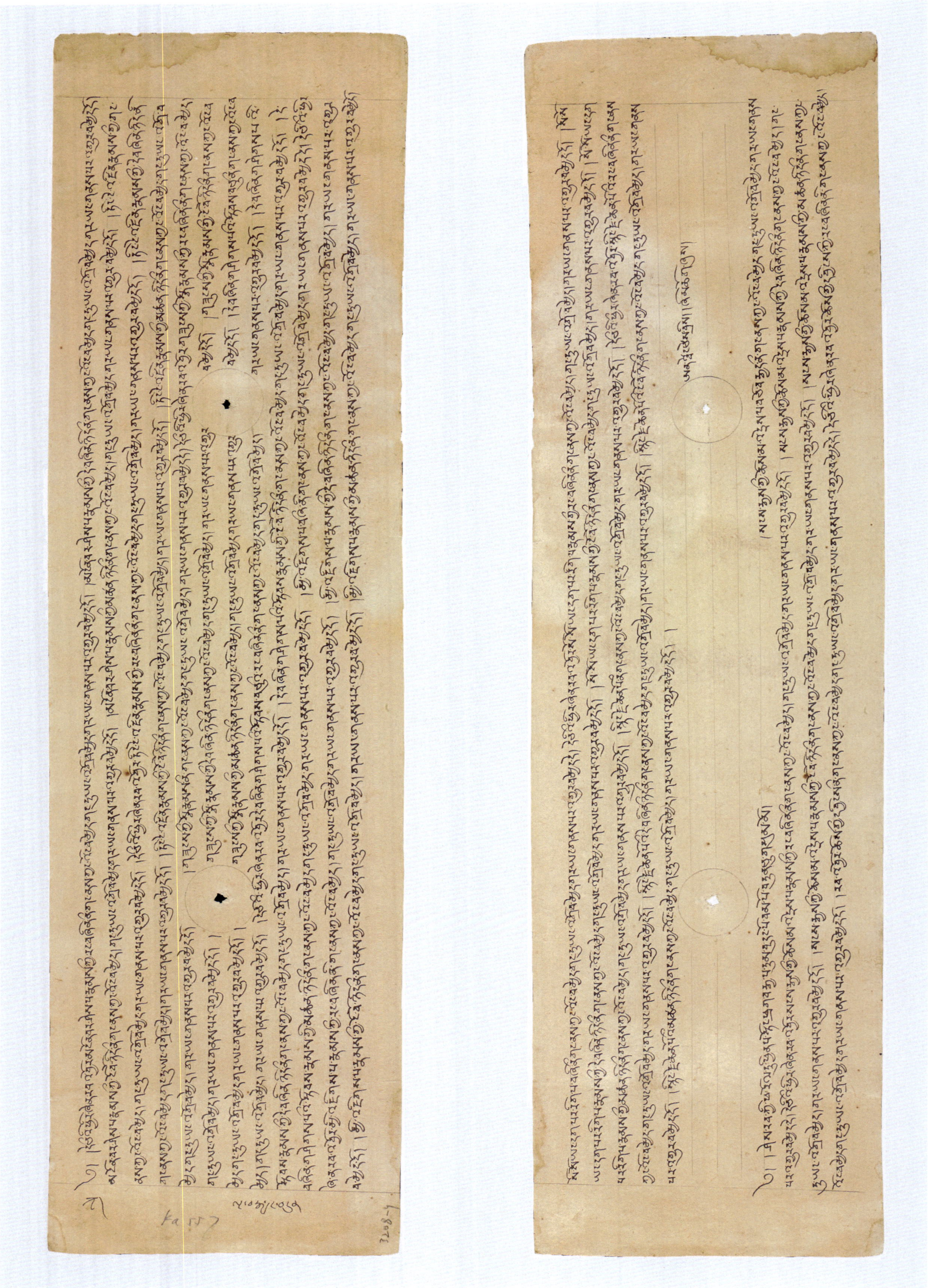

敦博 Db.t.1221 (R-V) ཤེས་རབ་ཀྱི་ཕ་རོལ་དུ་ཕྱིན་པ་སྟོང་ཕྲག་བརྒྱ་པ་དུམ་བུ་དང་པོ་བམ་པོ་བདུན་ཅུ་གཉིས་དང་བདུན་ཅུ་གསུམ་མོ།།

十萬頌般若波羅蜜多經第一卷第七十二、七十三品 (9—9)

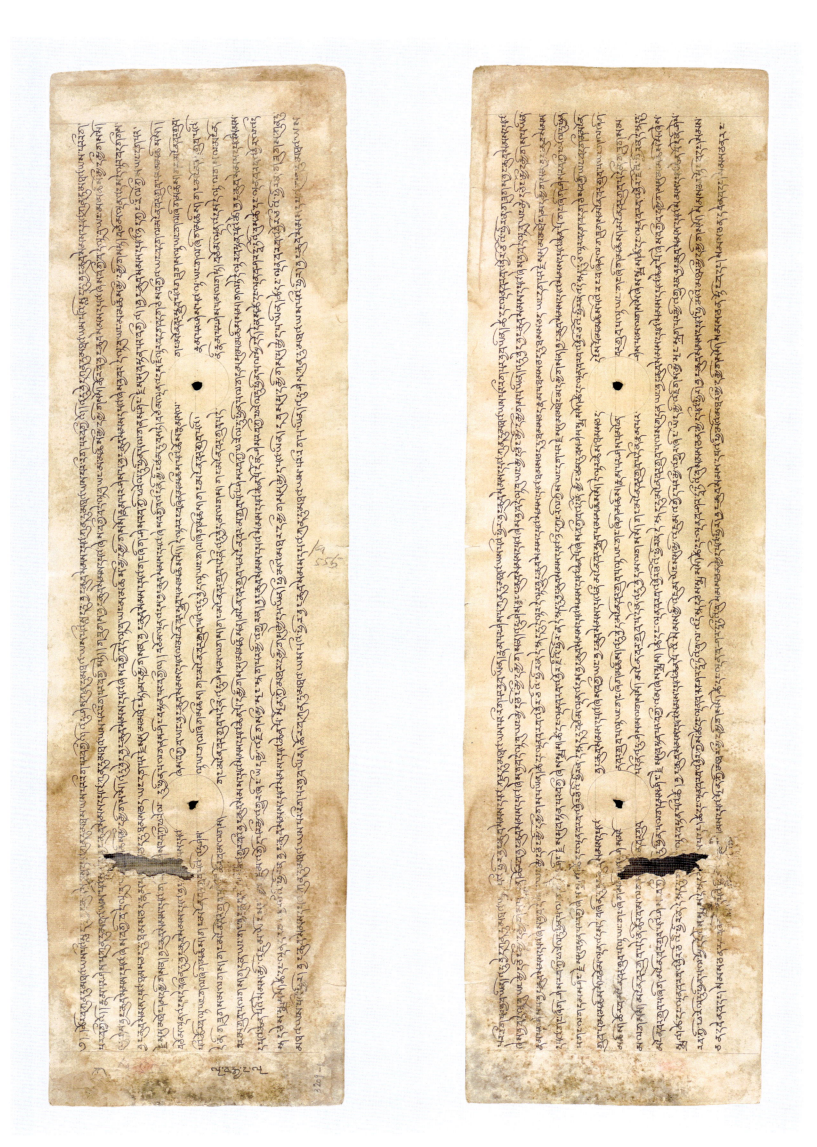

敦博 Db.t.1222 (R-V)　ཤེས་རབ་ཀྱི་ཕ་རོལ་ཏུ་ཕྱིན་པ་སྟོང་ཕྲག་བརྒྱ་པ།
十萬頌般若波羅蜜多經　　(4—1)

敦博 Db.t.1222 (R-V)　ཤེས་རབ་ཀྱི་ཕ་རོལ་དུ་ཕྱིན་པ་སྟོང་ཕྲག་བརྒྱ་པ།

十萬頌般若波羅蜜多經　　(4—2)

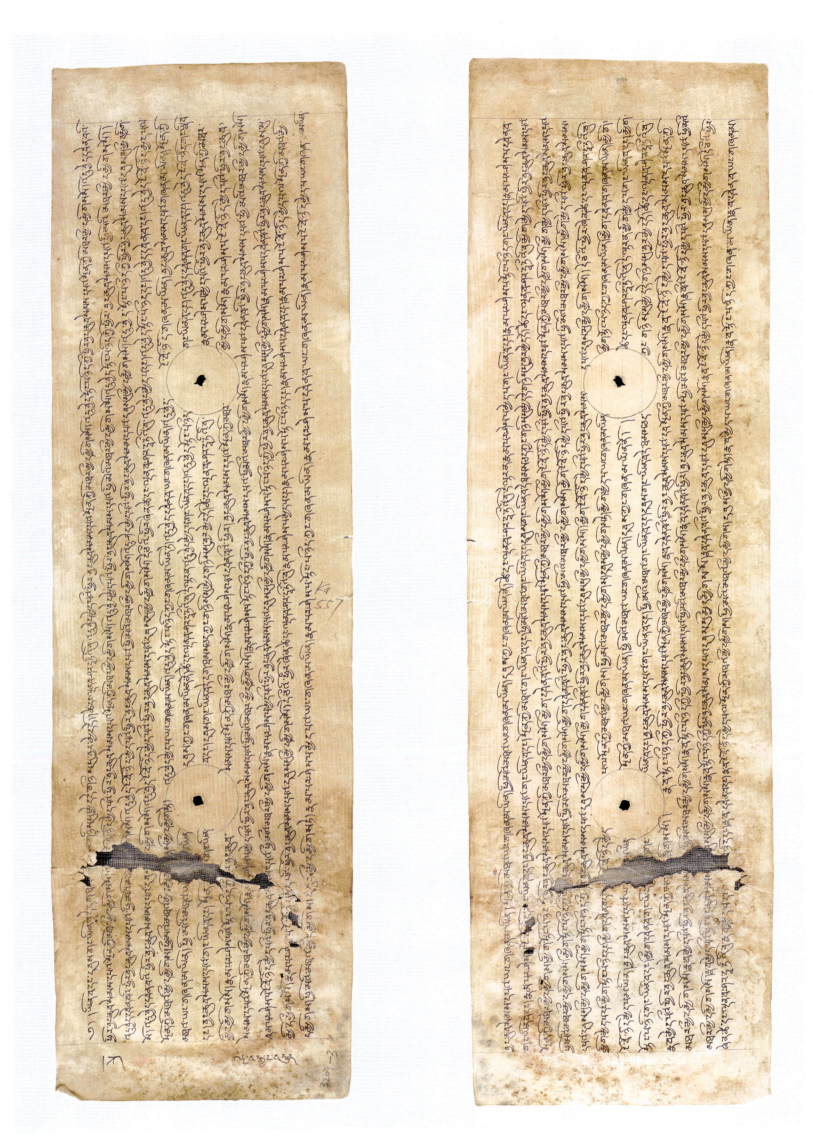

敦博 Db.t.1222 (R-V) ཤེས་རབ་ཀྱི་ཕ་རོལ་དུ་ཕྱིན་པ་སྟོང་ཕྲག་བརྒྱ་པ།

十萬頌般若波羅蜜多經　　(4—3)

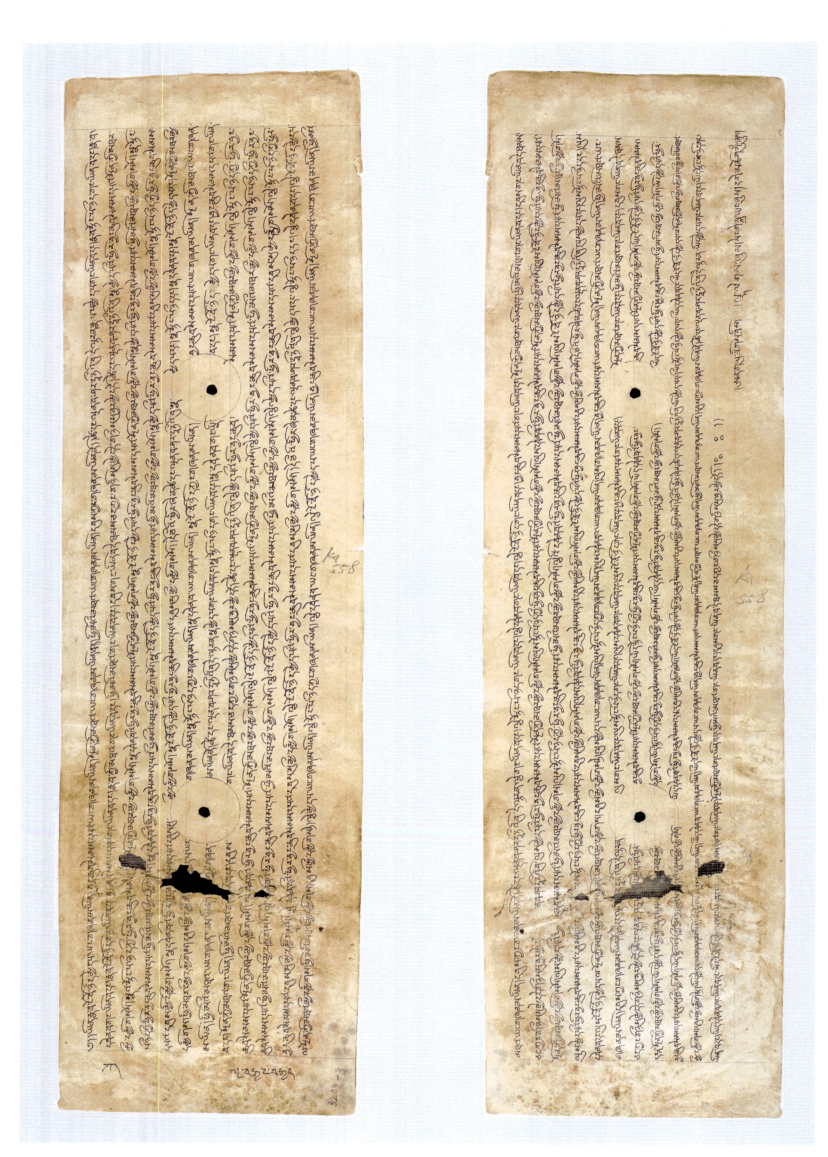

敦博 Db.t.1222 (R-V)　ཤེས་རབ་ཀྱི་ཕ་རོལ་ཏུ་ཕྱིན་པ་སྟོང་ཕྲག་བརྒྱ་པ།
十萬頌般若波羅蜜多經　　(4—4)

敦博 Db.t.1223 (R-V)　ཤེས་རབ་ཀྱི་ཕ་རོལ་ཏུ་ཕྱིན་པ་སྟོང་ཕྲག་བརྒྱ་པ།

十萬頌般若波羅蜜多經　　(2—1)

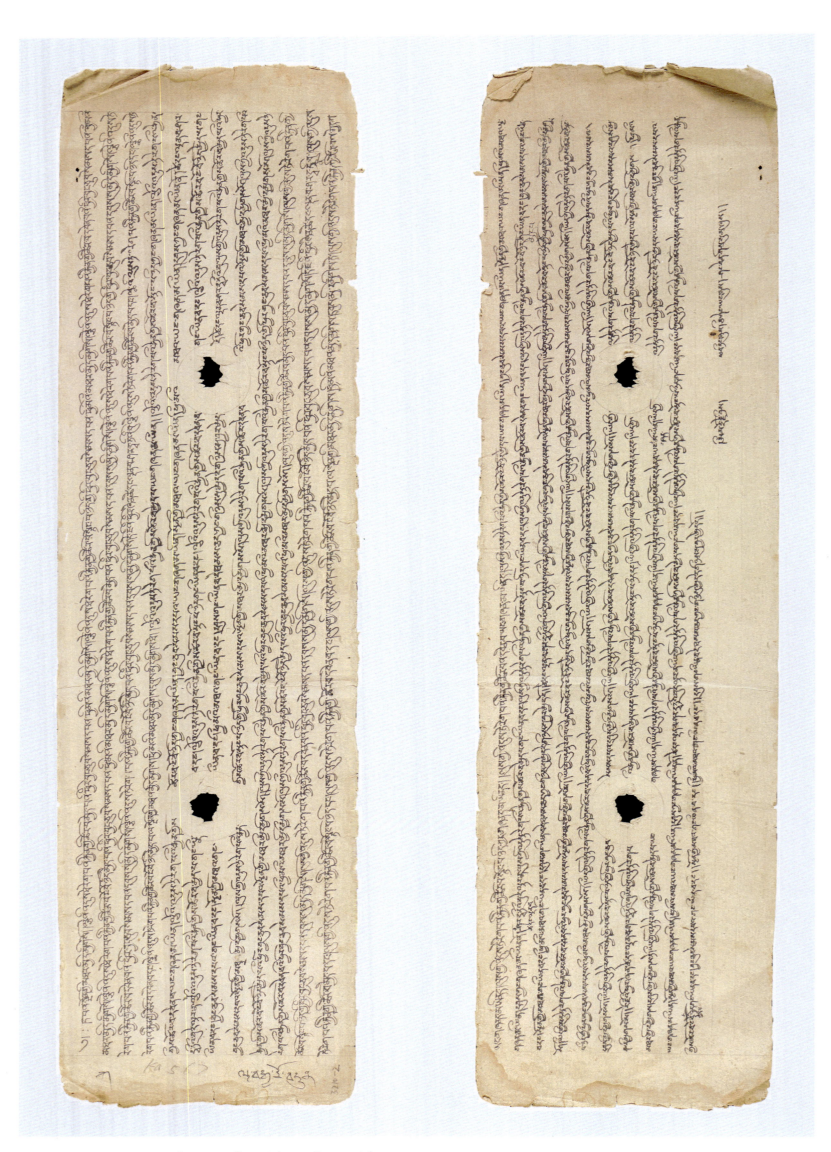

敦博 Db.t.1223 (R-V)　ཤེས་རབ་ཀྱི་ཕ་རོལ་དུ་ཕྱིན་པ་སྟོང་ཕྲག་བརྒྱ་པ།

十萬頌般若波羅蜜多經　　(2—2)

敦博 Db.t.1224 (R-V)　ཤེས་རབ་ཀྱི་ཕ་རོལ་དུ་ཕྱིན་པ་སྟོང་ཕྲག་བརྒྱ་པ།
十萬頌般若波羅蜜多經

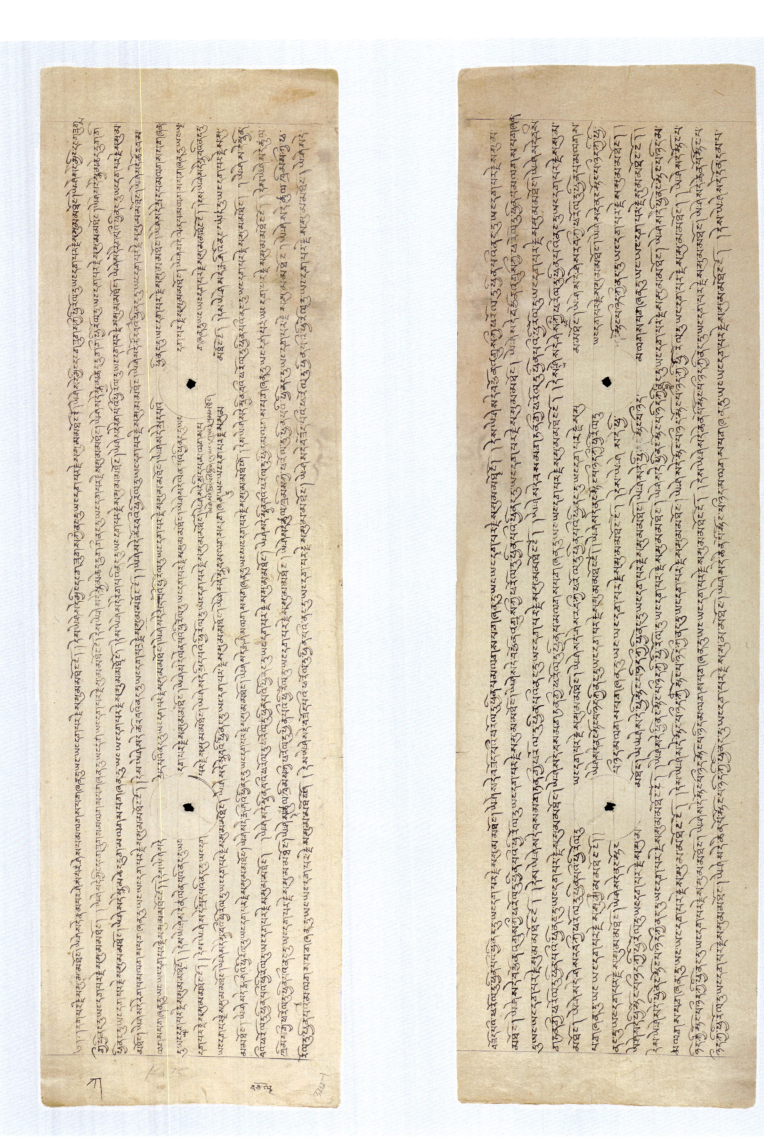

敦博 Db.t.1225 (R-V)　ཤེས་རབ་ཀྱི་ཕ་རོལ་དུ་ཕྱིན་པ་སྟོང་ཕྲག་བརྒྱ་པ།

十萬頌般若波羅蜜多經　　(2—1)

284

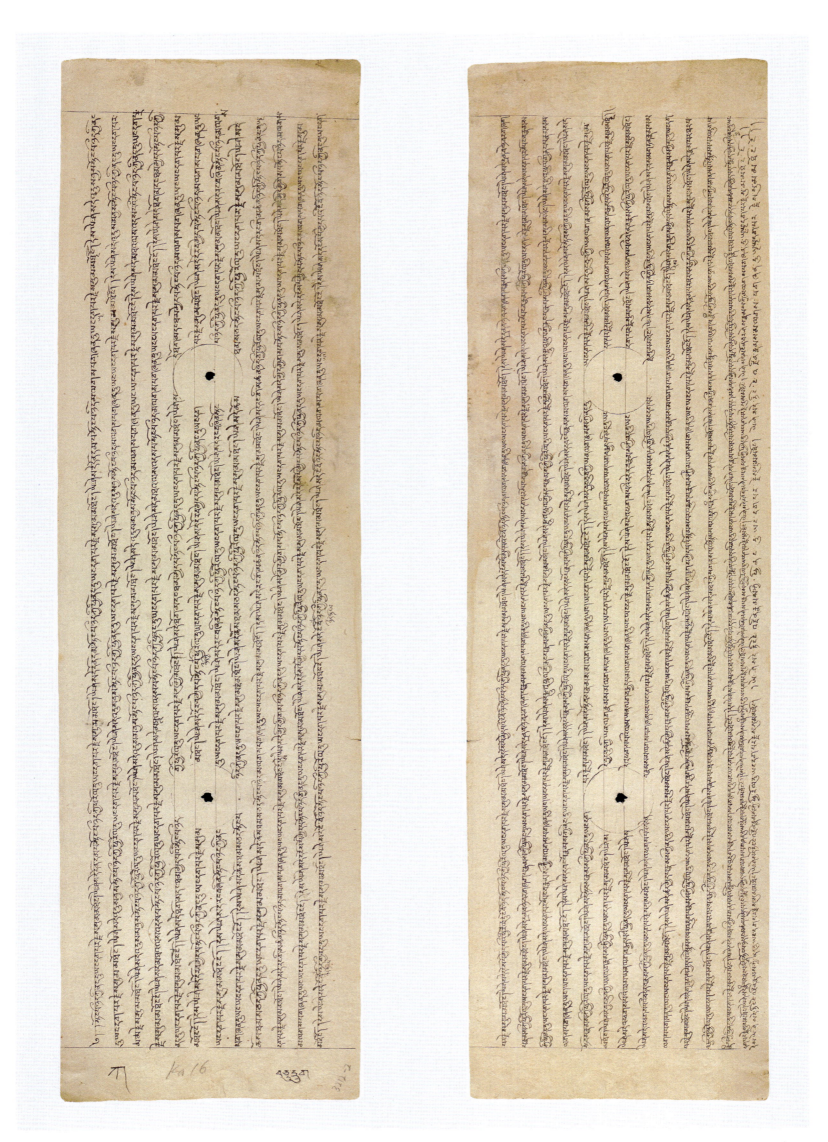

敦博 Db.t.1225 (R-V)　ཤེས་རབ་ཀྱི་ཕ་རོལ་དུ་ཕྱིན་པ་སྟོང་ཕྲག་བརྒྱ་པ།

十萬頌般若波羅蜜多經　　(2—2)

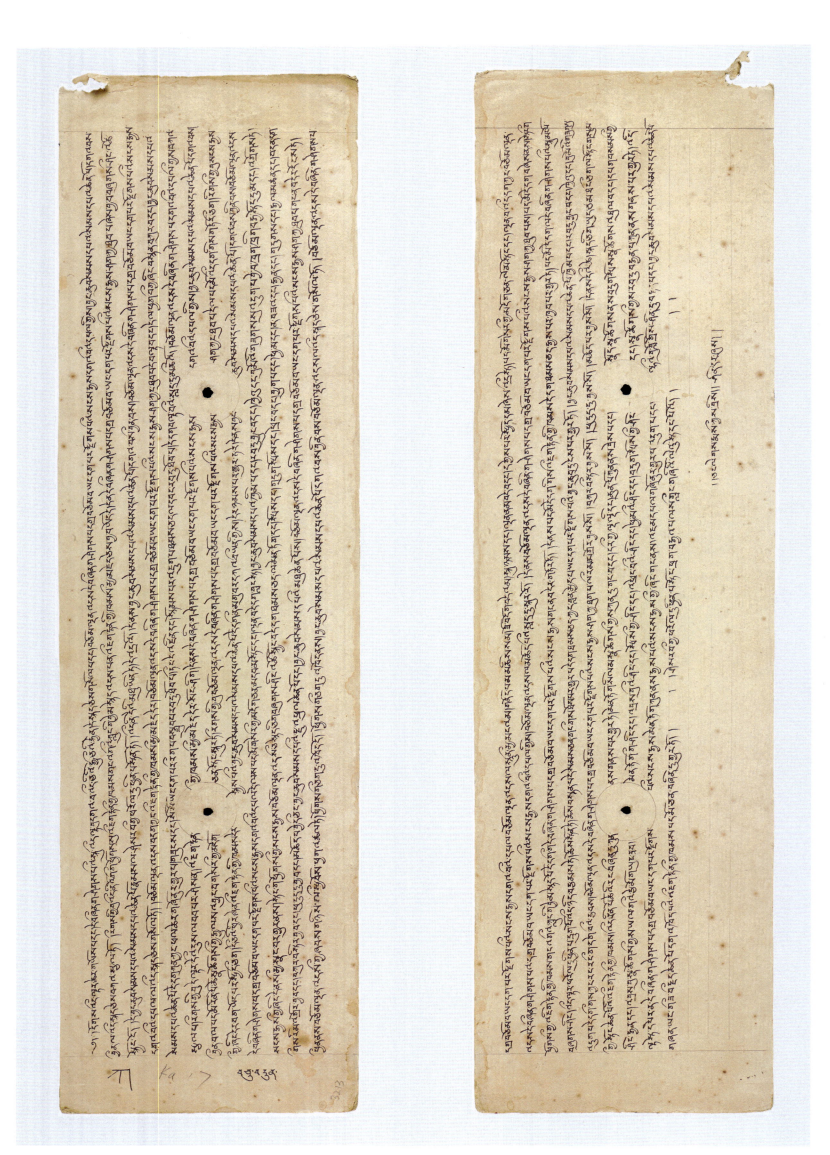

敦博 Db.t.1226 (R-V)　ཤེས་རབ་ཀྱི་ཕ་རོལ་དུ་ཕྱིན་པ་སྟོང་ཕྲག་བརྒྱ་པ།

十萬頌般若波羅蜜多經

286

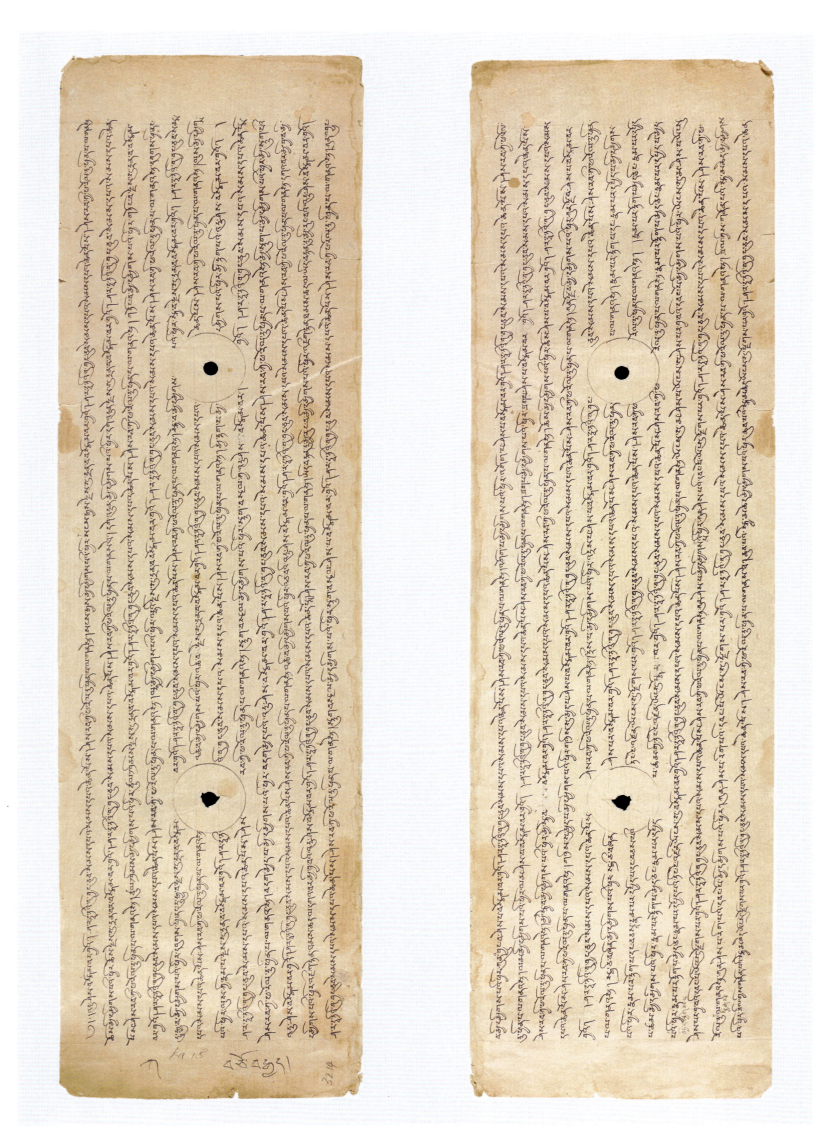

敦博 Db.t.1227 (R-V)　ཤེས་རབ་ཀྱི་ཕ་རོལ་ཏུ་ཕྱིན་པ་སྟོང་ཕྲག་བརྒྱ་པ།

十萬頌般若波羅蜜多經

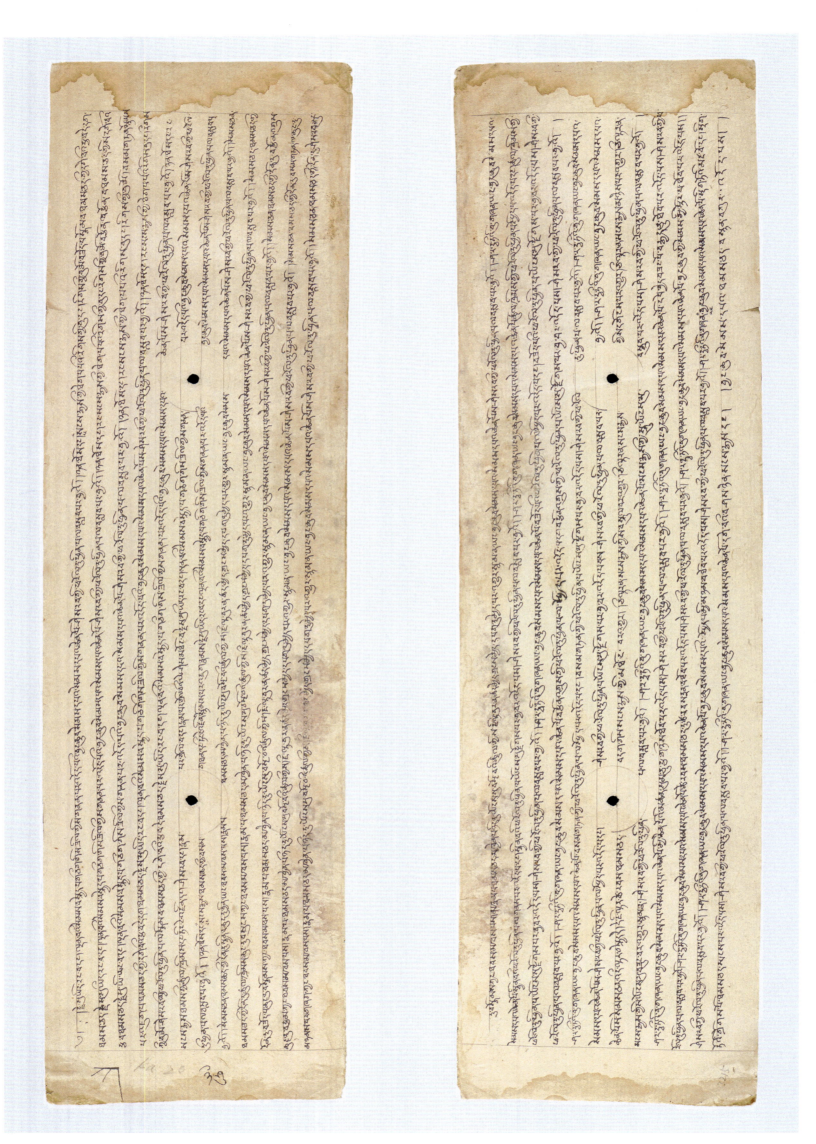

敦博 Db.t.1228 (R-V)　ཤེས་རབ་ཀྱི་ཕ་རོལ་དུ་ཕྱིན་པ་སྟོང་ཕྲག་བརྒྱ་པ།

十萬頌般若波羅蜜多經

288

敦博 Db.t.1229 (R-V)　ཤེས་རབ་ཀྱི་ཕ་རོལ་དུ་ཕྱིན་པ་སྟོང་ཕྲག་བརྒྱ་པ།
十萬頌般若波羅蜜多經

敦博 Db.t.1230 (R-V) ཤེས་རབ་ཀྱི་ཕ་རོལ་ཏུ་ཕྱིན་པ་སྟོང་ཕྲག་བརྒྱ་པ་དུམ་བུ་དང་པོ་བམ་པོ་བཞི་པའོ།།

十萬頌般若波羅蜜多經第一卷第四品　　(3—1)

敦博 Db.t.1230 (R-V)　ཤེས་རབ་ཀྱི་ཕ་རོལ་དུ་ཕྱིན་པ་སྟོང་ཕྲག་བརྒྱ་པ་དུམ་བུ་དང་པོ་བམ་པོ་བཞི་པོ།།
十萬頌般若波羅蜜多經第一卷第四品　　　(3—2)

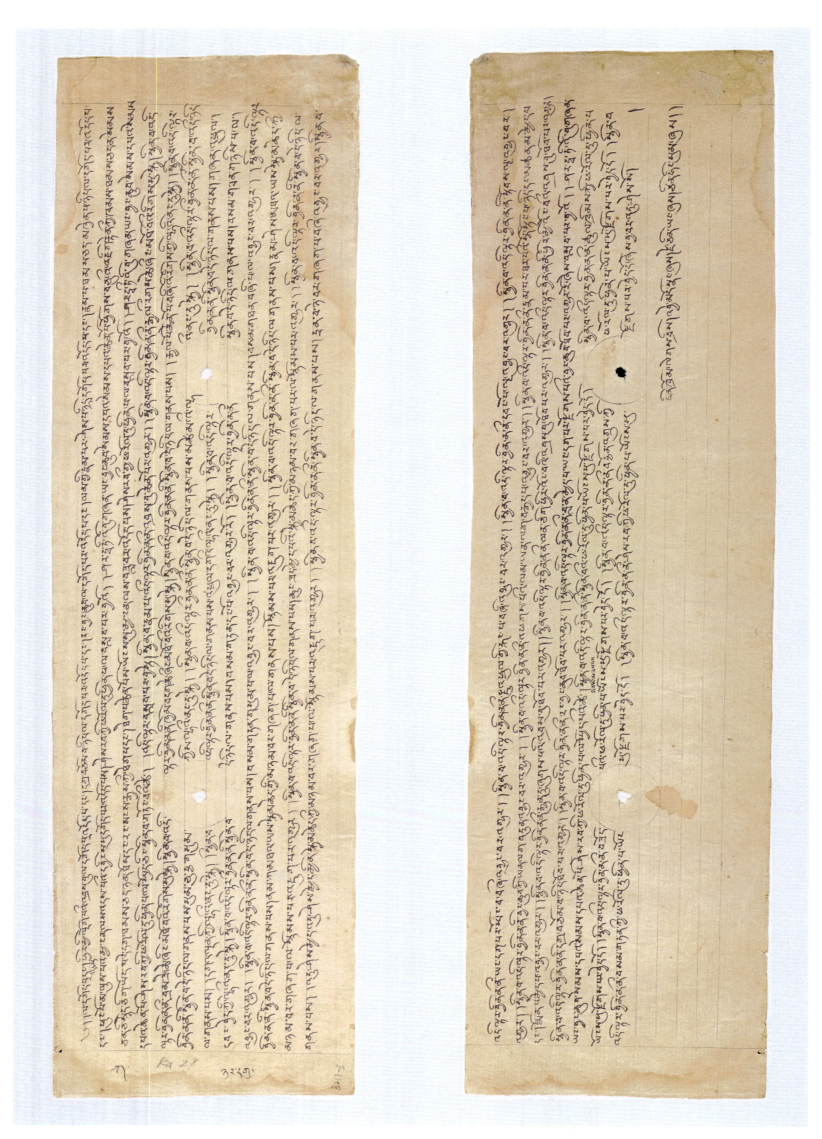

敦博 Db.t.1230 (R-V)　ཤེས་རབ་ཀྱི་ཕ་རོལ་ཏུ་ཕྱིན་པ་སྟོང་ཕྲག་བརྒྱ་པ་དུམ་བུ་དང་པོ་བམ་པོ་བཞི་པོ།།

十萬頌般若波羅蜜多經第一卷第四品　　(3—3)

292

敦博 Db.t.1231 (R-V)　　ཤེས་རབ་ཀྱི་ཕ་རོལ་དུ་ཕྱིན་པ་སྟོང་ཕྲག་བརྒྱ་པ་དུམ་བུ་དང་པོ་བམ་བཞི་པོ།།

十萬頌般若波羅蜜多經第一卷第四品　　(8—1)

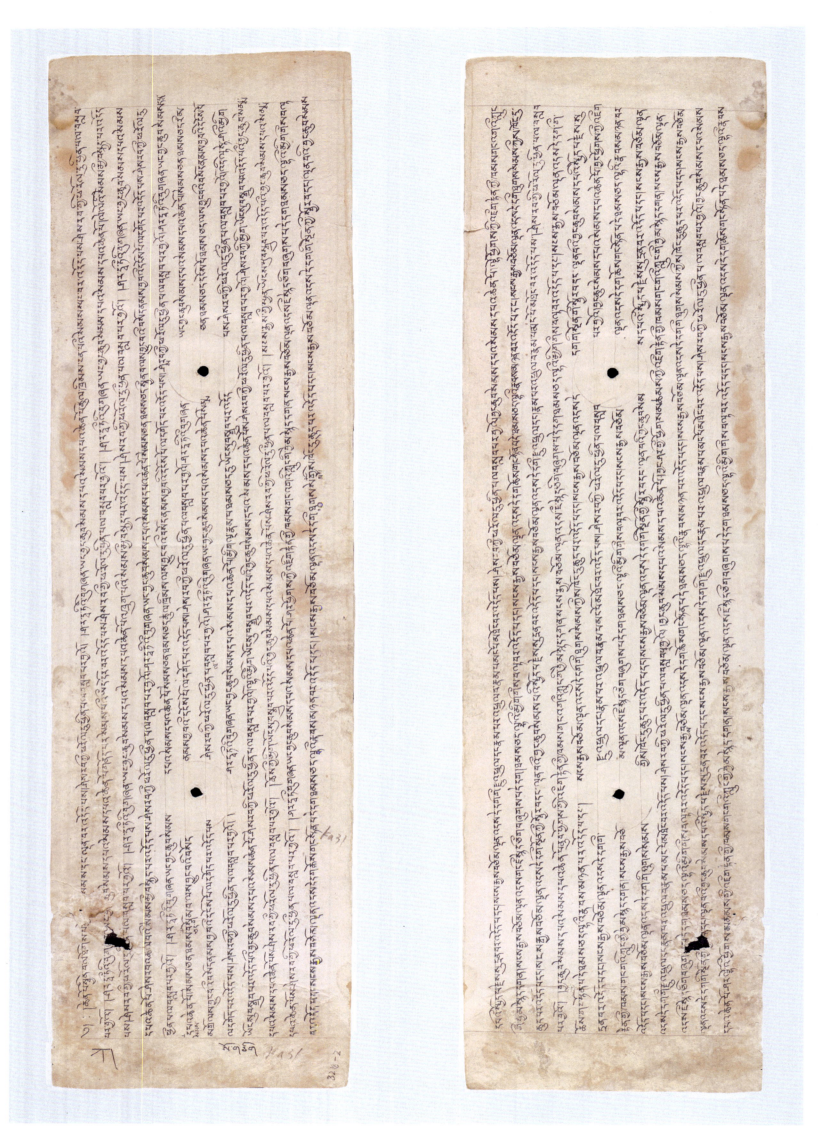

敦博 Db.t.1231 (R-V) ཤེས་རབ་ཀྱི་ཕ་རོལ་དུ་ཕྱིན་པ་སྟོང་ཕྲག་བརྒྱ་པ་དུམ་བུ་དང་པོ་བམ་བཞི་འོ།།

十萬頌般若波羅蜜多經第一卷第四品　　(8—2)

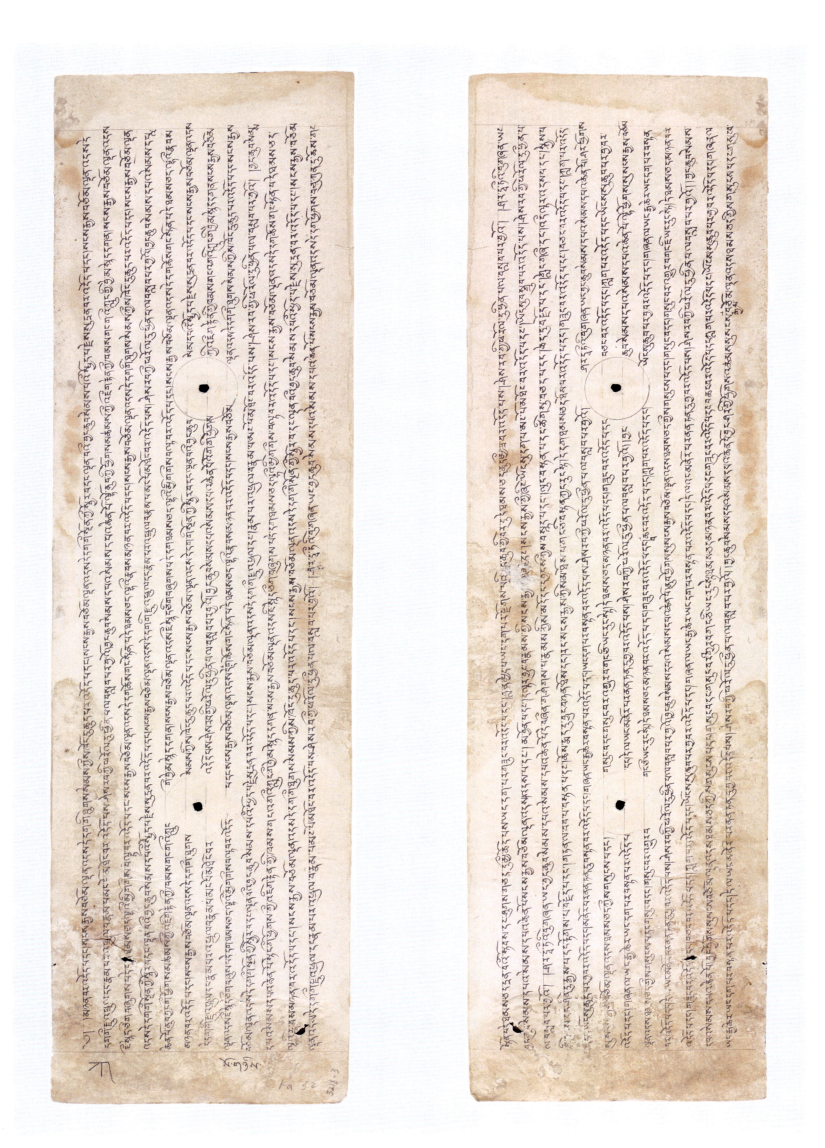

敦博 Db.t.1231 (R-V) ཤེས་རབ་ཀྱི་ཕ་རོལ་དུ་ཕྱིན་པ་སྟོང་ཕྲག་བརྒྱ་པ་དུམ་བུ་དང་པོ་བམ་བཞི་པོ།།

十萬頌般若波羅蜜多經第一卷第四品　　(8—3)

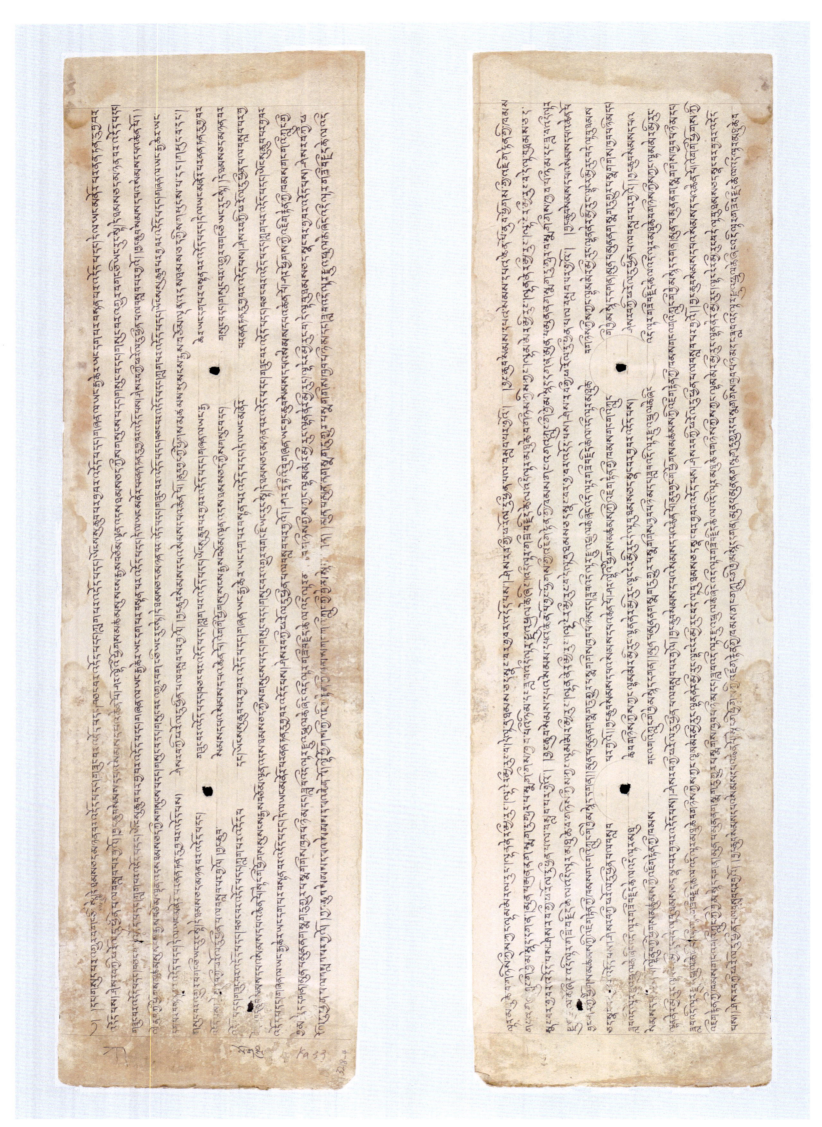

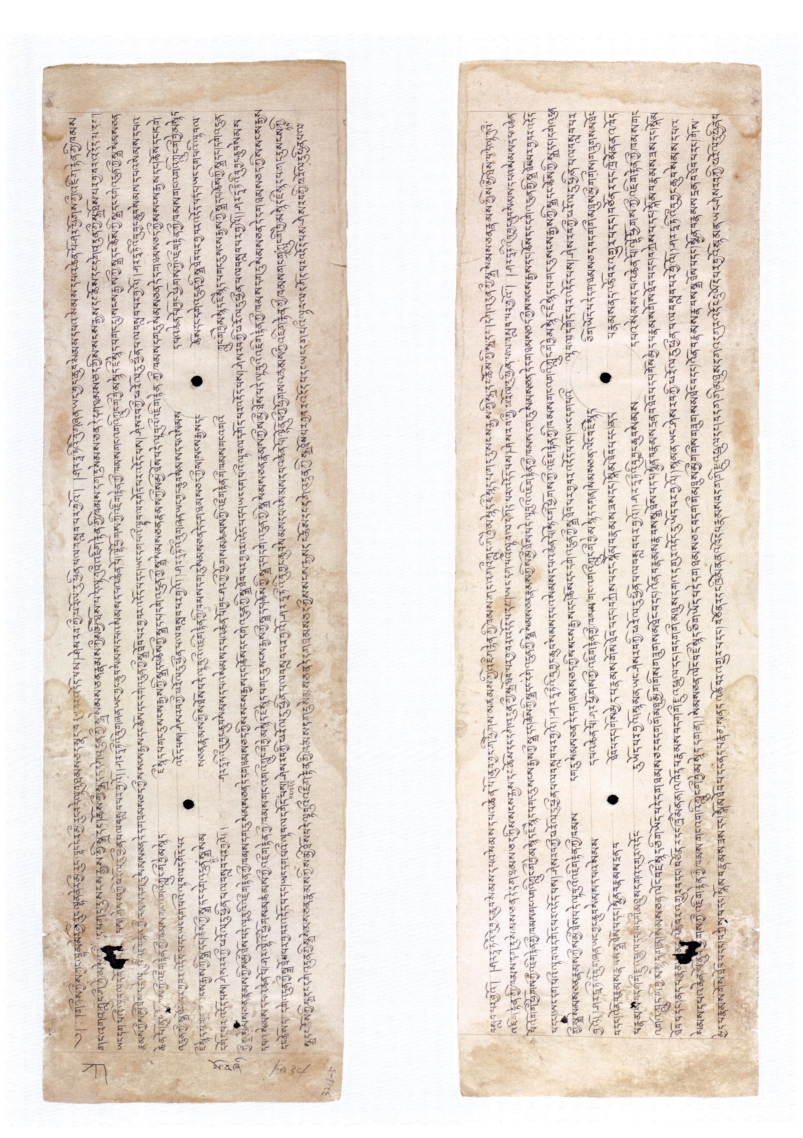

敦博 Db.t.1231 (R-V)　ཤེས་རབ་ཀྱི་ཕ་རོལ་ཏུ་ཕྱིན་པ་སྟོང་ཕྲག་བརྒྱ་པ་དུམ་བུ་དང་པོ་བམ་བཞི་པོ།།

十萬頌般若波羅蜜多經第一卷第四品　　(8—5)

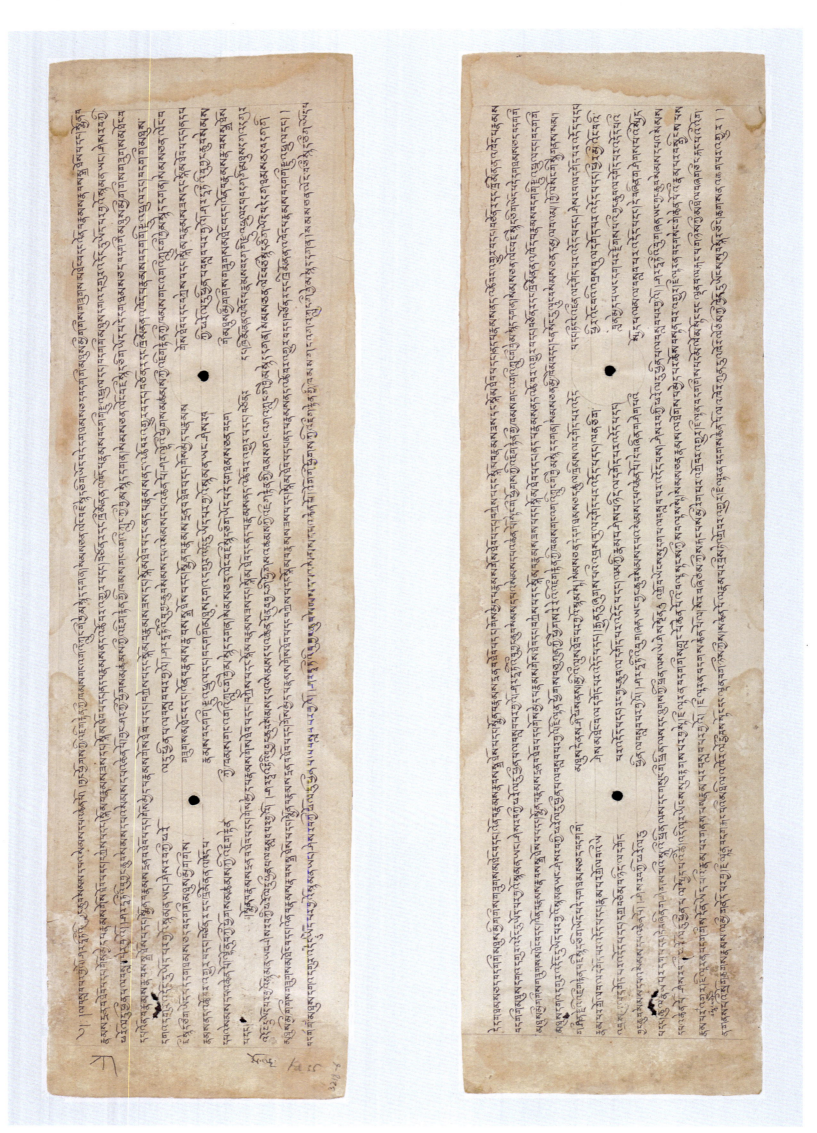

敦博 Db.t.1231 (R-V)　ཤེས་རབ་ཀྱི་ཕ་རོལ་དུ་ཕྱིན་པ་སྟོང་ཕྲག་བརྒྱ་པ་དུམ་བུ་དང་པོ་བམ་བཞི་པོ༎

十萬頌般若波羅蜜多經第一卷第四品　　(8—6)

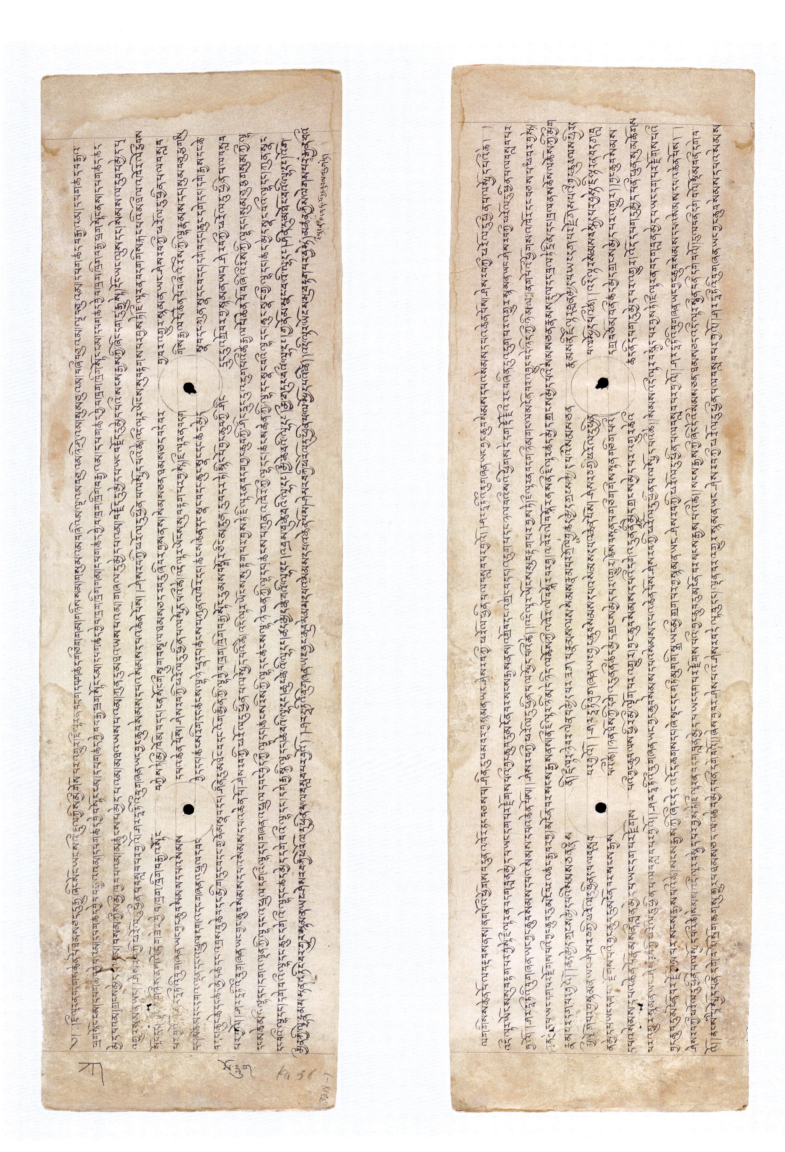

敦博 Db.t.1231 (R-V) ཤེས་རབ་ཀྱི་ཕ་རོལ་དུ་ཕྱིན་པ་སྟོང་ཕྲག་བརྒྱ་པ་དུམ་བུ་དང་པོ་བམ་བཞི་པོ།།

十萬頌般若波羅蜜多經第一卷第四品　　　(8—7)

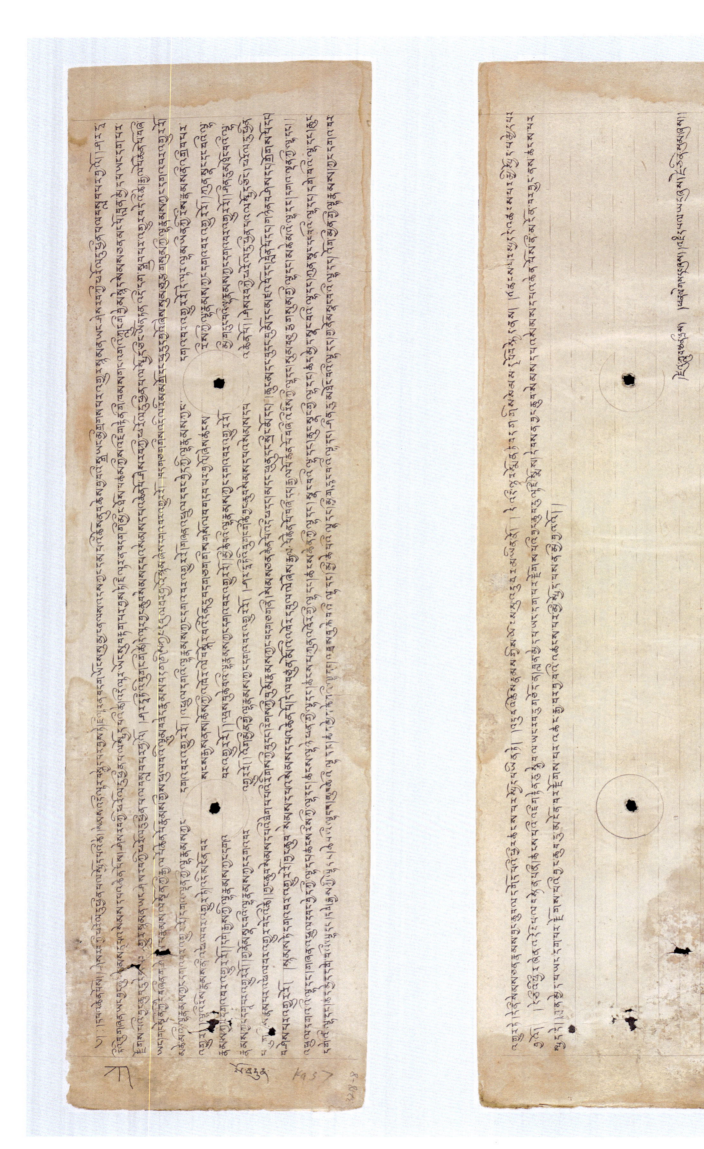

敦博 Db.t.1231 (R-V)　ཤེས་རབ་ཀྱི་ཕ་རོལ་དུ་ཕྱིན་པ་སྟོང་ཕྲག་བརྒྱ་པ་དུམ་བུ་དང་པོ་བམ་བཞི་པོ།།

十萬頌般若波羅蜜多經第一卷第四品　　(8—8)

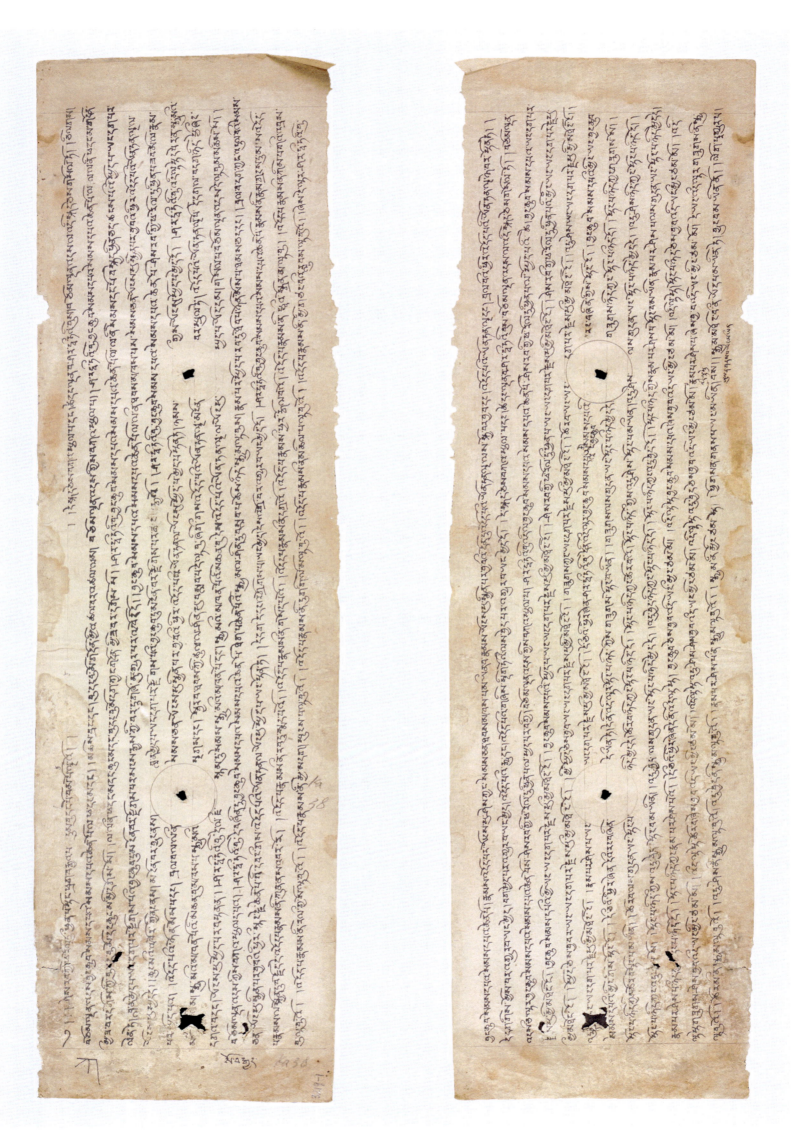

敦博 Db.t.1232 (R-V)　ཤེས་རབ་ཀྱི་ཕ་རོལ་དུ་ཕྱིན་པ་སྟོང་ཕྲག་བརྒྱད་པ་དུམ་བུ་དང་པོ་བམ་པོ་ལྔ་འོ།།

十萬頌般若波羅蜜多經第一卷第五品　　(8—1)

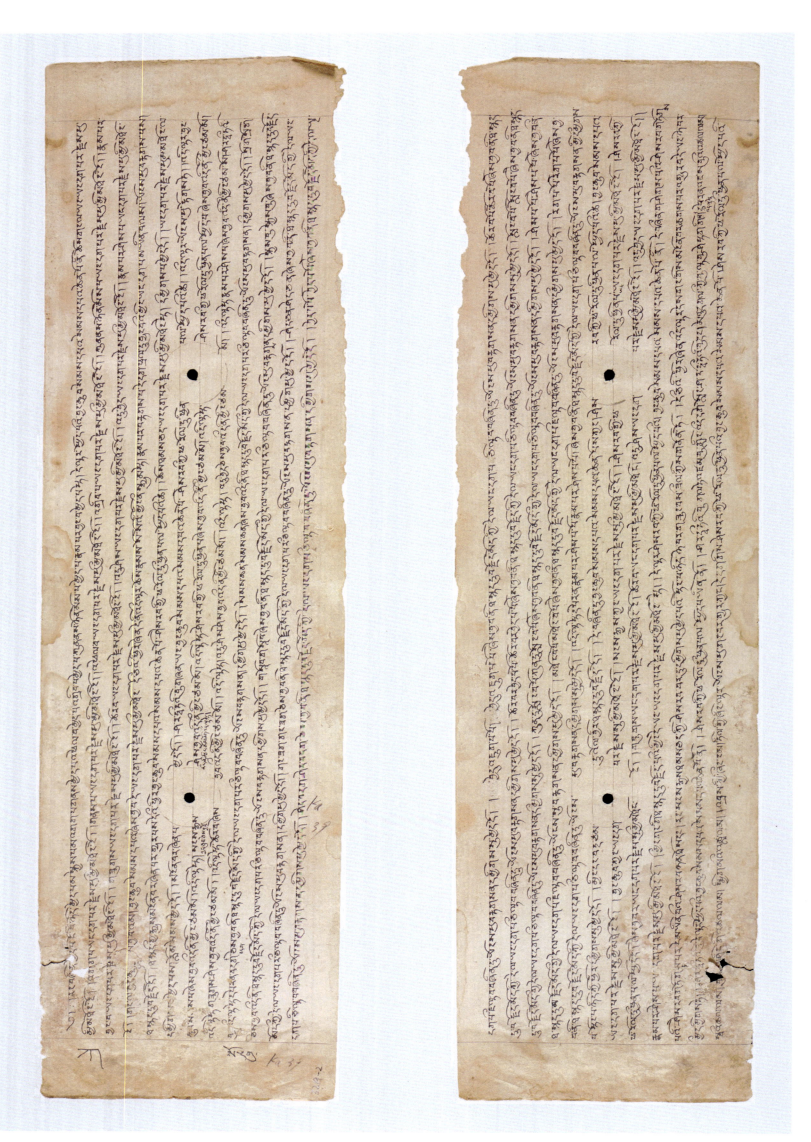

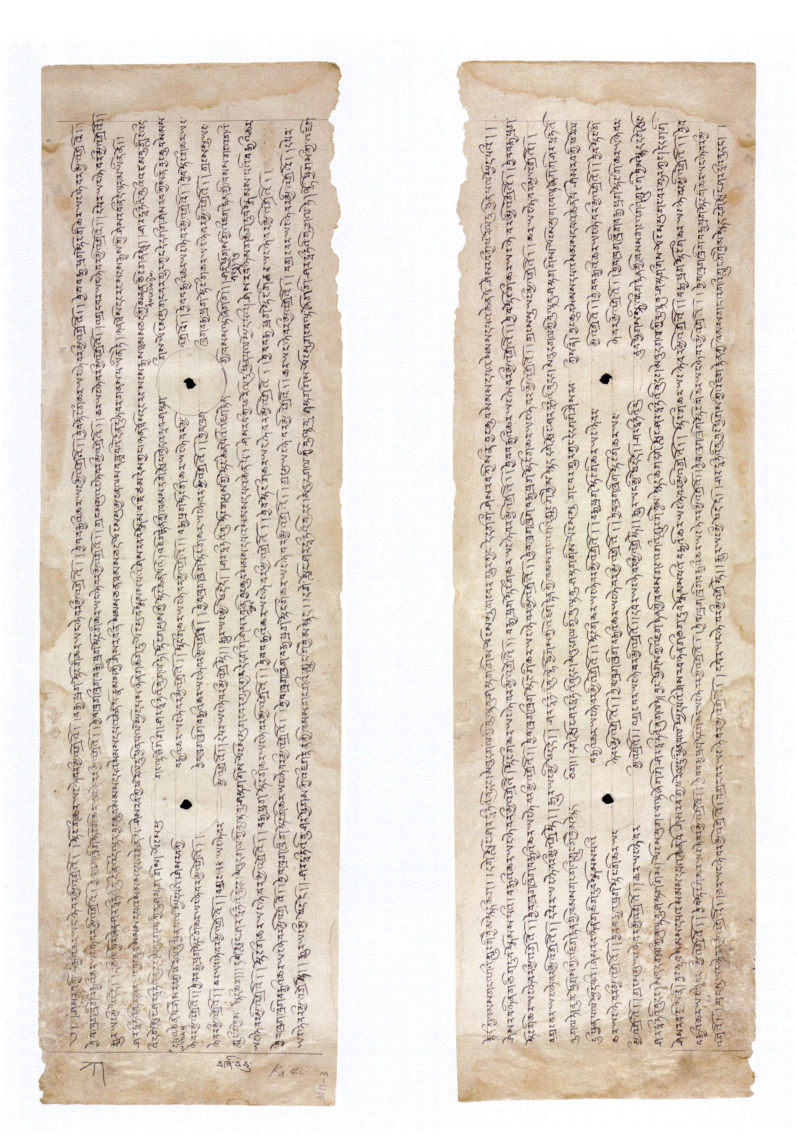

敦博 Db.t.1232 (R-V)　ཤེས་རབ་ཀྱི་ཕ་རོལ་དུ་ཕྱིན་པ་སྟོང་ཕྲག་བརྒྱ་པ་དུམ་བུ་དང་པོ་བམ་པོ་ལྔ་འོ།།

十萬頌般若波羅蜜多經第一卷第五品　　(8—3)

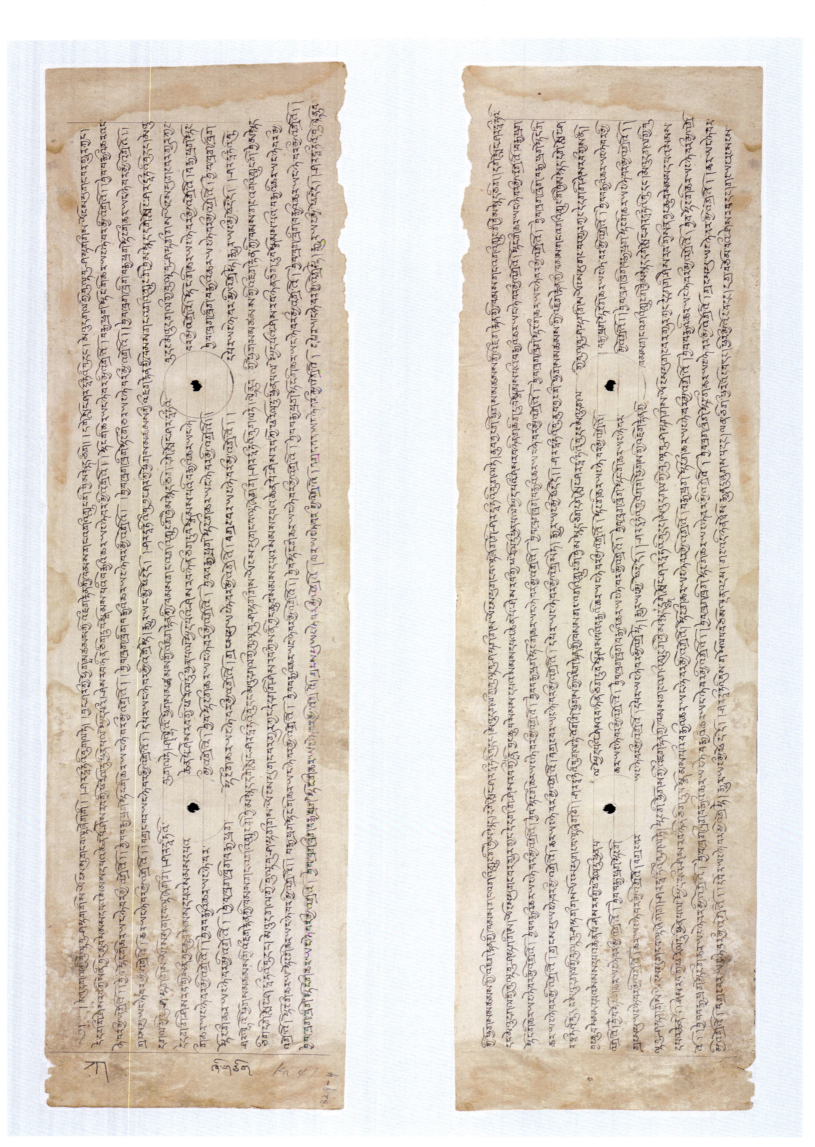

敦博 Db.t.1232 (R-V)　ཤེས་རབ་ཀྱི་ཕ་རོལ་དུ་ཕྱིན་པ་སྟོང་ཕྲག་བརྒྱ་པ་དུམ་བུ་དང་པོ་བམ་པོ་ལྔ་འོ།།
十萬頌般若波羅蜜多經第一卷第五品　　(8—4)

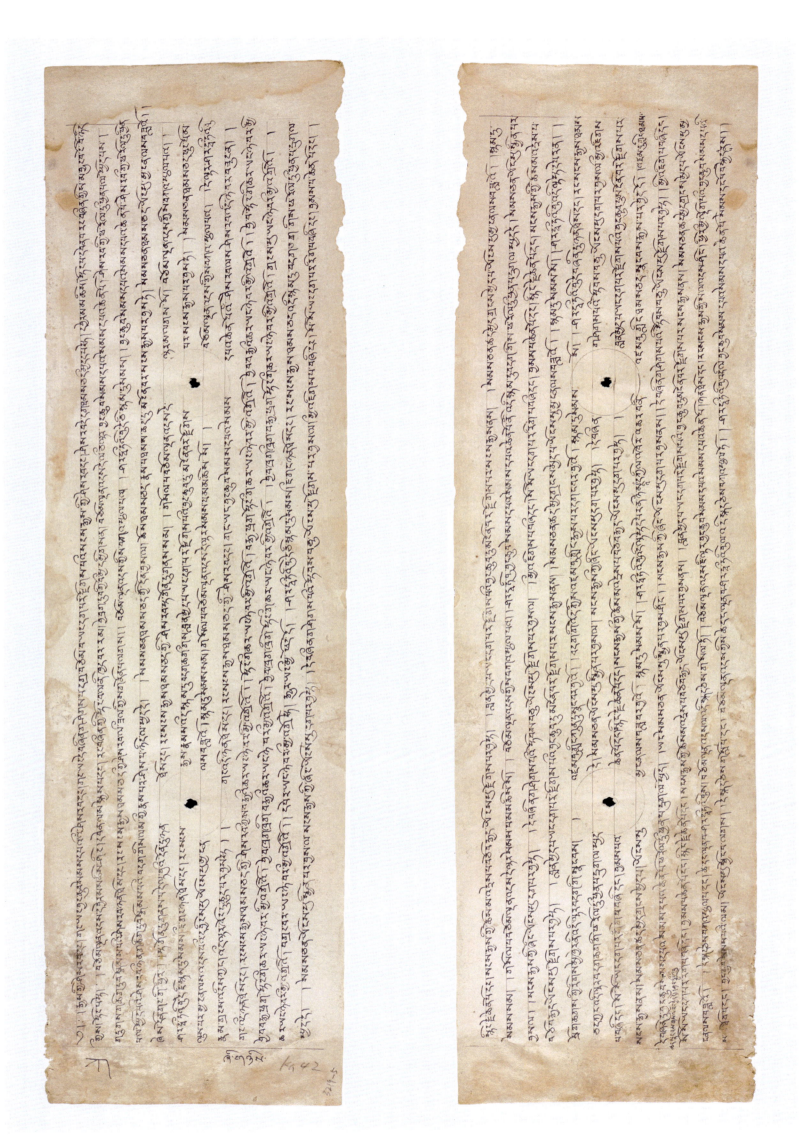

敦博 Db.t.1232 (R-V)　ཤེས་རབ་ཀྱི་ཕ་རོལ་དུ་ཕྱིན་པ་སྟོང་ཕྲག་བརྒྱ་པ་དུམ་བུ་དང་པོ་བམ་པོ་ལྔ་འོ།།

十萬頌般若波羅蜜多經第一卷第五品　　(8—5)

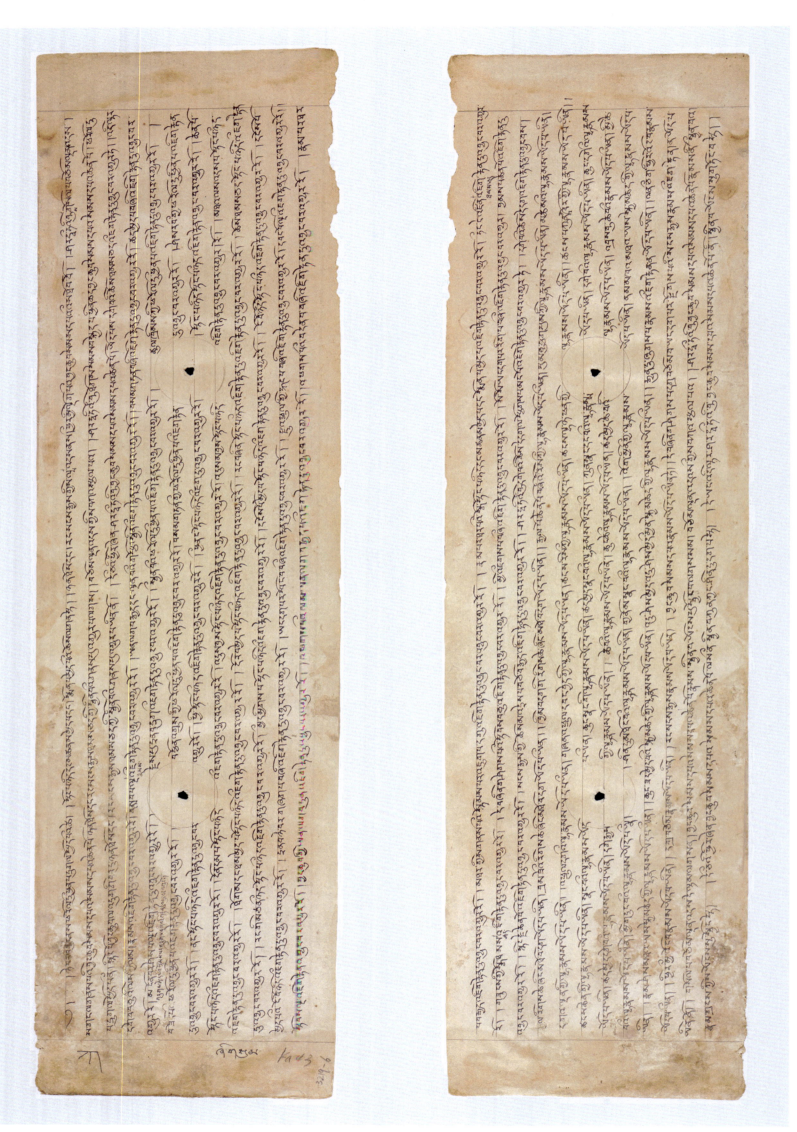

敦博 Db.t.1232 (R-V) ཤེས་རབ་ཀྱི་ཕ་རོལ་དུ་ཕྱིན་པ་སྟོང་ཕྲག་བརྒྱ་པ་དུམ་བུ་དང་པོ་བམ་པོ་ལྔ་འོ།།

十萬頌般若波羅蜜多經第一卷第五品　　（8—6）

306

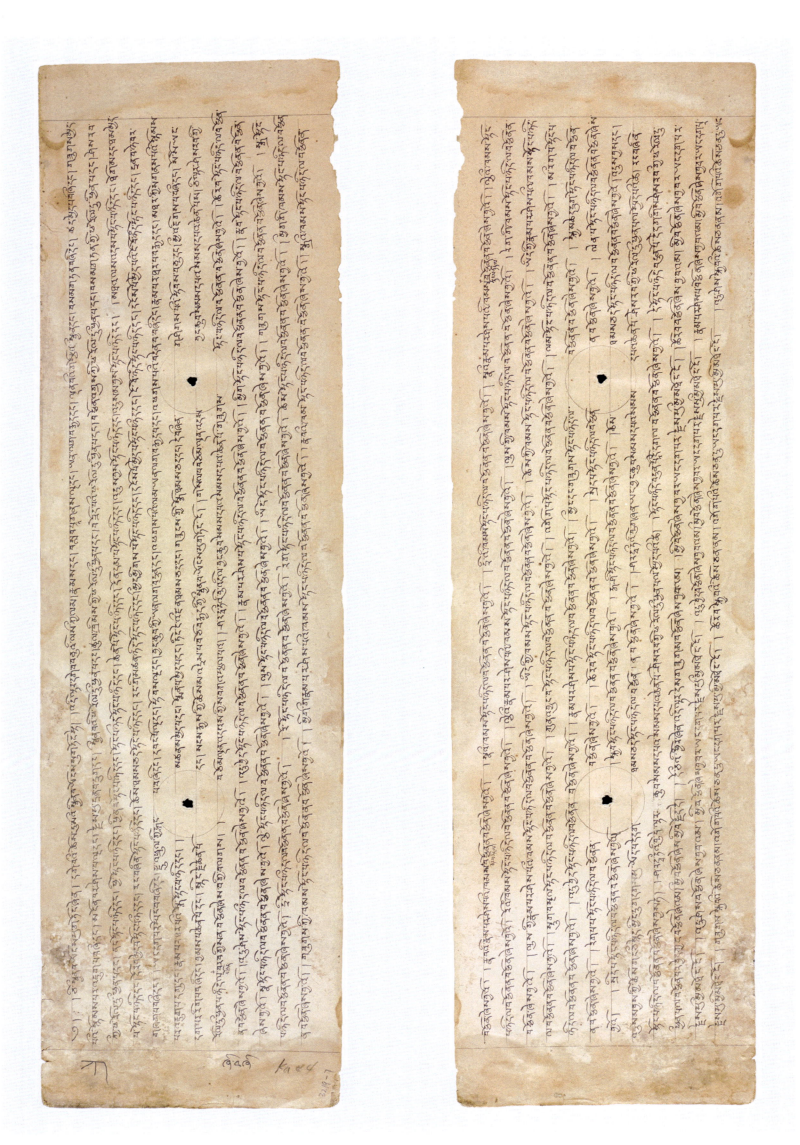

敦博 Db.t.1232 (R-V)　ཤེས་རབ་ཀྱི་ཕ་རོལ་ཏུ་ཕྱིན་པ་སྟོང་ཕྲག་བརྒྱ་བ་དུམ་བུ་དང་པོ་བམ་པོ་ལྔ་འོ།།

十萬頌般若波羅蜜多經第一卷第五品　　(8—7)

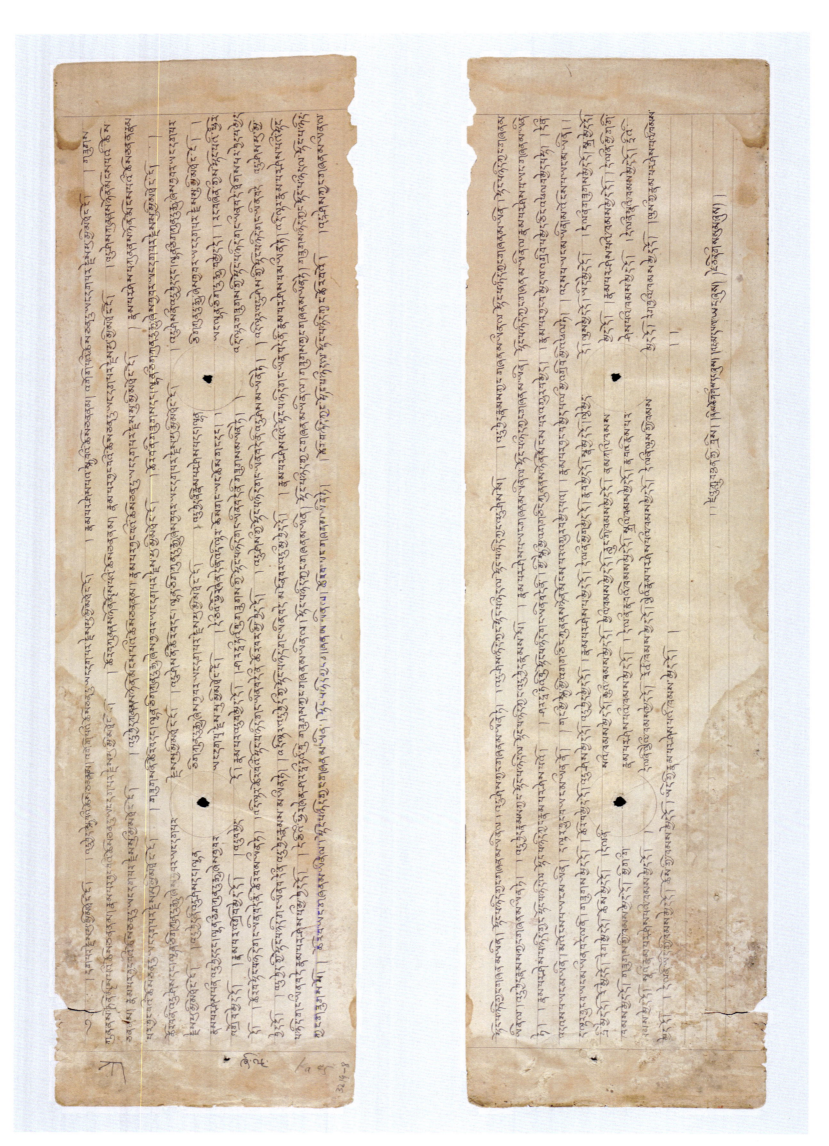

敦博 Db.t.1232 (R-V)　ཤེས་རབ་ཀྱི་ཕ་རོལ་དུ་ཕྱིན་པ་སྟོང་ཕྲག་བརྒྱ་པ་དུམ་བུ་དང་པོ་བམ་པོ་ལྔ་འོ།།

十萬頌般若波羅蜜多經第一卷第五品　　(8—8)

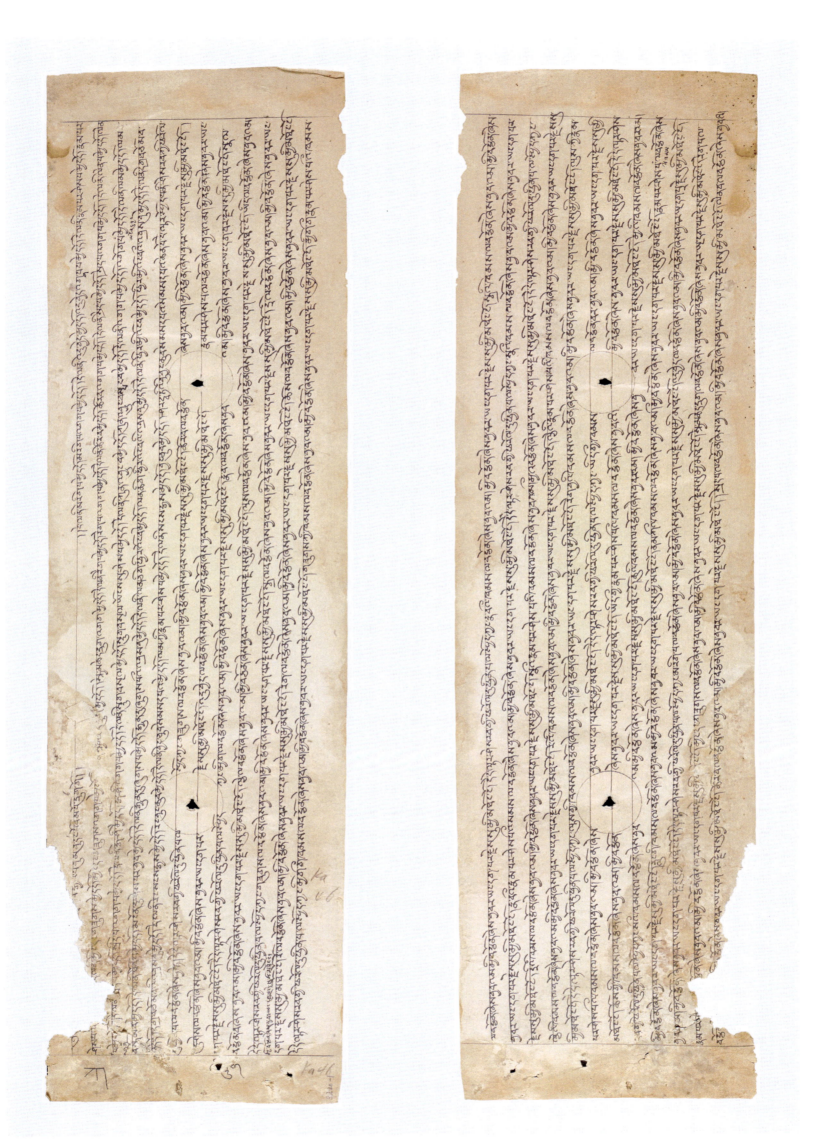

敦博 Db.t.1233 (R-V)　ཤེས་རབ་ཀྱི་ཕ་རོལ་དུ་ཕྱིན་པ་སྟོང་ཕྲག་བརྒྱ་པ་དུམ་བུ་དང་པོ་བམ་པོ་དྲུག་གོ།།

十萬頌般若波羅蜜多經第一卷第六品　　(8—1)

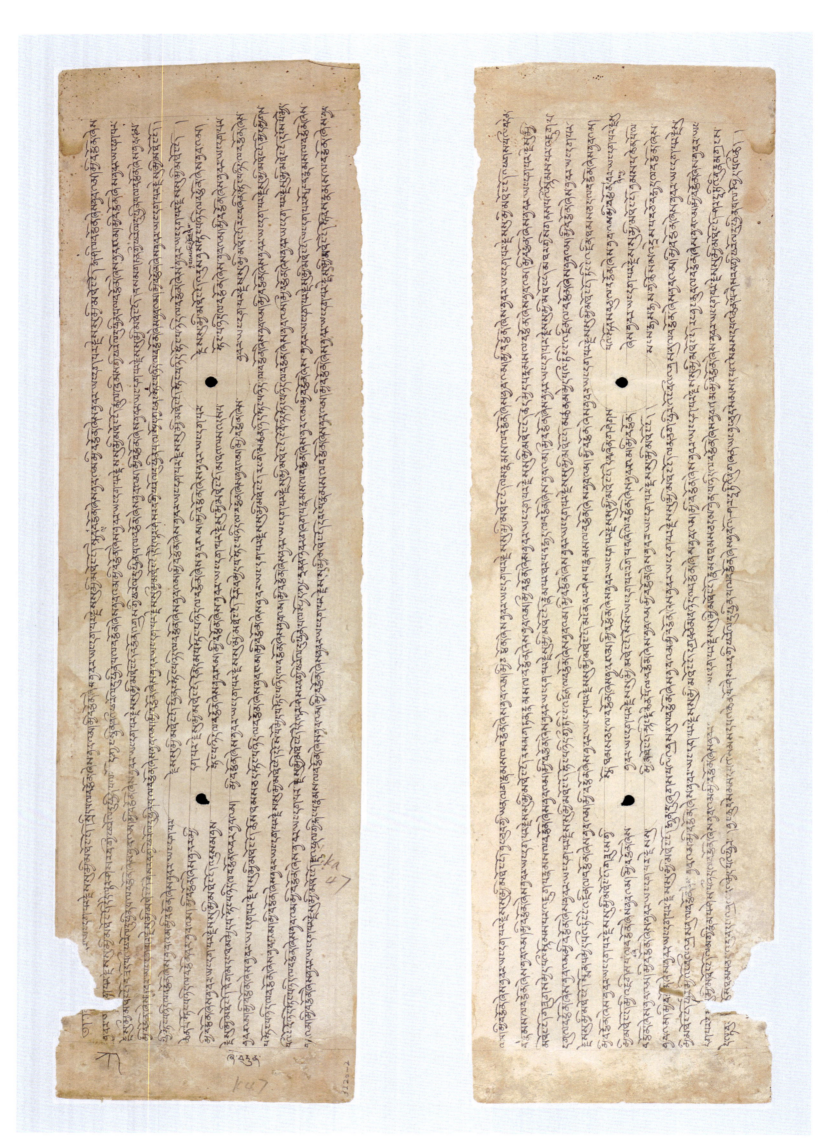

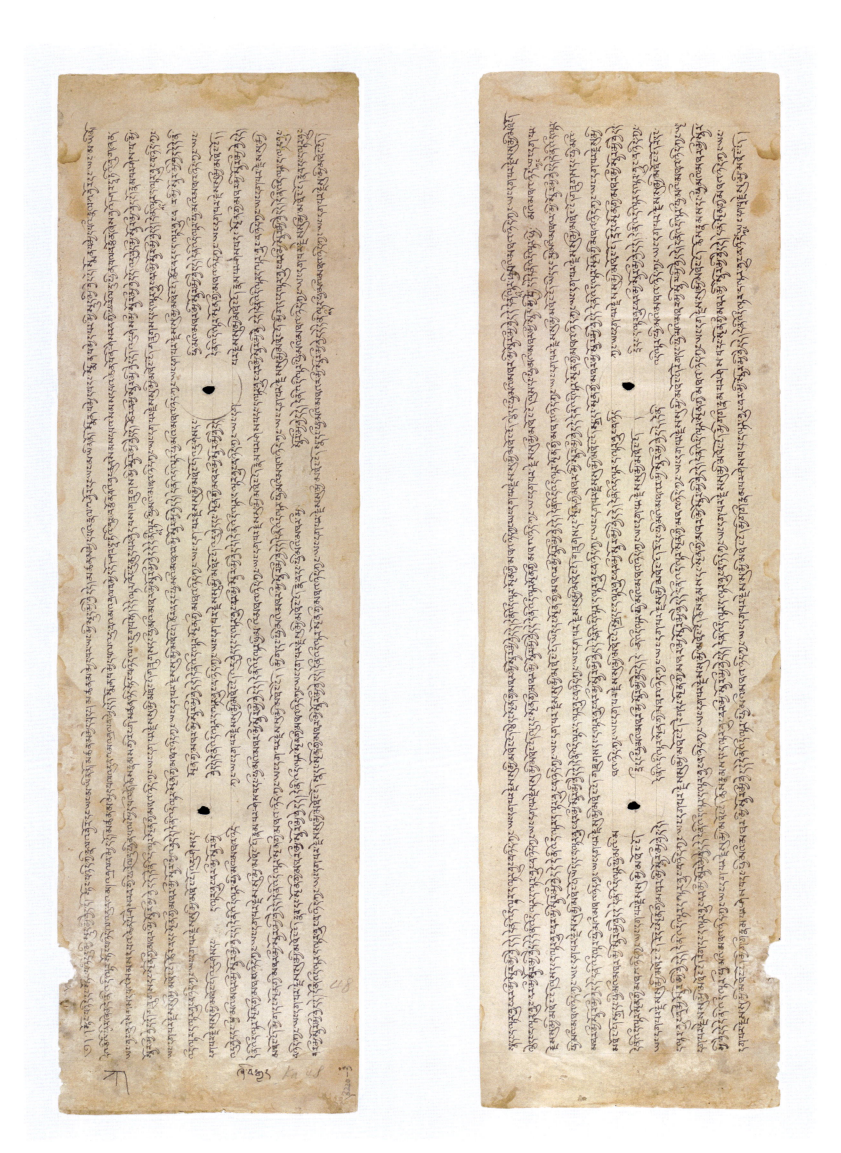

敦博 Db.t.1233 (R-V)　ཤེས་རབ་ཀྱི་ཕ་རོལ་དུ་ཕྱིན་པ་སྟོང་ཕྲག་བརྒྱ་པ་དུམ་བུ་དང་པོ་བམ་པོ་དྲུག་གོ།།
十萬頌般若波羅蜜多經第一卷第六品　　(8—3)

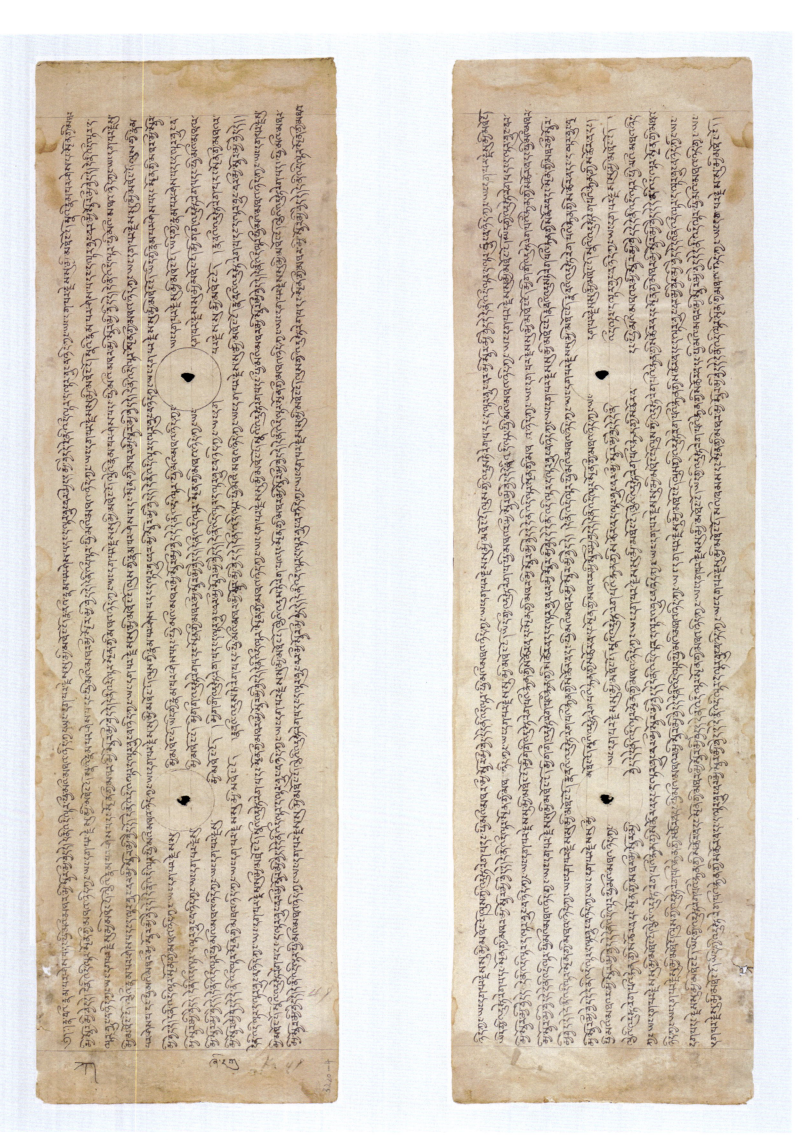

敦博 Db.t.1233 (R-V)　ཤེས་རབ་ཀྱི་ཕ་རོལ་ཏུ་ཕྱིན་པ་སྟོང་ཕྲག་བརྒྱ་པ་དུམ་བུ་དང་པོ་བམ་པོ་དྲུག་གོ།།

十萬頌般若波羅蜜多經第一卷第六品　　(8—4)

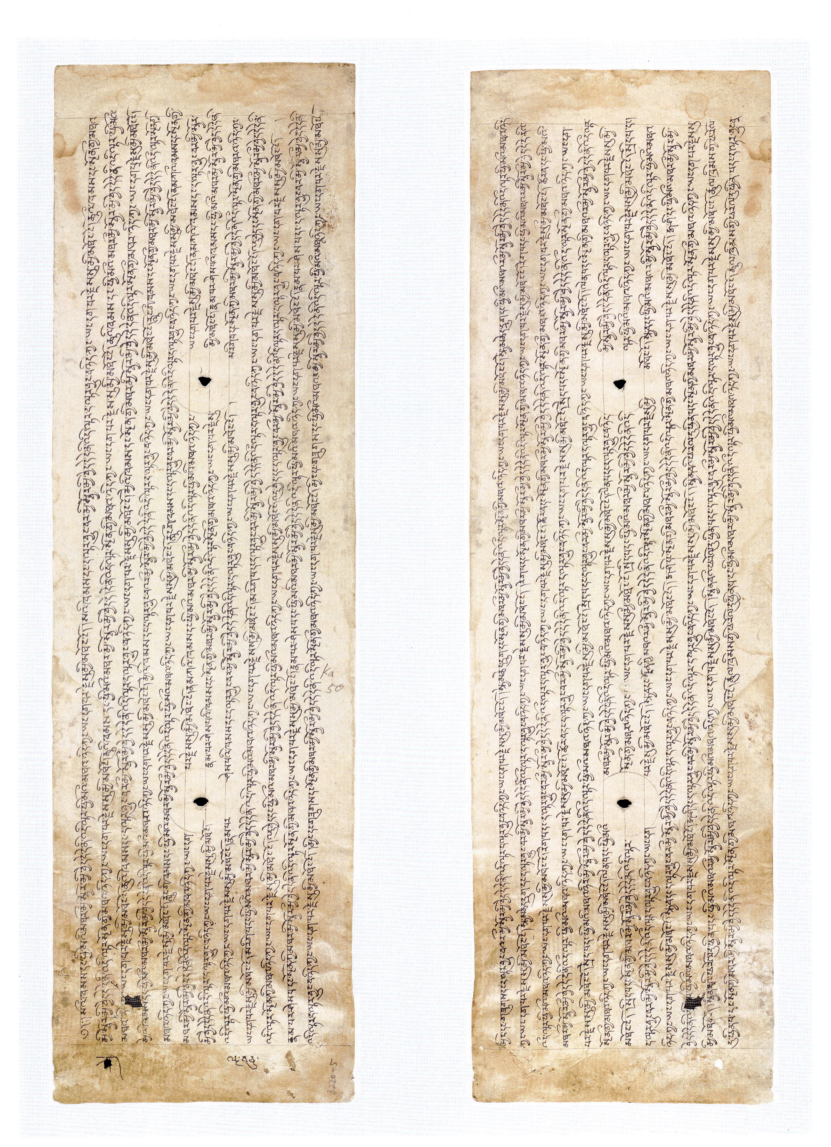

敦博 Db.t.1233 (R-V) ཤེས་རབ་ཀྱི་ཕ་རོལ་ཏུ་ཕྱིན་པ་སྟོང་ཕྲག་བརྒྱ་པ་དུམ་བུ་དང་པོ་བམ་པོ་དྲུག་གོ།།

十萬頌般若波羅蜜多經第一卷第六品　　(8—5)

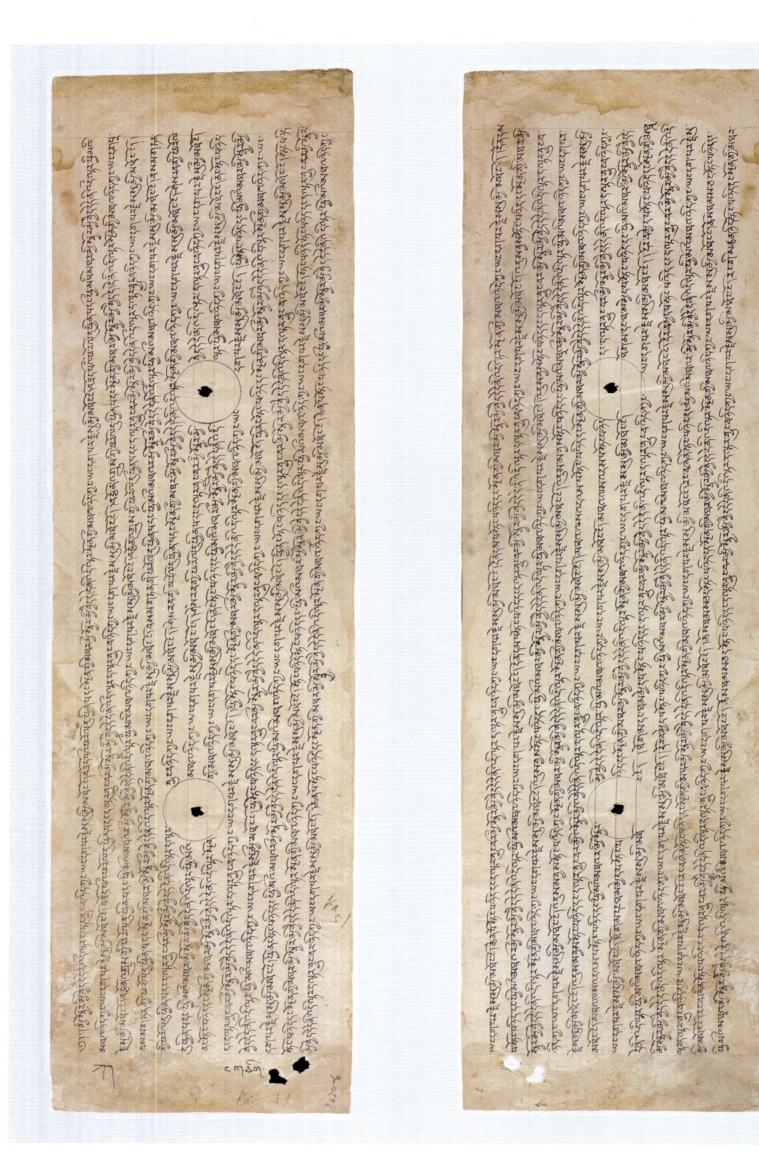

敦博 Db.t.1233 (R-V)　ཤེས་རབ་ཀྱི་ཕ་རོལ་ཏུ་ཕྱིན་པ་སྟོང་ཕྲག་བརྒྱ་པ་དུམ་བུ་དང་པོ་བམ་པོ་དྲུག་གོ།།

十萬頌般若波羅蜜多經第一卷第六品　　(8—6)

314

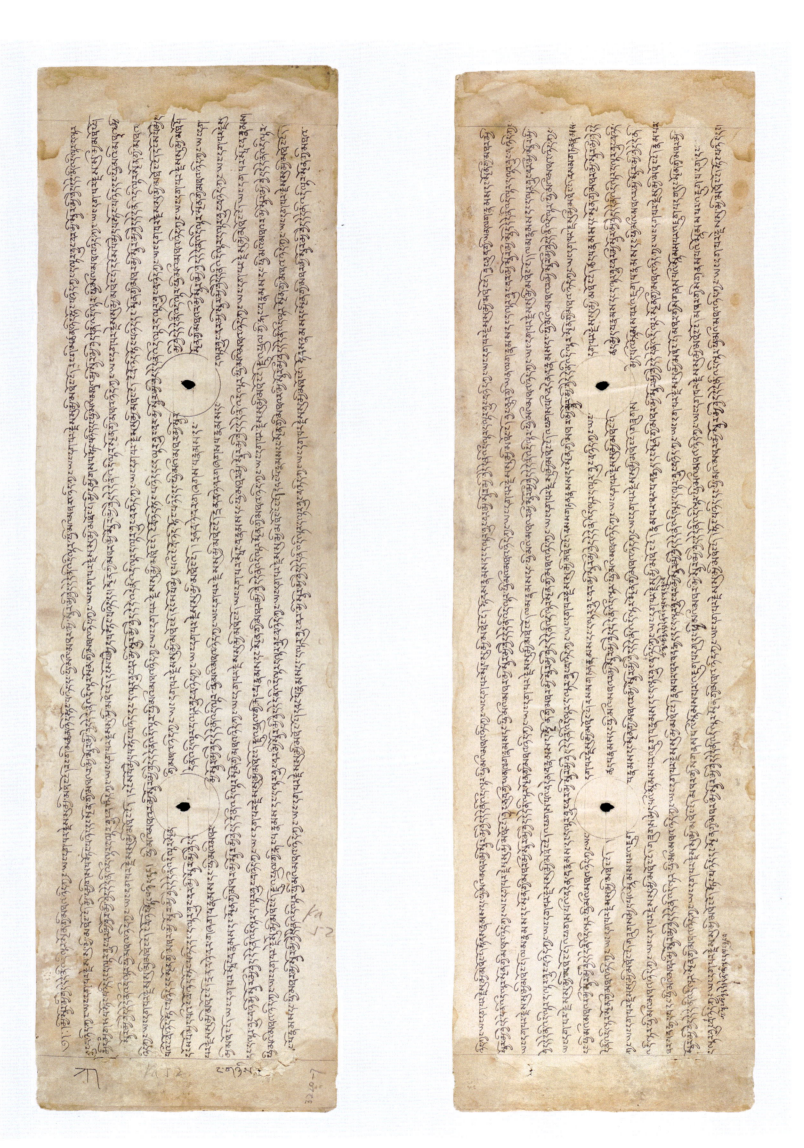

敦博 Db.t.1233 (R-V)　ཤེས་རབ་ཀྱི་ཕ་རོལ་ཏུ་ཕྱིན་པ་སྟོང་ཕྲག་བརྒྱ་པ་དུམ་བུ་དང་པོ་བམ་པོ་དྲུག་གོ།།

十萬頌般若波羅蜜多經第一卷第六品　　(8—7)

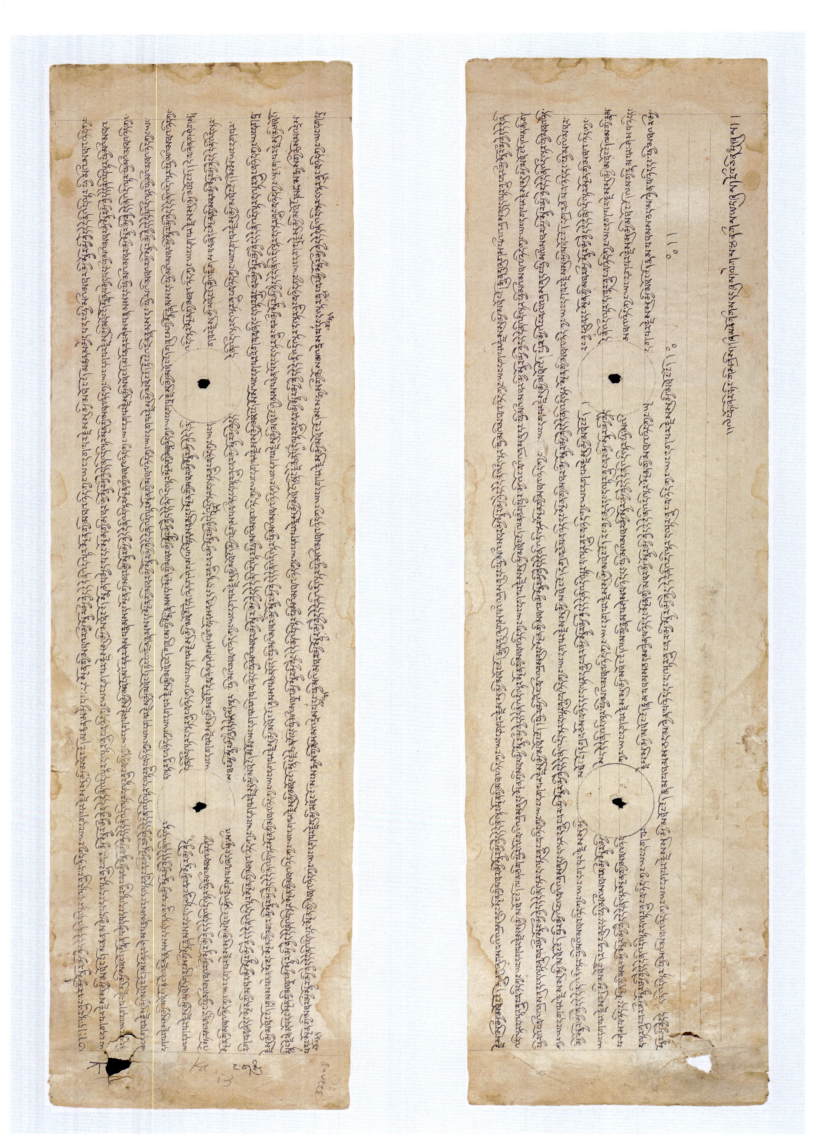

敦博 Db.t.1233 (R-V)　ཤེས་རབ་ཀྱི་ཕ་རོལ་ཏུ་ཕྱིན་པ་སྟོང་ཕྲག་བརྒྱ་པ་དུམ་བུ་དང་པོ་བམ་པོ་དྲུག་གོ།།

十萬頌般若波羅蜜多經第一卷第六品　　(8—8)

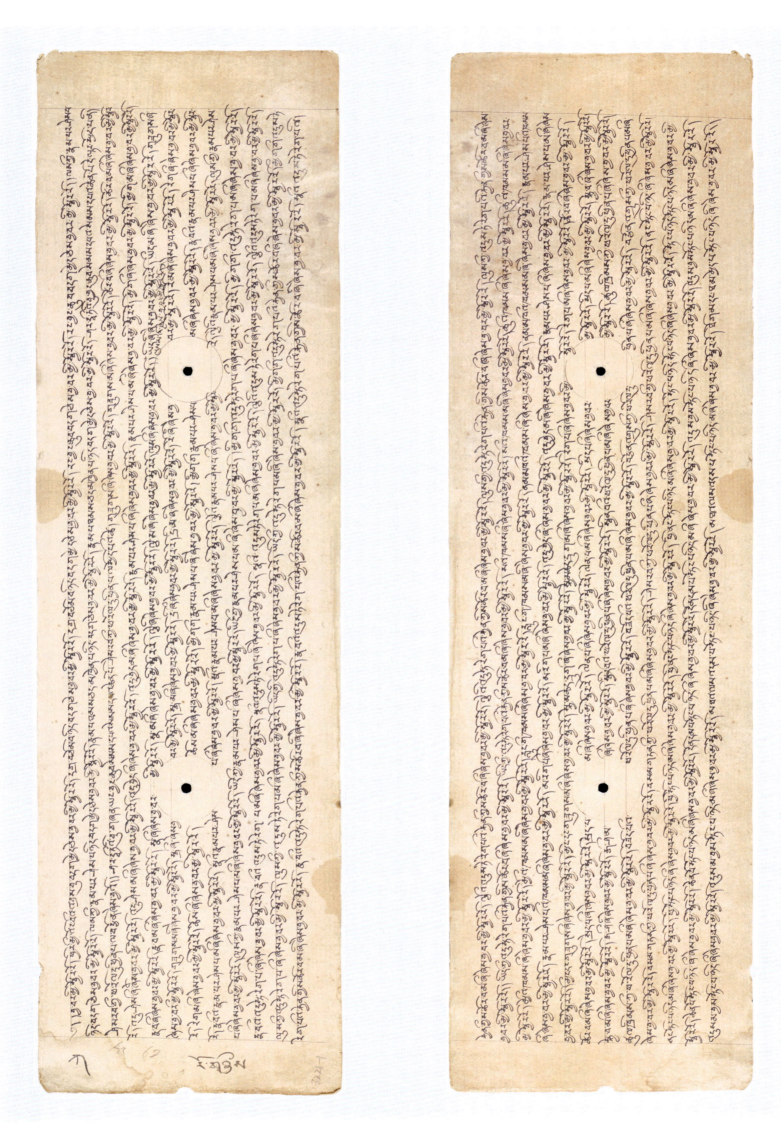

敦博 Db.t.1234 (R-V) ཤེས་རབ་ཀྱི་ཕ་རོལ་དུ་ཕྱིན་པ་སྟོང་ཕྲག་བརྒྱ་པ།
十萬頌般若波羅蜜多經　　(3—1)

敦博 Db.t.1234 (R-V)　ཤེས་རབ་ཀྱི་ཕ་རོལ་དུ་ཕྱིན་པ་སྟོང་ཕྲག་བརྒྱ་པ།

十萬頌般若波羅蜜多經　　(3—2)

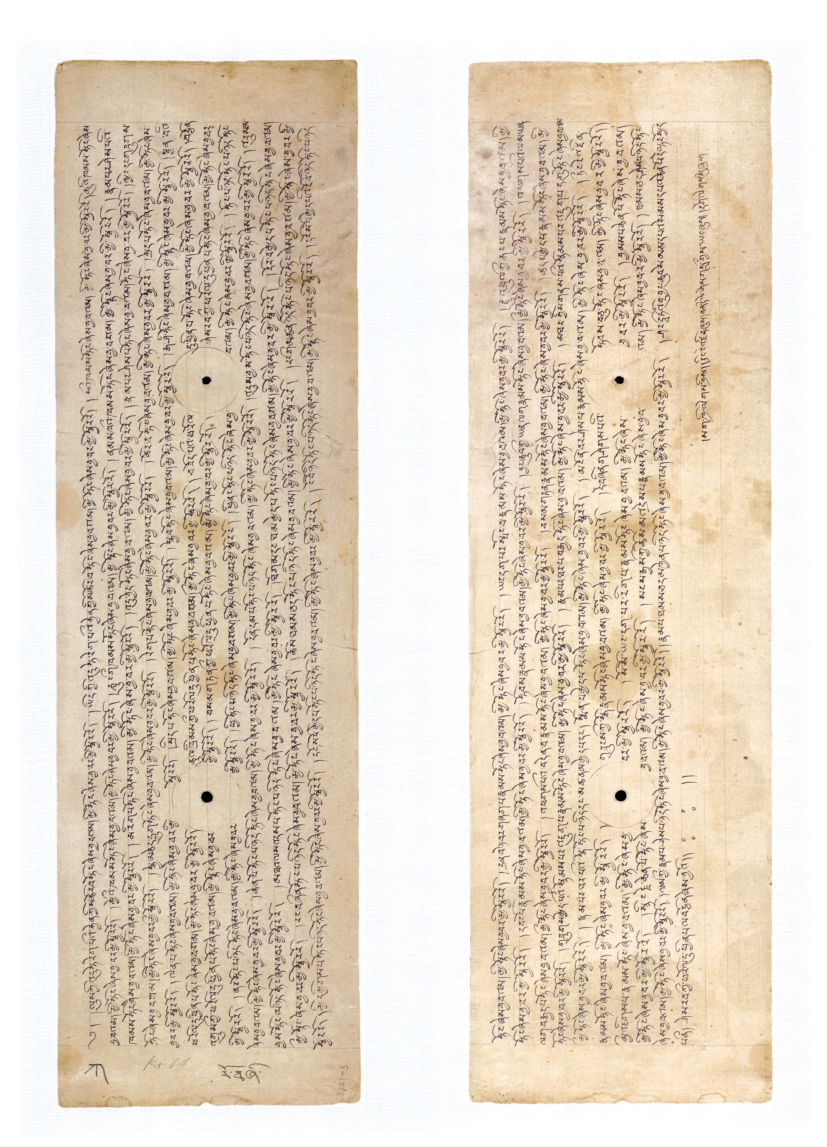

敦博 Db.t.1234 (R-V)　ཤེས་རབ་ཀྱི་ཕ་རོལ་དུ་ཕྱིན་པ་སྟོང་ཕྲག་བརྒྱ་པ།
十萬頌般若波羅蜜多經　　(3—3)

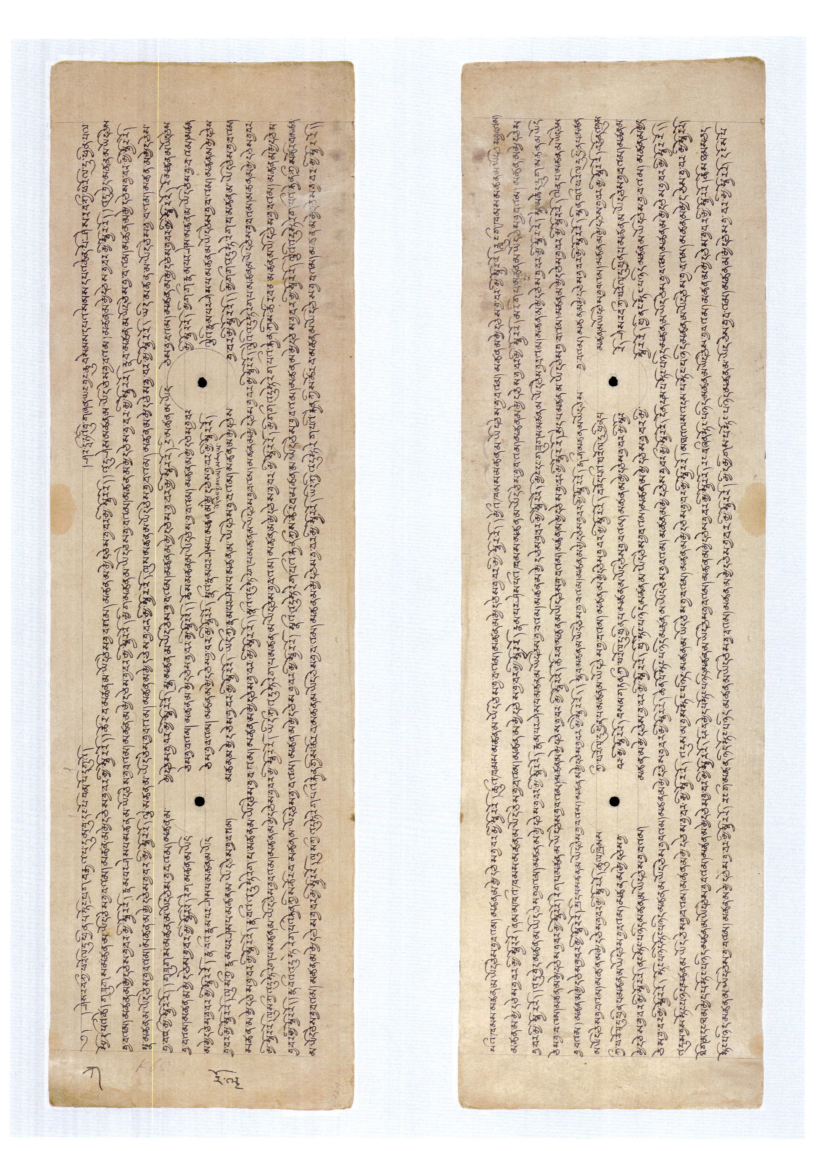

敦博 Db.t.1235 (R-V) ཤེས་རབ་ཀྱི་ཕ་རོལ་དུ་ཕྱིན་པ་སྟོང་ཕྲག་བརྒྱ་པ་དུམ་བུ་དང་པོ་བམ་པོ་དགུ་པའོ།།

十萬頌般若波羅蜜多經第一卷第九品　　(2—1)

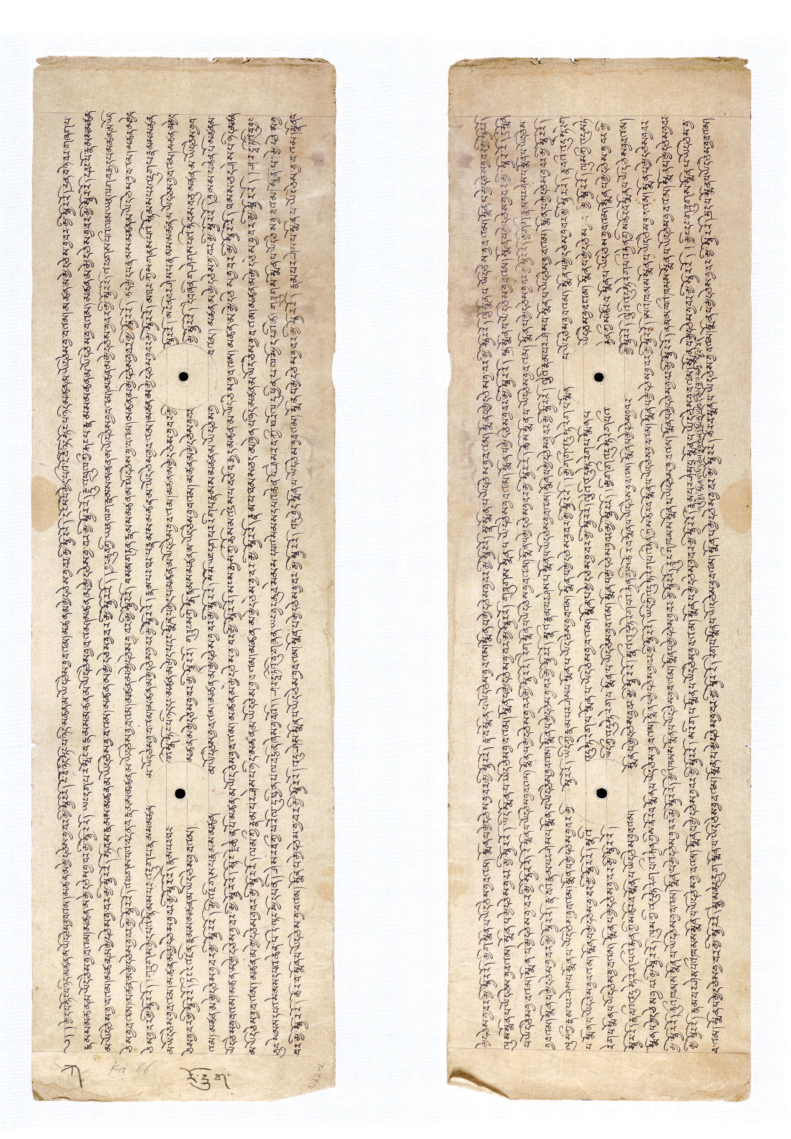

敦博 Db.t.1235 (R-V) ཤེས་རབ་ཀྱི་ཕ་རོལ་དུ་ཕྱིན་པ་སྟོང་ཕྲག་བརྒྱའ་པ་དུམ་བུ་དང་པོ་བམ་པོ་དགུ་འོ།།
十萬頌般若波羅蜜多經第一卷第九品　　(2—2)

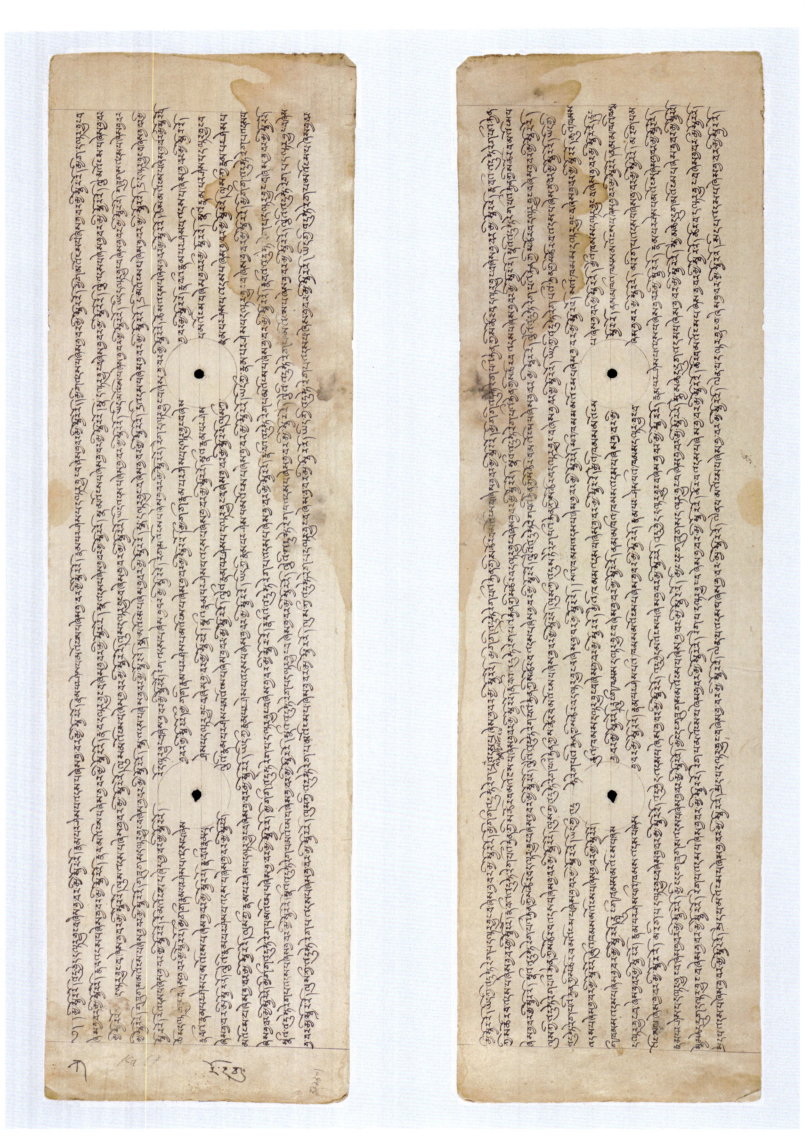

敦博 Db.t.1236 (R-V)　ཤེས་རབ་ཀྱི་ཕ་རོལ་ཏུ་ཕྱིན་པ་སྟོང་ཕྲག་བརྒྱ་པ།

十萬頌般若波羅蜜多經　　(3—1)

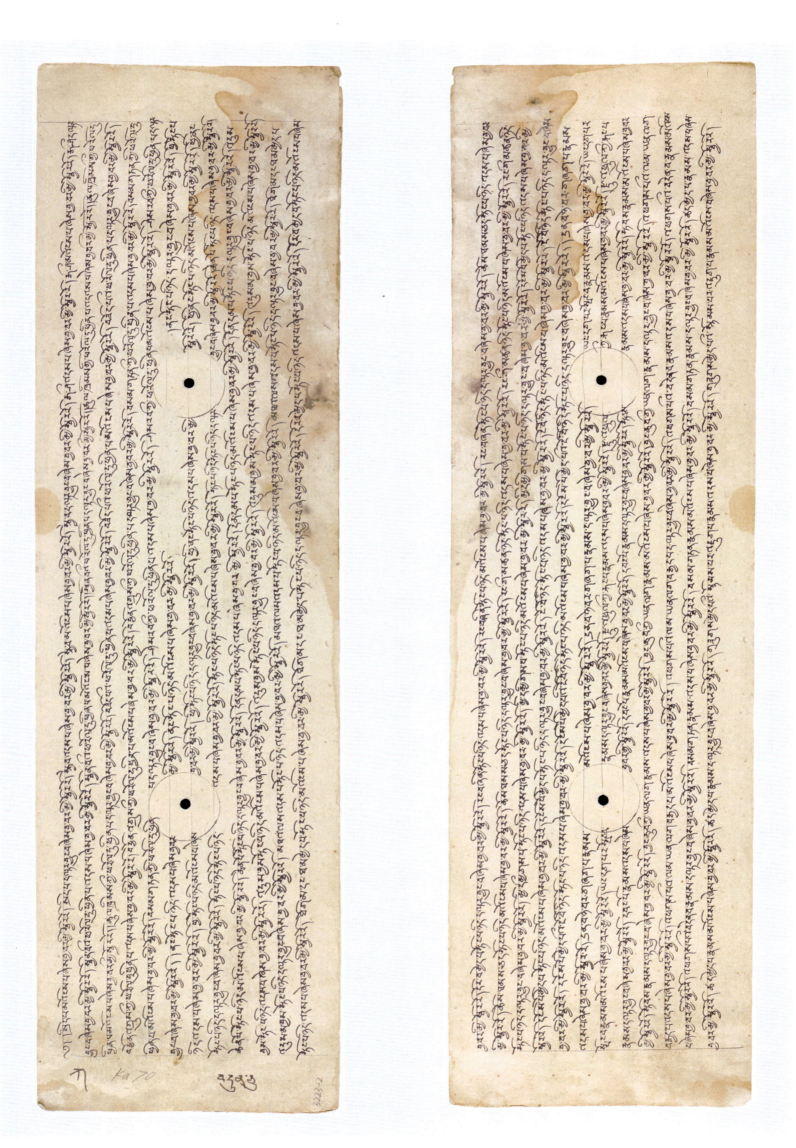

敦博 Db.t.1236 (R-V)　ཤེས་རབ་ཀྱི་ཕ་རོལ་ཏུ་ཕྱིན་པ་སྟོང་ཕྲག་བརྒྱ་པ།

十萬頌般若波羅蜜多經　　(3—2)

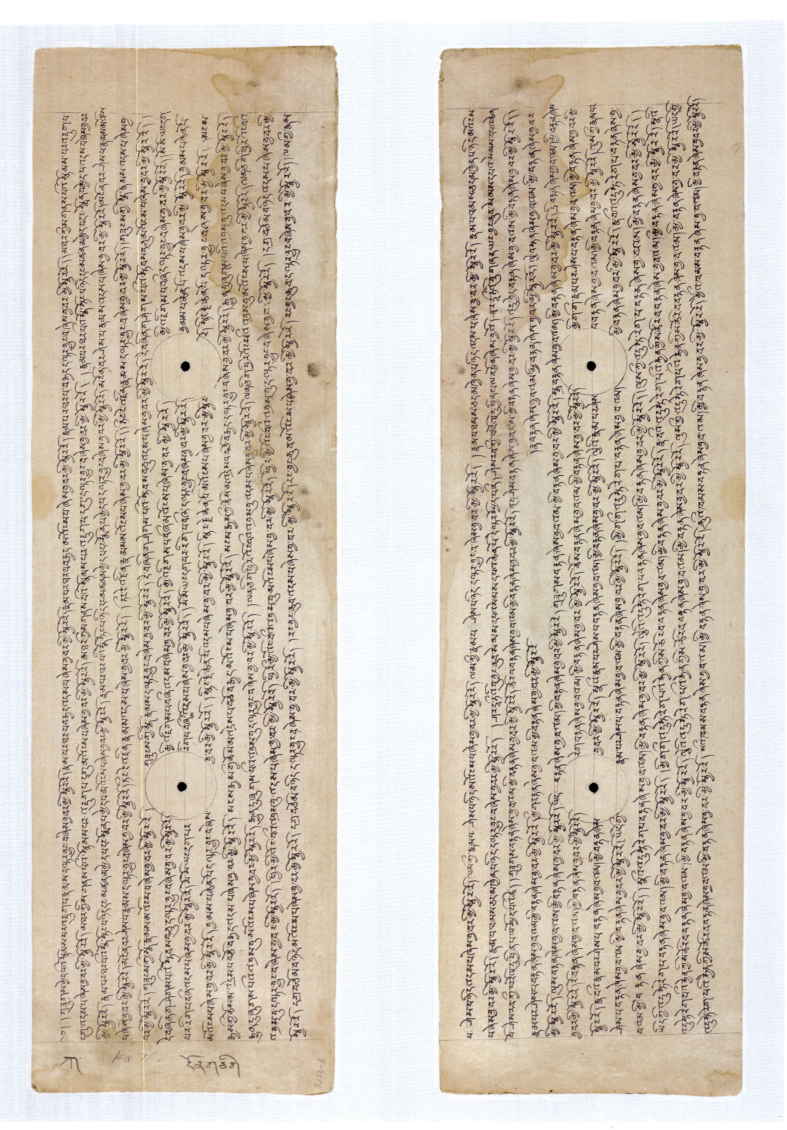

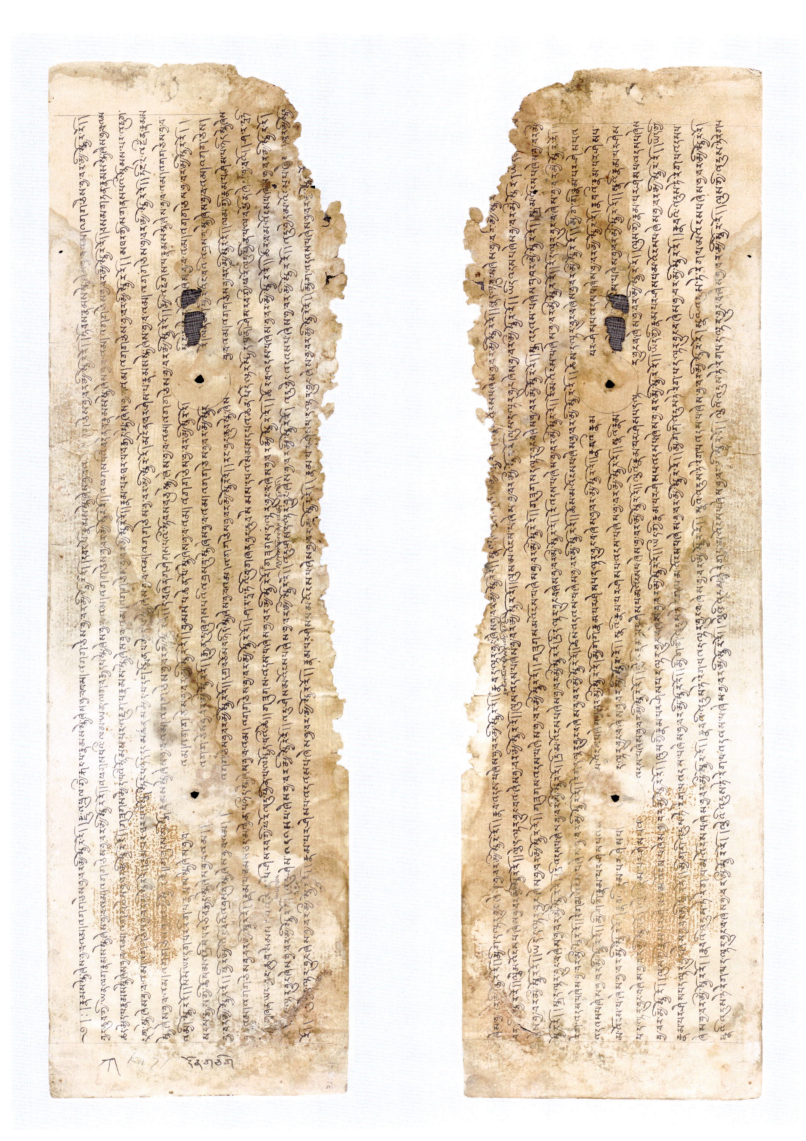

敦博 Db.t.1237 (R-V)　ཤེས་རབ་ཀྱི་ཕ་རོལ་ཏུ་ཕྱིན་པ་སྟོང་ཕྲག་བརྒྱ་པ།

十萬頌般若波羅蜜多經　　(2—1)

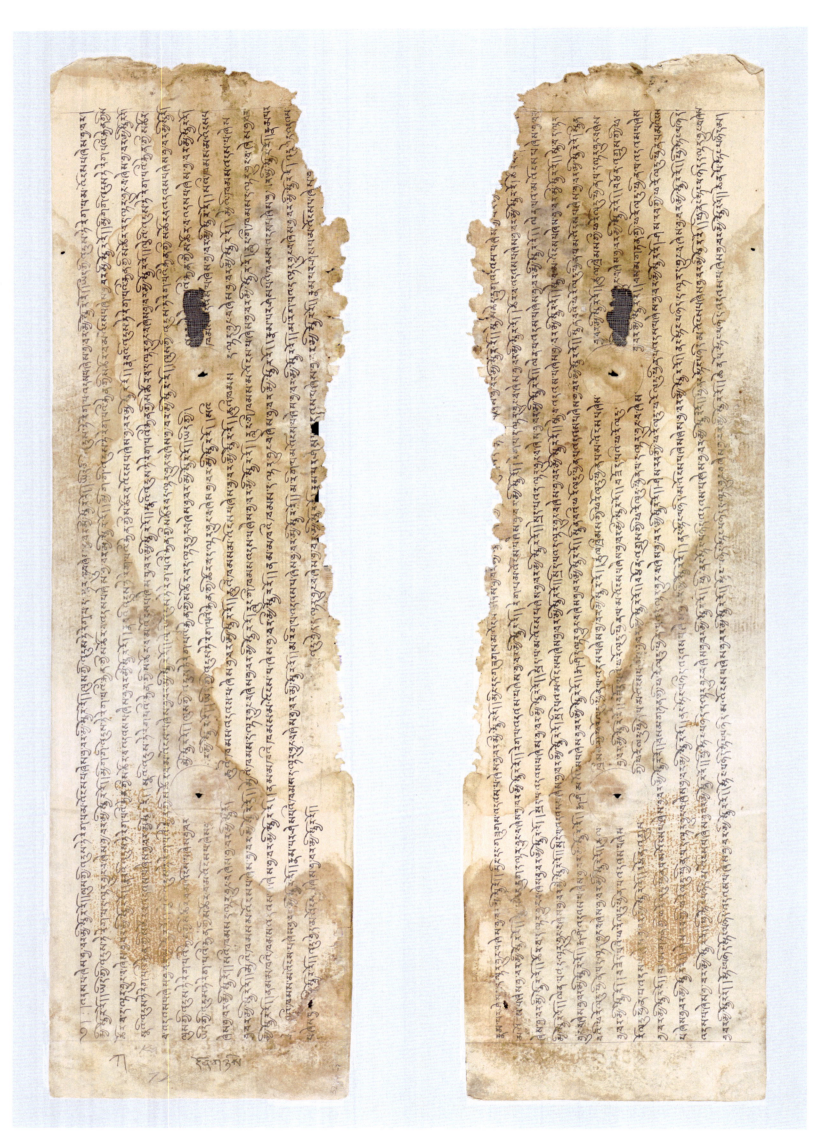

敦博 Db.t.1237 (R-V) ཤེས་རབ་ཀྱི་པ་རོལ་དུ་ཕྱིན་པ་སྟོང་ཕྲག་བརྒྱ་པ།

十萬頌般若波羅蜜多經 　　(2—2)

326

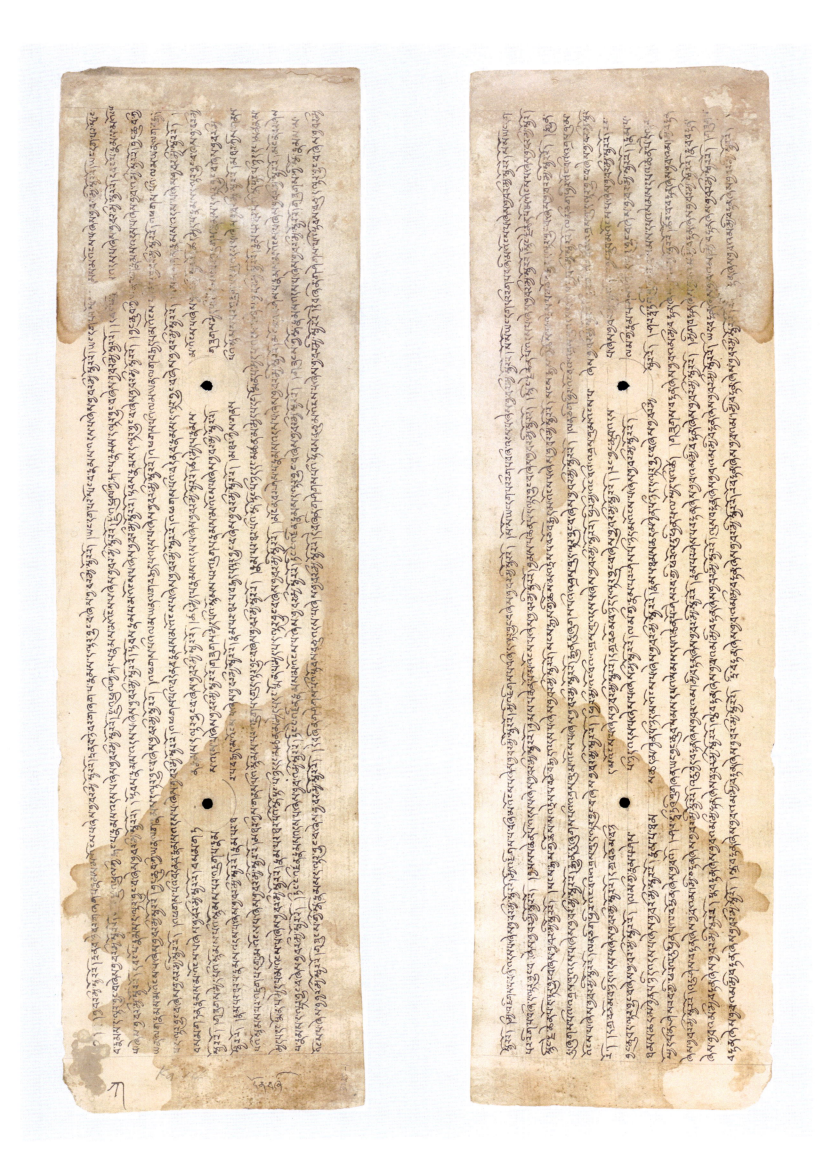

敦博 Db.t.1238 (R-V)　ས་རབ་ཀྱི་ཕ་རོལ་དུ་ཕྱིན་པ་སྟོང་ཕྲག་བརྒྱའ་པ་དུམ་བུ་དང་པོ་བམ་པོ་དགུ་དང་བམ་པོ་བཅུ་བོ།།

十萬頌般若波羅蜜多經第一卷第九、十品　　(10—2)

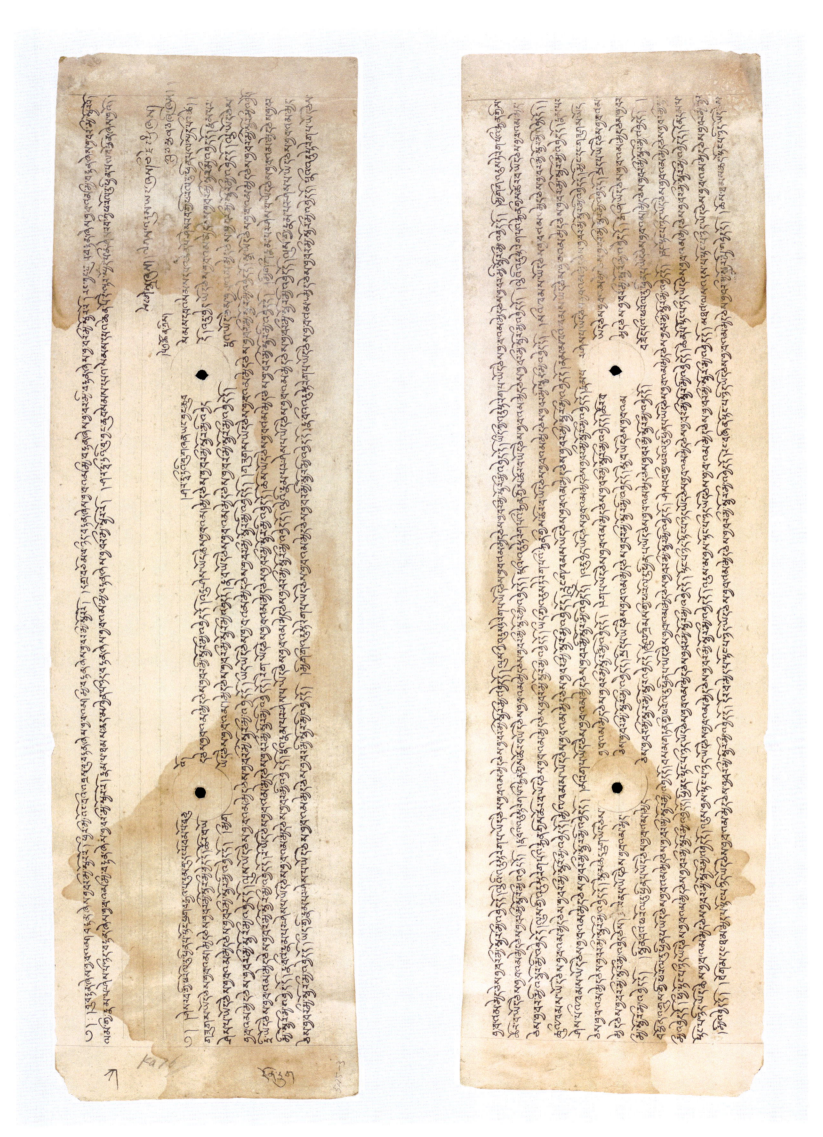

敦博 Db.t.1238 (R-V)　ས་རབ་ཀྱི་ཕ་རོལ་ཏུ་ཕྱིན་པ་སྟོང་ཕྲག་བརྒྱ་པ་དུམ་བུ་དང་པོ་བམ་པོ་དགུ་དང་བམ་པོ་བཅུའོ།།

十萬頌般若波羅蜜多經第一卷第九、十品　　(10—3)

敦博 Db.t.1238 (R-V)　ས་རབ་ཀྱི་ཕ་རོལ་དུ་ཕྱིན་པ་སྟོང་ཕྲག་བརྒྱ་པ་དུམ་བུ་དང་པོ་བམ་པོ་དགུ་དང་བམ་པོ་བཅུའོ།།

十萬頌般若波羅蜜多經第一卷第九、十品　　　(10—4)

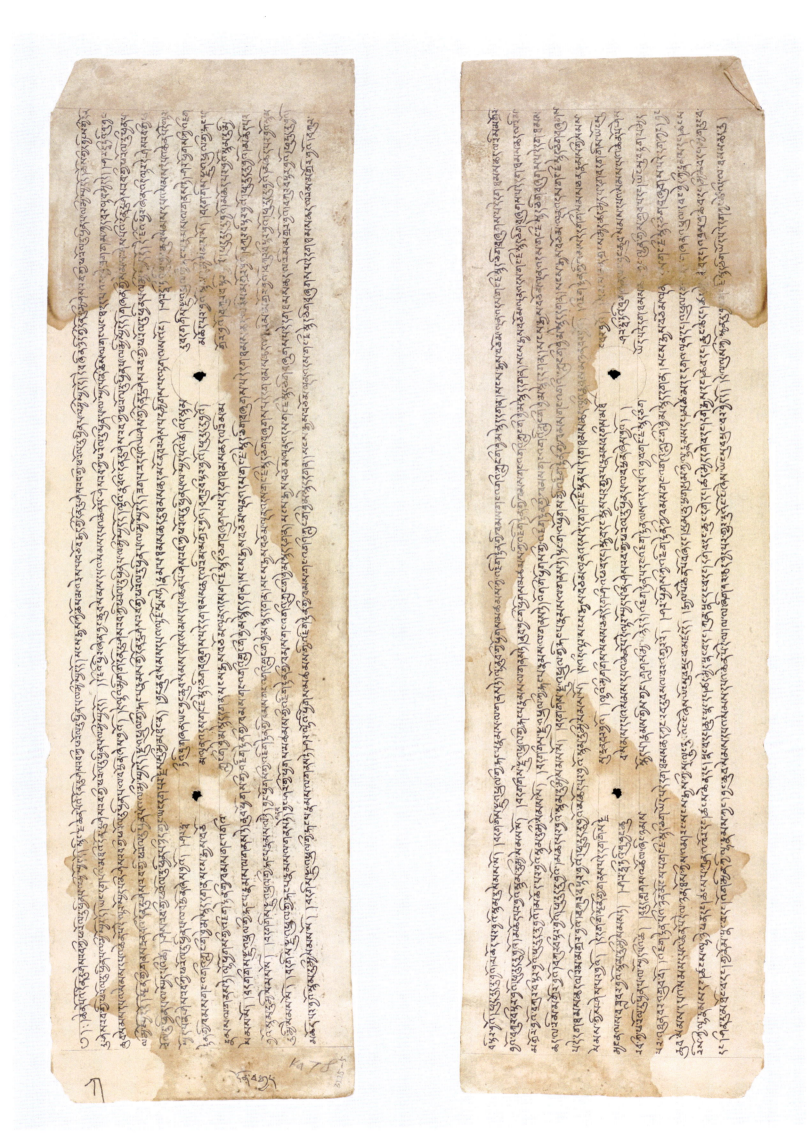

敦博 Db.t.1238 (R-V)　ས་རབ་ཀྱི་ཕ་རོལ་དུ་ཕྱིན་པ་སྟོང་ཕྲག་བརྒྱད་པ་དུམ་བུ་དང་པོ་བམ་པོ་དགུ་དང་བམ་པོ་བཅུའོ།།

十萬頌般若波羅蜜多經第一卷第九、十品　　(10—5)

敦博 Db.t.1238 (R-V)　ས་རབ་ཀྱི་པ་རོལ་དུ་ཕྱིན་པ་སྟོང་ཕྲག་བརྒྱའ་པ་དུམ་བུ་དང་པོ་བམ་པོ་དགུ་དང་བམ་པོ་བཅུའོ།།

十萬頌般若波羅蜜多經第一卷第九、十品　　(10—6)

敦博 Db.t.1238 (R-V)　ས་རབ་ཀྱི་པ་རོལ་དུ་ཕྱིན་པ་སྟོང་ཕྲག་བརྒྱད་པ་དུམ་བུ་དང་པོ་བམ་པོ་དགུ་དང་བམ་པོ་བཅུ་བོ།།

十萬頌般若波羅蜜多經第一卷第九、十品　　(10—7)

敦博 Db.t.1238 (R-V)   ས་རབ་ཀྱི་ཕ་རོལ་དུ་ཕྱིན་པ་སྟོང་ཕྲག་བརྒྱ་པ་དུམ་བུ་དང་པོ་བམ་པོ་དགུ་དང་བམ་པོ་བཅུའོ།།
十萬頌般若波羅蜜多經第一卷第九、十品   (10—8)

敦博 Db.t.1238 (R-V)　ས་རབ་ཀྱི་ཕ་རོལ་དུ་ཕྱིན་པ་སྟོང་ཕྲག་བརྒྱབ་པ་དུམ་བུ་དང་པོ་བམ་པོ་དགུ་དང་བཅུ་པ་བཅུ་པའོ།།

十萬頌般若波羅蜜多經第一卷第九、十品　　(10—9)

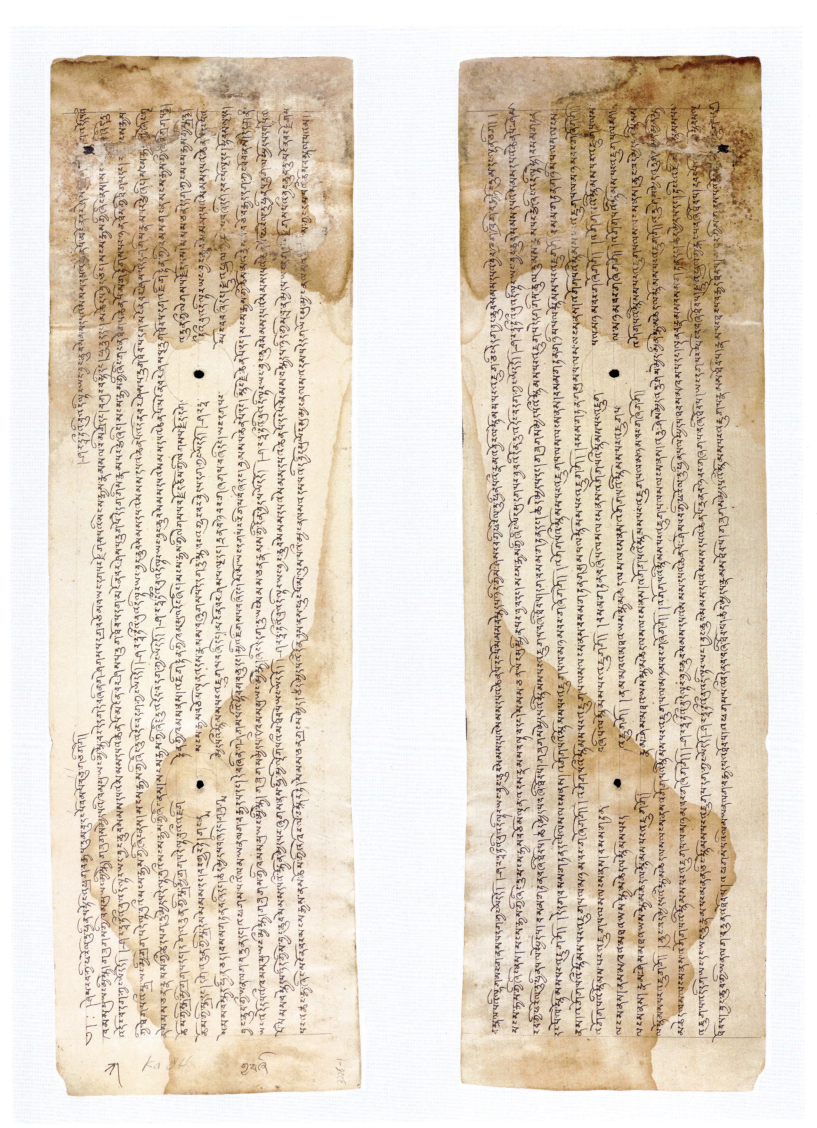

敦博 Db.t.1239 (R-V)　ཤེས་རབ་ཀྱི་ཕ་རོལ་དུ་ཕྱིན་པ་སྟོང་ཕྲག་བརྒྱ་པ་དུམ་བུ་དང་པོ་བམ་པོ་བཅུ་གཅིག་དང་བཅུ་གཉིས་
དང་བཅུ་གསུམ་དང་བཅུ་བཞི་འོ།།

十萬頌般若波羅蜜多經第一卷第十一、十二、十三、十四品　　(31—1)

337

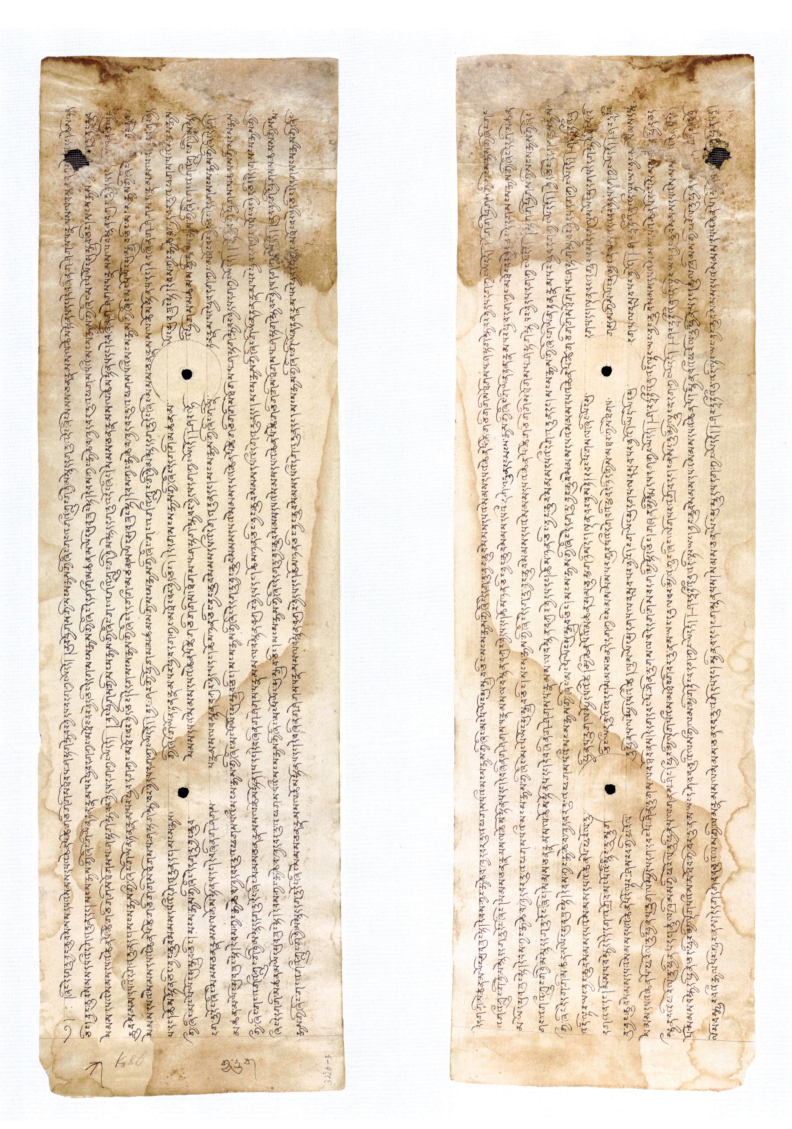

敦博 Db.t.1239 (R-V) ཤེས་རབ་ཀྱི་ཕ་རོལ་ཏུ་ཕྱིན་པ་སྟོང་ཕྲག་བརྒྱ་པ་དུམ་བུ་དང་པོ་བམ་པོ་བཅུ་གཅིག་དང་བཅུ་གཉིས་
དང་བཅུ་གསུམ་དང་བཅུ་བཞིའོ།།

十萬頌般若波羅蜜多經第一卷第十一、十二、十三、十四品　　(31—3)

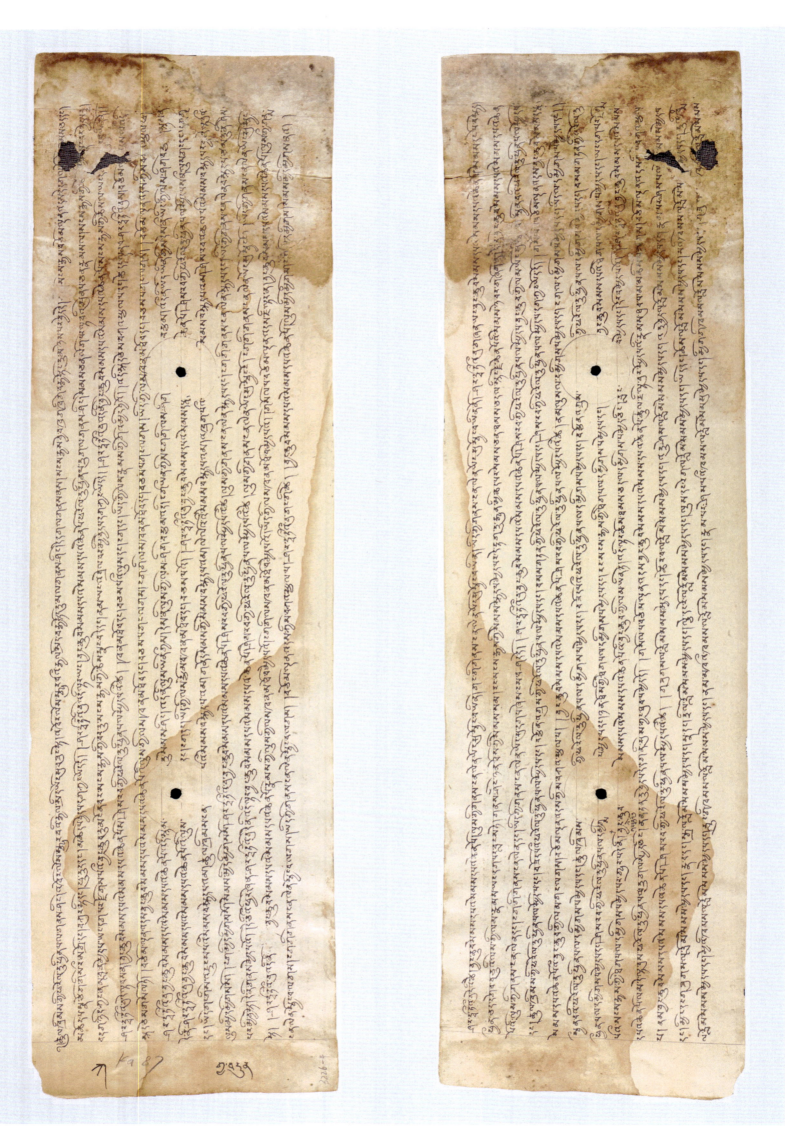

敦博 Db.t.1239 (R-V) ཤེས་རབ་ཀྱི་ཕ་རོལ་ཏུ་ཕྱིན་པ་སྟོང་ཕྲག་བརྒྱ་པ་དུམ་བུ་དང་པོ་བམ་པོ་བཅུ་གཅིག་དང་བཅུ་གཉིས་
དང་བཅུ་གསུམ་དང་བཅུ་བཞི་འོ།།

十萬頌般若波羅蜜多經第一卷第十一、十二、十三、十四品　　(31—4)

敦博 Db.t.1239 (R-V)　ཤེས་རབ་ཀྱི་ཕ་རོལ་ཏུ་ཕྱིན་པ་སྟོང་ཕྲག་བརྒྱ་པ་དུམ་བུ་དང་པོ་བམ་པོ་བཅུ་གཅིག་དང་བཅུ་གཉིས་
དང་བཅུ་གསུམ་དང་བཅུ་བཞིའོ།།

十萬頌般若波羅蜜多經第一卷第十一、十二、十三、十四品　　(31—5)

敦博 Db.t.1239 (R-V) ཤེས་རབ་ཀྱི་ཕ་རོལ་དུ་ཕྱིན་པ་སྟོང་ཕྲག་བརྒྱ་པ་དུམ་བུ་དང་པོ་བམ་པོ་བཅུ་གཅིག་དང་བཅུ་གཉིས་ དང་བཅུ་གསུམ་དང་བཅུ་བཞི་འོ།།

342   十萬頌般若波羅蜜多經第一卷第十一、十二、十三、十四品　　(31—6)

敦博 Db.t.1239 (R-V)　ཤེས་རབ་ཀྱི་ཕ་རོལ་དུ་ཕྱིན་པ་སྟོང་ཕྲག་བརྒྱ་པ་དུམ་བུ་དང་པོ་བམ་པོ་བཅུ་གཅིག་དང་བཅུ་གཉིས་
དང་བཅུ་གསུམ་དང་བཅུ་བཞིའོ།།

十萬頌般若波羅蜜多經第一卷第十一、十二、十三、十四品　　(31—7)

敦博 Db.t.1239 (R-V)　ཤེས་རབ་ཀྱི་ཕ་རོལ་དུ་ཕྱིན་པ་སྟོང་ཕྲག་བརྒྱ་པ་དུམ་བུ་དང་པོ་བམ་པོ་བཅུ་གཅིག་དང་བཅུ་གཉིས་དང་བཅུ་གསུམ་དང་བཅུ་བཞིའོ།།

344　　十萬頌般若波羅蜜多經第一卷第十一、十二、十三、十四品　　(31—8)

敦博 Db.t.1239 (R-V)　ཤེས་རབ་ཀྱི་ཕ་རོལ་དུ་ཕྱིན་པ་སྟོང་ཕྲག་བརྒྱ་པ་དུམ་བུ་དང་པོ་བམ་པོ་བཅུ་གཅིག་དང་བཅུ་གཉིས་
དང་བཅུ་གསུམ་དང་བཅུ་བཞིའོ།།

十萬頌般若波羅蜜多經第一卷第十一、十二、十三、十四品　　（31—9）

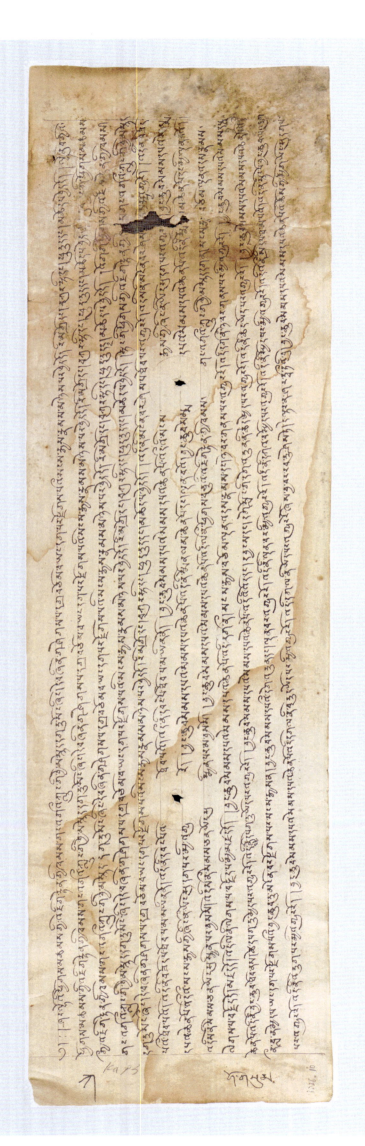
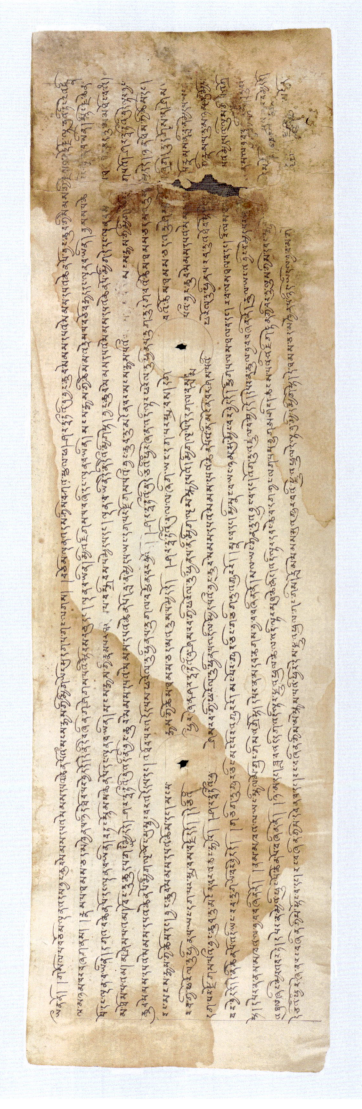

敦博 Db.t.1239 (R-V)　ཤེས་རབ་ཀྱི་ཕ་རོལ་ཏུ་ཕྱིན་པ་སྟོང་ཕྲག་བརྒྱ་པ་དུམ་བུ་དང་པོ་བམ་པོ་བཅུ་གཅིག་དང་བཅུ་གཉིས་

དང་བཅུ་གསུམ་དང་བཅུ་བཞི་འོ།།

　　十萬頌般若波羅蜜多經第一卷第十一、十二、十三、十四品　　(31—10)

敦博 Db.t.1239 (R-V) ཤེས་རབ་ཀྱི་ཕ་རོལ་དུ་ཕྱིན་པ་སྟོང་ཕྲག་བརྒྱ་པ་དུམ་བུ་དང་པོ་བམ་པོ་བཅུ་གཅིག་དང་བཅུ་གཉིས་ དང་བཅུ་གསུམ་དང་བཅུ་བཞིའོ།།

十萬頌般若波羅蜜多經第一卷第十一、十二、十三、十四品　　(31—11)

敦博 Db.t.1239 (R-V)　ཤེས་རབ་ཀྱི་ཕ་རོལ་ཏུ་ཕྱིན་པ་སྟོང་ཕྲག་བརྒྱ་པ་དུམ་བུ་དང་པོ་བམ་པོ་བཅུ་གཅིག་དང་བཅུ་གཉིས་
དང་བཅུ་གསུམ་དང་བཅུ་བཞི་འོ།།

十萬頌般若波羅蜜多經第一卷第十一、十二、十三、十四品　　(31—12)

敦博 Db.t.1239 (R-V) ཤེས་རབ་ཀྱི་ཕ་རོལ་དུ་ཕྱིན་པ་སྟོང་ཕྲག་བརྒྱ་པ་དུམ་བུ་དང་པོ་བམ་པོ་བཅུ་གཅིག་དང་བཅུ་གཉིས་
དང་བཅུ་གསུམ་དང་བཅུ་བཞིའོ།།

十萬頌般若波羅蜜多經第一卷第十一、十二、十三、十四品　　(31—13)

敦博 Db.t.1239 (R-V)　ཤེས་རབ་ཀྱི་ཕ་རོལ་དུ་ཕྱིན་པ་སྟོང་ཕྲག་བརྒྱ་པ་དུམ་བུ་དང་པོ་བམ་པོ་བཅུ་གཅིག་དང་བཅུ་གཉིས་
དང་བཅུ་གསུམ་དང་བཅུ་བཞི་འོ།།

十萬頌般若波羅蜜多經第一卷第十一、十二、十三、十四品　　(31—14)

敦博 Db.t.1239 (R-V)　ཤེས་རབ་ཀྱི་ཕ་རོལ་དུ་ཕྱིན་པ་སྟོང་ཕྲག་བརྒྱ་པ་དུམ་བུ་དང་པོ་བམ་པོ་བཅུ་གཅིག་དང་བཅུ་གཉིས་
དང་བཅུ་གསུམ་དང་བཅུ་བཞིའོ།།

十萬頌般若波羅蜜多經第一卷第十一、十二、十三、十四品　　(31—15)

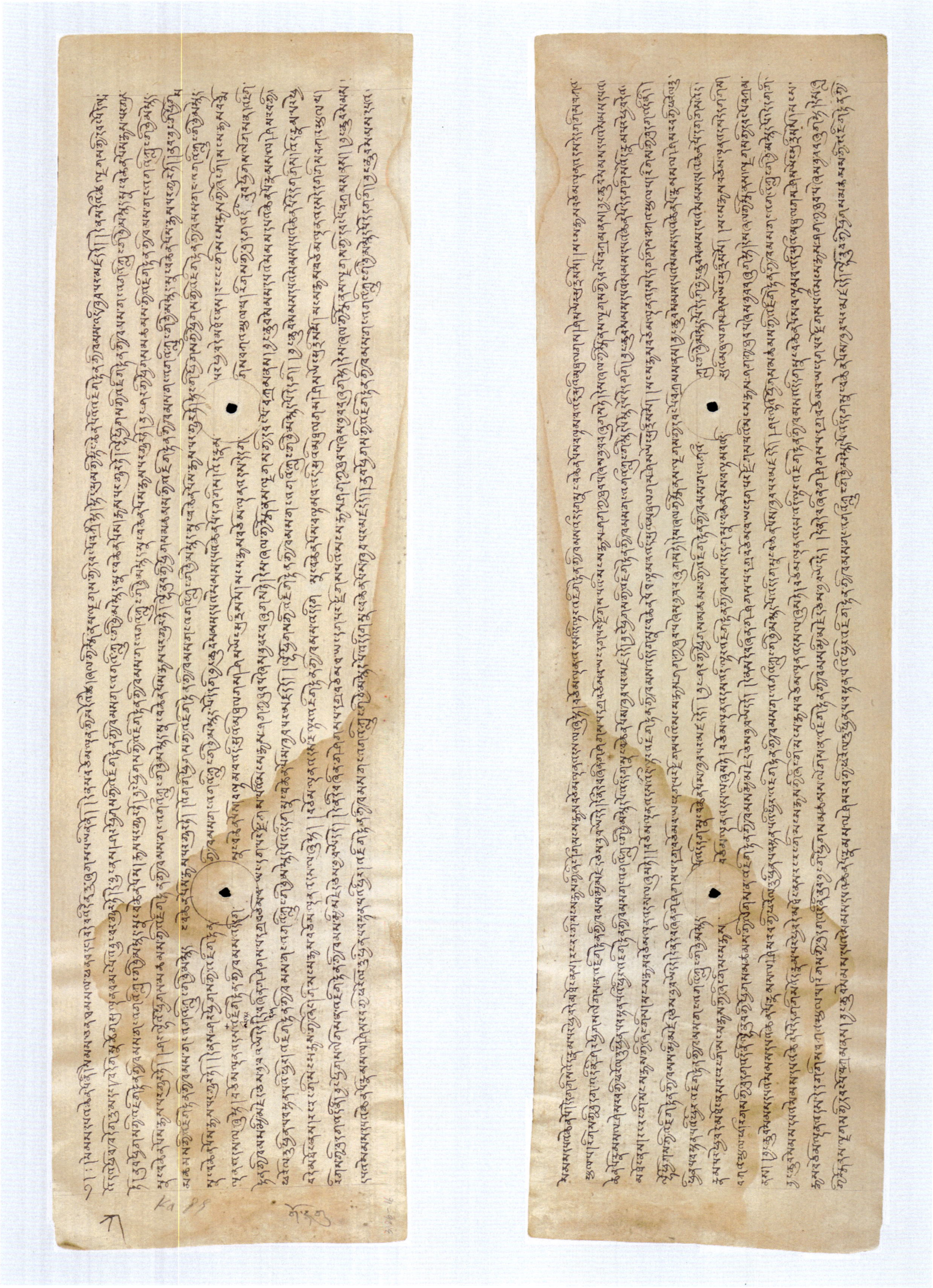

敦博 Db.t.1239 (R-V)　ཤེས་རབ་ཀྱི་ཕ་རོལ་ཏུ་ཕྱིན་པ་སྟོང་ཕྲག་བརྒྱ་པ་དུམ་བུ་དང་པོ་བམ་པོ་བཅུ་གཅིག་དང་བཅུ་གཉིས་ དང་བཅུ་གསུམ་དང་བཅུ་བཞིའོ།།

十萬頌般若波羅蜜多經第一卷第十一、十二、十三、十四品　　(31—17)

ཤེས་རབ་ཀྱི་ཕ་རོལ་ཏུ་ཕྱིན་པ་སྟོང་ཕྲག་བརྒྱ་པ་དུམ་བུ་དང་པོ་བམ་པོ་བཅུ་གཅིག་དང་བཅུ་གཉིས་
དང་བཅུ་གསུམ་དང་བཅུ་བཞིའོ།།

敦博 Db.t.1239 (R-V)　ཤེས་རབ་ཀྱི་ཕ་རོལ་ཏུ་ཕྱིན་པ་སྟོང་ཕྲག་བརྒྱ་པ་དུམ་བུ་དང་པོ་བམ་པོ་བཅུ་གཅིག་དང་བཅུ་གཉིས་
 དང་བཅུ་གསུམ་དང་བཅུ་བཞི་པོ།།

十萬頌般若波羅蜜多經第一卷第十一、十二、十三、十四品　　(31—19)

敦博 Db.t.1239 (R-V) ཤེས་རབ་ཀྱི་ཕ་རོལ་ཏུ་ཕྱིན་པ་སྟོང་ཕྲག་བརྒྱ་པ་དུམ་བུ་དང་པོ་བམ་པོ་བཅུ་གཅིག་དང་བཅུ་གཉིས་
དང་བཅུ་གསུམ་དང་བཅུ་བཞིའོ།།

十萬頌般若波羅蜜多經第一卷第十一、十二、十三、十四品　(31—20)

敦博 Db.t.1239 (R-V)　ཤེས་རབ་ཀྱི་ཕ་རོལ་དུ་ཕྱིན་པ་སྟོང་ཕྲག་བརྒྱ་པ་དུམ་བུ་དང་པོ་བམ་པོ་བཅུ་གཅིག་དང་བཅུ་གཉིས་ དང་བཅུ་གསུམ་དང་བཅུ་བཞིའོ།།

十萬頌般若波羅蜜多經第一卷第十一、十二、十三、十四品　　(31—21)

357

ཤེས་རབ་ཀྱི་ཕ་རོལ་དུ་ཕྱིན་པ་སྟོང་ཕྲག་བརྒྱ་པ་ལས་བ་དང་པོ་བམ་པོ་བཅུ་གཅིག་དང་བཅུ་གཉིས་
དང་བཅུ་གསུམ་དང་བཅུ་བཞིའོ།།

十萬頌般若波羅蜜多經第一卷第十一、十二、十三、十四品　　(31—22)

敦博 Db.t.1239 (R-V) ཤེས་རབ་ཀྱི་ཕ་རོལ་དུ་ཕྱིན་པ་སྟོང་ཕྲག་བརྒྱ་པ་དུམ་བུ་དང་པོ་བམ་པོ་བཅུ་གཅིག་དང་བཅུ་གཉིས་
དང་བཅུ་གསུམ་དང་བཅུ་བཞིའོ།།

十萬頌般若波羅蜜多經第一卷第十一、十二、十三、十四品　　(31—23)

ཤེས་རབ་ཀྱི་ཕ་རོལ་ཏུ་ཕྱིན་པ་སྟོང་ཕྲག་བརྒྱ་པ་དུམ་བུ་དང་པོ་བམ་པོ་བཅུ་གཅིག་དང་བཅུ་གཉིས་དང་བཅུ་གསུམ་དང་བཅུ་བཞིའོ།།

敦博 Db.t.1239 (R-V)　ཤེས་རབ་ཀྱི་ཕ་རོལ་དུ་ཕྱིན་པ་སྟོང་ཕྲག་བརྒྱ་པ་དུམ་བུ་དང་པོ་བམ་པོ་བཅུ་གཅིག་དང་བཅུ་གཉིས་
དང་བཅུ་གསུམ་དང་བཅུ་བཞི་འོ།།
十萬頌般若波羅蜜多經第一卷第十一、十二、十三、十四品　　(31—25)

敦博 Db.t.1239 (R-V)　ཤེས་རབ་ཀྱི་ཕ་རོལ་ཏུ་ཕྱིན་པ་སྟོང་ཕྲག་བརྒྱ་པ་དུམ་བུ་དང་པོ་བམ་པོ་བཅུ་གཅིག་དང་བཅུ་གཉིས་
དང་བཅུ་གསུམ་དང་བཅུ་བཞིའོ།།

十萬頌般若波羅蜜多經第一卷第十一、十二、十三、十四品　　(31—26)

敦博 Db.t.1239 (R-V)　ཤེས་རབ་ཀྱི་ཕ་རོལ་ཏུ་ཕྱིན་པ་སྟོང་ཕྲག་བརྒྱ་པ་དུམ་བུ་དང་པོ་བམ་པོ་བཅུ་གཅིག་དང་བཅུ་གཉིས་
དང་བཅུ་གསུམ་དང་བཅུ་བཞིའོ།།

十萬頌般若波羅蜜多經第一卷第十一、十二、十三、十四品　　(31—27)

敦博 Db.t.1239 (R-V) ཤེས་རབ་ཀྱི་ཕ་རོལ་དུ་ཕྱིན་པ་སྟོང་ཕྲག་བརྒྱ་པ་དུམ་བུ་དང་པོ་བམ་པོ་བཅུ་གཅིག་དང་བཅུ་གཉིས་ དང་བཅུ་གསུམ་དང་བཅུ་བཞི་པོ།།

十萬頌般若波羅蜜多經第一卷第十一、十二、十三、十四品　　(31—28)

敦博 Db.t.1239 (R-V) ཤེས་རབ་ཀྱི་ཕ་རོལ་དུ་ཕྱིན་པ་སྟོང་ཕྲག་བརྒྱ་པ་དུམ་བུ་དང་པོ་བམ་པོ་བཅུ་གཅིག་དང་བཅུ་གཉིས་
དང་བཅུ་གསུམ་དང་བཅུ་བཞིའོ།།

十萬頌般若波羅蜜多經第一卷第十一、十二、十三、十四品　　(31—29)

敦博 Db.t.1239 (R-V)　ཤེས་རབ་ཀྱི་ཕ་རོལ་ཏུ་ཕྱིན་པ་སྟོང་ཕྲག་བརྒྱ་པ་ལས་བ་དང་པོ་བམ་པོ་བཅུ་གཅིག་དང་བཅུ་གཉིས་
དང་བཅུ་གསུམ་དང་བཅུ་བཞིའོ།།

十萬頌般若波羅蜜多經第一卷第十一、十二、十三、十四品　　(31—30)

敦博 Db.t.1239 (R-V) ཤེས་རབ་ཀྱི་ཕ་རོལ་དུ་ཕྱིན་པ་སྟོང་ཕྲག་བརྒྱ་པ་དུམ་བུ་དང་པོ་བམ་པོ་བཅུ་གཅིག་དང་བཅུ་གཉིས་ དང་བཅུ་གསུམ་དང་བཅུ་བཞིའོ།།

十萬頌般若波羅蜜多經第一卷第十一、十二、十三、十四品　　(31—31)

圖書在版編目（CIP）數據

甘肅藏敦煌藏文文獻：敦煌市博物館卷．8 /
甘肅省文物局，敦煌研究院編纂；馬德、勘措吉主編．
－上海：上海古籍出版社，2019.3（2023.7 重印）
ISBN 978-7-5325-9096-4

Ⅰ.①甘… Ⅱ.①甘… ②敦… ③馬… ④勘… Ⅲ.①敦煌學－文獻－藏語
Ⅳ.①K870.6

中國版本圖書館 CIP 數據核字（2019）第 021695 號

本書爲
“十三五”國家重點圖書出版規劃項目
國家出版基金資助項目

甘肅藏敦煌藏文文獻 ⑧

主 編

馬 德 勘措吉

編 纂

甘肅省文物局 敦煌研究院

出版發行

上海古籍出版社

上海市閔行區號景路 159 弄 1-5 號 A 座 5F

郵編 201101 傳真（86－21）53201888

網址： www.guji.com.cn

電子郵件： guji1@guji.com.cn

易文網： www.ewen.co

印 刷

上海世紀嘉晉數字信息技術有限公司

開本：787×1092 1/8 印張：49.5 插頁：4
版次：2019 年 3 月第 1 版 印次：2023年 7 月第 3 次印刷
ISBN 978-7-5325-9096-4/K.2596
定價：2800.00圓

ཅུན་ཧོང་མའི་ཀའོ་བྲག་ཕུག་གི་བྱང་ཁུལ་བྲག་ཕུག

敦煌莫高窟北區石窟

བྱམས་པ་འབུམ་སྐྱིལ་དུ་བཞུགས་པའི་ཐང་རྒྱལ་རབས་དུས་ཀྱི་རྒྱལ་བ་བྱམས་པ།

永靖炳靈寺唐代彌勒大佛

ཇོ་མོ་གླང་མ།
珠穆朗瑪峰